作者简介

杨永兴 山东日照人，南京大学历史学博士。现为山东大学（威海）文化传播学院博士后，山东大学（威海）马克思主义教学部讲师。主要从事中共党史、中国新闻史、当代中国史研究。在《江苏社会科学》《社会科学论坛》《江苏大学学报（社会科学版）》（社会科学版）《信阳师范学院学报（哲学社会科学版）》等刊物发表数十篇文章。相关文章曾被人大复印资料全文转载，被《历史教学（高校版）》观点摘选，被《作家文摘报》《扬子晚报》《上海新闻午报》《读报参考》《沈阳日报》等报纸转载。主持完成一项国家社科基金项目：《张闻天的新闻实践与理论研究》。

国家社科基金资助青年项目
山东大学（威海）学科建设专项资助

中国
社科 大学经典文库

张闻天的新闻实践研究

杨永兴／著

光明日报出版社

图书在版编目（CIP）数据

张闻天的新闻实践研究 ／ 杨永兴著．－－北京：光
明日报出版社，2016.11

ISBN 978－7－5194－2188－5

Ⅰ.①张… Ⅱ.①杨… Ⅲ.①张闻天（1900－1976）
—新闻思想—研究—中国 Ⅳ.①G219.2

中国版本图书馆 CIP 数据核字（2016）第 248831 号

张闻天的新闻实践研究

著　　者：杨永兴

责任编辑：曹美娜　　　　　　　　　责任校对：赵鸣鸣
封面设计：中联学林　　　　　　　　责任印制：曹　净

出版发行：光明日报出版社

地　　址：北京市东城区珠市口东大街 5 号，100062

电　　话：010－67078251（咨询），67078870（发行），67019571（邮购）

传　　真：010－67078227，67078255

网　　址：http：//book. gmw. cn

E － mail：gmcbs@ gmw. cn　　caomeina@ gmw. cn

法律顾问：北京德恒律师事务所龚柳方律师

印　　刷：北京天正元印务有限公司
装　　订：北京天正元印务有限公司

本书如有破损、缺页、装订错误，请与本社联系调换

开　　本：710×1000　1/16
字　　数：379 千字　　　　　　　　印　张：16.5
版　　次：2017 年 1 月第 1 版　　　　印　次：2017 年 1 月第 1 次印刷
书　　号：ISBN 978－7－5194－2188－5
定　　价：68.00 元

推进新闻事业的现代转型

——《张闻天的新闻实践研究》序

　　杨永兴博士的《张闻天的新闻实践研究》的书稿，已经通过了复杂的审查程序和三校，马上就要下厂印刷了。打电话来催我的序，这才让我紧张起来。其实书稿早已读过，也考虑过怎么写，写什么。但就是动不了笔，说起来，是一件很抱歉的事。

　　《张闻天的新闻实践研究》的书稿，是在 2010 年度国家社科规划项目——"张闻天的新闻实践与理论研究"结项文稿的基础上修改而成的。该项目 2014 年 7 月结项。我对结项文稿有以下的评价：

　　张闻天的新闻实践与理论研究，是一个涉及新闻史、思想史、政治史的课题，也是一个过去中共党史研究和张闻天研究中注意不够的课题。作者全面甄别了张闻天研究的有关成果，广泛收集了张闻天从事新闻活动的历史资料，仔细梳理了张闻天从事革命新闻活动的历程，客观阐述了他的新闻思想和贡献。课题成果50 多万字，体系完整，条理清楚，分析到位，观点正确，在国家社科项目的完成情况中，是不多见的，高水平的。

　　现在，项目成果变成了可以阅读、可以参考的学术书籍，无论对作者来说，还是对读者来说，应该都是一件好事。

　　最近一二十年来，对张闻天的研究成果日益丰富。程中原先生的那本《张闻天传》，大约是比较醒目的一种。它们理清了张闻天生平事迹的一些重大问题，恢复了他在中共党史上的应有地位。这些成就，是非常值得称道的。

　　也许由于 1940 年代以来张闻天在党内政治生活中的曲折经历，尤其是 1959 年以来所受到的不公正对待，人们对他的研究，多半集中于他在遵义会议、在中共抗日民族统一战线的路线政策、在抗战时期社会调查研究工作、在内战时期的东北局和合江省委工作、在新中国经济管理和建设方针、在新中国最初 10 年的外交工作、在庐山会议、在 1949 年以后特别是"文革"之中的理论思考等偏重于政治内容的研究上。杨永兴博士避开了这些热点问题,抓住张闻天的新闻实践这个主题,打开了张闻天研究的一个全新的空间。

如果从 1919 年参加五四运动算起,到 1976 年去世,张闻天参加中国的共产主义运动和共产革命前后 58 年,其中,从五四运动到庐山会议的 40 年间,他的政治活动一直和创办、编辑各类革命报刊的重要工作有密切的关系。根据作者的研究,张闻天一生创办、主编和指导过 30 多种报刊,在报刊上发表的文章也有 360 多篇。应当承认,他的新闻实践,无论在中国革命的历史上,还是在世界共产主义运动的历史上,都是屈指可数的。

本书把张闻天的革命新闻实践,分七个阶段,即 1919 年在南京创办学生刊物、1925 年在重庆创办《南鸿》周刊、1931—1932 年间在上海编辑临时中央党报党刊、1933—1934 年间在中央苏区办理苏区党的报刊、1937—1941 年在延安编辑和指导党的报刊、1945—1950 年间在合江省委、辽东省委和东北局办理党的报刊、1955—1959 年间在外交部办理外交刊物,详细介绍了张闻天的新闻活动。在每个阶段中,作者都仔细叙述了张闻天主办或指导党的报刊工作的历史事实,介绍了他在这些报刊上发表的文章,分析了这些报刊在他主持或指导下形成的风格。最后,作者专设一章,总结了张闻天一生新闻活动的特色。

本书的突出贡献是,全面地系统地研究了张闻天一生新闻活动,使这个过去不为人们熟知的领域清晰地呈现出来,与张闻天的政治生涯一起,成为对他的生平研究的两大主线之一;通过对张闻天新闻实践的深入研究,包括对他创办、编辑、指导党的报刊的活动、编辑思想和风格、在其领导之有关刊物发表的文章思想的研究,还原了一位党的新闻宣传战线杰出领导人的巨大贡献;全面收集史料,认真解读文献,坚持样本化的研究方法,以完整实在的事实叙述,提供了一份对中国近现代、当代新闻史和新闻人物研究的优秀作品。

杨永兴博士之所以能够取得这样的成就,是和他在一个比较长一些的时期内,专心致志地进行近现代、当代新闻史研究有关。他 2002 年入南京大学历史系攻读硕士学位,2005 年毕业,硕士论文题目是《从 <前途> 杂志看力行社》。2005 年 9 月起,在南京大学历史系攻读博士学位,2008 年毕业,博士论文题目是《党刊与政治:<红旗> 杂志研究》。从 2002 年起,到 2014 年完成关于张闻天的国家社科规划项目研究,他在新闻史研究上已经连续耕耘了 13 年。尤其是在读博期间所受的严格的学术训练,奠定了日后继续前进的坚实的学术基础。

研究《红旗》杂志,是我指定的博士论文课题。当年,为了锻炼选题的能力,规定每人必须预选三个课题作为备选方案。杨永兴辛辛苦苦做的三个选题报告都被否定。于是,给他指定了研究《红旗》为选题。在接下来的时间里,他日以继夜,收集了1958—1988年间30年《红旗》杂志的全部文本,仔细研读了这些文本,检阅了其它大量文献,形成了对《红旗》杂志的权威解读。答辩委员会的评委们评论说:"文章运用历史学的实证方法,在掌握大量报刊文本资料、文集、传记、回忆录等史料的基础上,对《红旗》杂志办刊30年的历程,作了详尽和透彻的检视和分析……显示的不仅是作者'做史'的功力,还表现出作者很好的史识和理论勇气""为后人的深入研究指明了路径""以历史唯物主义为指导,坚持一分为二的态度,既指出了《红旗》存在的严重错误,同时也指出了特殊时期《红旗》的某些闪光点""题材重要,有开拓性的意义;史料扎实而准确;分析深入,语言流畅;写了《红旗》的整部历史,实际是中华人民共和国迄今为止的半部历史""是一篇优秀的博士论文"。

研究《红旗》所受到的训练,不仅在收集资料和梳理资料实现文本解释的能力上,更重要的是在树立正确的史学观念、培养政治正义感、提高分析能力的过程上。我在对他的论文介绍词中说:

所以选择这个课题,是考虑到这份杂志创刊于1958年6月,改刊于1988年6月,作为《红旗》当初特定地位、特定使命的党中央理论刊物的历史已经结束,具备了作为历史事物研究的可能;是考虑到由于这份杂志与毛泽东的特定关系,它虽然原则上承担着党中央理论宣传的职责,但实际上更多地反映了毛泽东个人的观念、理论和决策内容,对它的学术清理,应该成为当前继续检讨建国之后长期极"左"思想路线,不断改善理论战线状况,继续解放思想、推进改革开放与现代化伟大事业的重要课题;是考虑到当前我们已经进入了充分世界化、媒体网络化、新闻大众化与政治民主化的新时代,执政党的所有宣传、理论和舆论工作,必须与时俱进,彻底摈弃脱离实际、生硬僵化的恶劣传统,真正有益于促进权为民所授、政为民所乐、利为民所享和谐局面的建立。

这篇很有价值的博士论文还没有正式出版,经常有老师问:"这篇论文出版了吗?出了千万记得给我一本。"现在,他的这本《张闻天的新闻实践研究》出版了。我想,杨永兴博士的这两种学术成果,已经使他成了当代最优秀的新闻史研究专家之一。

在本书的结论部分,杨永兴博士指出,张闻天的新闻实践提出了必须注意的以下六个问题:党报党刊要坚持党性原则,正确宣传党中央的政策、方针和路线;要密切联系人民群众,以为人民服务为宗旨,坚持人民性原则;要务实,实事求是,内容具体、充实和真实;要执行监督和批评的社会功能;要注重对党的报刊工作人员特别是一线业务人员的培养。这是张闻天的毕生经验,其实也是中国革命和现代化建设中新闻工作正反两个方面的经验教训所证明为正确的基本原则。在当前的形势下,坚持和发展这些原则,不仅是党的新闻和思想理论战线人员,而且是全社会的新闻、文化、出版和相关教育部门从业人员都面临的深刻课题。

正如 8 年多之前我在杨永兴博士论文介绍词里所说的那样,现在,我们已经处在一个"充分世界化、媒体网络化、新闻大众化与政治民主化"的新时代,科技革命带来的社会生活的革命性变化,正在提出对传统新闻行业空前严重的挑战。早在几年前,就已经传来了西方社会纸质媒体走向萧条甚至不断倒闭的消息。前不久美国大选的过程中,美国有关主流媒体对选情的错误判断和宣传也告诉我们,媒体背离社会实际,背离大众利益,带着僵硬政治偏见所作的新闻干预,是多么的苍白、干瘪和幼稚可笑。类似的情况也正在不可阻挡地在我们的社会上出现。由于读者的大量流失,纸质媒体风雨飘摇的日子已经到来。11 月 13 日,《京华时报》宣布,将于 2017 年 1 月 1 日休刊。昨天,有媒体人公开预测,到 2018 年将会有三分之二以上的纸质媒体关门,25 万从业者将在 2017—2018 年下岗。有危机的并不只是纸媒,其实电视行业的冬天也正在临近。我屡屡碰到电视台的朋友,他们都告诉我收视率下降、广告收入大幅度下降的状况。

之所以出现这样的情况无非三个原因:第一,技术进步所带来的媒介变化和人们的阅读方式的变化。以智能手机为载体的微信、微博等新型资讯方式的出现和普及,带走了巨量的读者群;第二,过去利用财政拨款、发行摊派等方法滋养着许多媒体,无论是纸质传媒还是电视传媒行业都存在浮肿性的业态,它们确实有减肥瘦身的迫切需要;第三,过去人们赋予了媒体过多的宣传功能,许多从业人员很少理会读者和社会实际,习惯于自说自话,那一套僵硬的话语系统和社会、和民众格格不入,它们被读者抛弃是很正常的。

所谓新闻事业的现代转型,包括传播方式的变化,主要是新型资讯工具为载体的新闻传播渠道的转换,以及民主法治前提下新闻原则和新闻理想的贯彻。它需要我们从革命时代的政治宣传范畴的新闻工作,转换到民主法治时代的现代新闻事业的类型上去。这是一个深刻的体制性的转换,是一项空前艰难的时代变革。唯有这样的变革,才能有益于新闻行业重新焕发青春并且有益于推进民族复兴的伟大事业!

是为序。

李良玉

2016 年 11 月 20 日 22 点 54 分完稿于南京大学港龙园

前　言

　　作为中共历史上一位重要的领导人,张闻天的人生经历、革命生涯以及思想历程是值得后人学习和研究的。尤其新中国成立后在"大跃进"期间庐山会议上的表现和在"文革"中的表现,更使他成为坚持真理的楷模,令人敬仰。纵观张闻天的生平研究,不难发现学术界至今对张闻天研究还有一个很大的空间,那就是他的新闻实践研究。

　　早年,张闻天不仅是报刊的热心读者和积极的撰稿人,而且还多次担任报刊编辑,负责报刊出版、校勘工作,并在工作过程中结识了一些著名的报刊主编和编辑人员,这在很大程度上为张闻天以后的办刊、编报等新闻活动积累了相当的阅历与经验。重庆时期,张闻天创办了其生平第一份报刊——《南鸿》周刊。它是张闻天人生价值自我定位、立志批判与改造社会、宣传新思想与新文化的结果。它的创办不仅为张闻天提供了创办一份刊物所必需的经验和一系列业务知识,而且还为张闻天早期报刊思想提供了实践的平台。

　　莫斯科留学期间,张闻天不仅积累了相当多的马克思、列宁理论知识,而且还参与了大量的报刊编辑活动,对苏联党报党刊模式也是了解颇深,这为他回国创办、主编、改组中共党报党刊奠定了坚实的理论基础和实践基础。回国后,张闻天在上海创办《红旗周报》和《群众日报》、主编上海版《斗争》,既开启了他创办中共正规党报党刊的道路,又拉开了中共中央重视党报党刊指导与组织具体实际工作、初步确立"全党办报"方针的序幕。

　　苏区工作期间,张闻天对苏区中央机关报刊进行了整顿和改组,使其更好地发挥党报党刊的领导作用。他将苏区原来出版的《实话》与《党的建设》两份刊物合并,改名为《斗争》(即苏区版《斗争》),还将中华苏维埃共和国临时中央政府机关报《红色中华》改组为党团、政府与工会合办的中央机关报,由周刊改为三日刊。张闻天的这一整顿和改组,使中共苏区党报党刊无论从形式还是从内容上都发生了相当大的变化。它不仅是张闻天新闻实践活动的一次重大成果,也是中共党报党刊改革史上的一次重要探索。

延安期间，张闻天在主持中共中央常务工作的同时仍然非常重视中共的新闻宣传工作，尤其到1938年中共六届六中全会之后，其工作重心转移到宣传教育时，更是将自己的大量精力投入到了新闻活动中。他不仅兼任了中共中央机关理论刊物《解放》周刊主编和党内理论刊物《共产党人》杂志编辑，对其负总责，还主持创办了学术刊物《中国文化》和外文刊物《中国通讯》，主编了党内刊物《参考资料》，并对《新中华报》的改组与在延安复刊的《中国青年》给予了指导和关注。以上刊物的出版和编辑将张闻天新闻活动推向了高峰。

东北任职期间，身为合江省委书记，张闻天对省委机关报《合江日报》倍加关注和重视。在担任辽东省委书记期间，张闻天对省委党报《辽东大众》也颇为重视。新中国成立后，张闻天在专任外交部副部长期间，再次迎来了他新闻活动的另一个新的发展时期，一个创办外交刊物和学术刊物的时期。他倡议创办了《外交文选》《每周通报》《国内情况通报》《外事研究》《外事动态》《业务研究》《外论选译》等一批内部通报和刊物，以及《国际问题研究》、《国际问题译丛》等一些公开出版的学术杂志。从明确刊物创办的目的、目标，到确定刊物的名字，到商定所登文章的题目、内容，张闻天都亲自参与其中。

1959年庐山会议后张闻天受到批判，其新闻活动也随着其政治生涯的结束而终结。但是他并没有放弃对党内外许多问题的独立思考，比如对实事求是、群众路线以及党内民主重要性的思考，对党及相关部门应该如何掌握经济规律、如何领导经济工作的思考，对如何看待战争年代过去经验的思考，对经济规律一般性与特殊性、党与国家人民之间关系的思考等，它们对我们新闻事业的改革与发展都产生着积极的指导意义。

此外，张闻天的报刊编辑活动在设置编辑方针、运用编辑策略、秉承编辑作风等方面最具个人特色，其报刊作品在选题、构思、文风等方面也尽显其独有风格。而他与毛泽东两人则由于性格、教育经历、知识结构、工作作风、处事原则等方面的不同导致了他们在新闻实践具体活动方面各有特色。

纵观张闻天的一生，其新闻实践是相当丰富而具有特色的。他的新闻实践尤其是党报党刊实践为当代中共党报党刊（特指中共中央及地方各级党委机关报刊）以及其他大众媒体的发展提供了相当的现实启示。他党性十足的办报原则、求真务实的办报作风以及强调发挥报刊组织领导作用和注重培养编辑人才的办报理念，无一不对中共党报党刊和大众报刊产生积极的影响，其中尤以新闻真实性原则最为重要。

目　录
CONTENTS

绪　论

　　作为中共历史上一位重要的领导人,张闻天的人生经历、革命生涯以及思想历程是值得后人学习和研究的。他早年留学日本、美国,后又被中共派往苏联莫斯科中山大学学习,对于外来文化深有感触。回国后,他敢于反对党内的"左"倾错误,在促进中共第一代中央领导集体的形成中,在红军由内战到抗战的战略转变中,在和平解决西安事变的过程中,以及在后来的抗日战争、解放战争中都起了很重要的作用。而新中国成立后在"大跃进"期间庐山会议上的表现和在"文革"中的表现,更使他成为坚持真理的楷模,令人敬仰。不仅如此,他给我们留下的思想遗产也是非常丰富的,其内容涉及政治、经济、军事、外交和文化各个方面。目前学术界对他的社会主义思想、民主思想、经济思想、建党思想、文化思想、史学思想都进行了相当程度的研究。但是,纵观张闻天的生平研究,我们却不难看出学术界至今对张闻天研究还有一个很大的空间,那就是他的新闻实践研究。

第一节　研究价值

　　张闻天的新闻生涯在其整个人生中占有重要地位。早年,他经常阅读《新青年》《救国日报》《申报》《每周评论》等进步报刊,并撰写了大量时评性或文艺性文章。1919 年,19 岁的张闻天开始参与编辑《南京学生联合会日刊》,并成为其主要的撰稿人。后又负责《少年世界》的校勘、出版事务。1921 年进入中华书局从事编辑工作,不久留学美国,成为《大同报》编译。回国后,张闻天赴重庆,在重庆创办了轰动一时的《南鸿》。1925 年,张闻天被派往莫斯科中山大学学习,学习期间,担任了《国际一周》编委会主席。

　　1931 年初,从莫斯科回国的张闻天被推为中共中央宣传部部长,并亲自主编了《红旗周报》和《斗争》(上海版)两份报刊,使其成为党的主要宣传阵地和喉舌。1933年,党中央从上海迁入中央苏区。张闻天继续担任中央常委,同时兼任中央宣传部长、中央党报委员会书记。到达苏区后的张闻天立即着手整顿和改造党的机关报,将苏区中央原出版的《实话》与《党的建设》两刊合并,改名《斗争》(苏区版)出版,并将政府机关报《红色中华》改为党团、政府与工会合办的机关报,由不定期改为三日刊。两刊均直接由张闻天亲自负责。

红军长征后,1935年8月19日,张闻天主持沙窝召开的中共中央政治局常委会议,会议决定:《干部必读》和《斗争》(西北版)分别成立编委会。而张闻天担任《干部必读》名义主编和《斗争》(西北版)编委。红军到达陕北延安后,张闻天又兼任中共中央机关理论刊物《解放》周刊主编和《共产党人》杂志编辑。1940年2月,由张闻天直接领导的陕甘宁边区文化协会主办的《中国文化》(月刊)在延安创刊。1941年,在张闻天主持下创办的中共对国外宣传的外文刊物《中国通讯》于本年年初出版。这是当时在延安出版的一种兼用英、俄、法三种文字的不定期的外文刊物。1941年3月,中共中央决定调整刊物,《解放》与《共产党人》两刊扩大编委,都由张闻天负总责。此外张闻天还主编了党内刊物《参考资料》。

抗战胜利后,张闻天主动要求到东北做地方工作。在东北工作期间,对地方各级党的新闻事业仍然非常关心。他不仅对《合江日报》《东北文化》《人民戏剧》等报刊给予了悉心指导,而且还倡议创办了合江《农民报》和主持编辑了党内刊物《合江工作通讯》。1948年5月20日,张闻天主持中共辽东省委作出关于出版《辽东大众》和《辽东通讯》的决定。新中国成立后,担任外交部副部长的他又倡议创办了《外交文选》《每周通报》《国内情况通报》《外事研究》《外事动态》《业务研究》《外论选译》等一批内部通报和刊物,以及《国际问题研究》《国际问题译丛》等一些公开出版的学术杂志,并对《世界知识》杂志给予了许多的指导和建议。

纵观张闻天一生的新闻实践活动,从早期的报刊热心读者,到尝试编辑、出版、校勘刊物,从创办第一份同人报刊《南鸿》周刊,到莫斯科留学后或主编或创办或改组中共的机关报刊,从倡议创办中共地方报刊并给以关心和支持,到新中国成立后提议创办一系列外交内部刊物和学术刊物,可谓是相当丰富。从时间与空间上看,张闻天的新闻实践大体可以分为南京、重庆、上海、苏区、延安、东北和北京等七个时期,每个时期的侧重点各有不同。通过对张闻天各个时期新闻实践的考察,不仅有助于我们了解他的做事和做人风范,毕生坚持的党性和求是原则,对人民群众的深厚感情,对理论的重视以及对调查研究的钟爱,而且还有助于我们了解新闻实践在他政治生涯中所起的重要作用,在中共党报党刊历史上的重要意义,以及对中共党史上发生的重要事件的指导意义。

第二节　研究概况

据笔者了解,目前还没有一部专门针对张闻天新闻实践作系统研究的专著。只有胡正强的《中国现代报刊活动家思想评传》一书,以个案的形式专门对张闻天一生的新闻实践活动和新闻理论作了比较系统的梳理,但是限于篇幅的缘故,没能展开详细的论述。胡正强在书中称:"在他(张闻天)革命的一生中,从事了大量的报刊编辑出版活动,先后主编过《红旗周报》、《斗争》、《解放》、《共产党人》等中共中央机关报刊和党内刊物《参考消息》等,并积极为报刊撰稿,利用报刊指导革命工作。在具体的报刊实践及领导党的理论宣传工作中,张闻天把马列主义的新闻理论同党的工作实践相结合,根据中国革命的特点,不断探索符合中国社会实际的新闻宣传形式和方法,对党的报刊工作提出了许多独到的新见解,为丰富毛泽东新闻思想的理论宝库作出了创造性的贡献。"①

有关张闻天新闻实践的论述,多散见于张闻天传记、生平研究、相关新闻史著作和党史著作、回忆性作品以及有关研究性论文中。它们对于张闻天的新闻活动多数只是简单的叙述,并没有作深入的研究和分析,缺乏系统性和全面性。不过,值得一提的是,对于张闻天早期新闻活动的研究略多于其他时期(上海、苏区、延安、东北和北京)新闻活动的研究。

张闻天研究权威专家程中原在其著作《张闻天传》中对张闻天的新闻实践活动就多有描述,尤其是对张闻天早年参与编辑的《南京学生联合会日刊》和在重庆主编的《南鸿》周刊着墨最多。② 当然,程专家对后来张闻天主编《红旗周报》和苏区版《斗争》、改组《红色中华》以及编辑《解放》周刊和《共产党人》等新闻活动也有所提。但由于传记的重点在于研究张闻天的政治思想走向,所以其新闻实践活动只是作为副线来阐述的。此外,有关张闻天的生平研究著作对其新闻实践也

---

① 胡正强:《中国现代报刊活动家思想评传》,新华出版社 2003 年版,第 157 – 158 页。

② 参见程中原:《张闻天传》(修订版),当代中国出版社 2006 年第 2 版(2007 年重印),第 14 – 17、57 – 63 页。

有所涉及,比如金盛先在其《张闻天的足迹》一书中,叙述了张闻天在上海期间主编《红旗周报》和《斗争》的情况;①李涛编著的《在总书记岗位上的张闻天》则略微介绍了张闻天负责《解放》周刊和《共产党人》编辑工作的状况。②

在相关新闻史、报刊史、编辑出版史、新闻传播史、中共党史的著作中对张闻天的新闻活动,也有所提及,尤其是从莫斯科回国后张闻天担任中共重要领导职务期间的新闻实践活动。例如严帆的《中央革命根据地新闻出版史》(江西高校出版社 1991 年版)和张启安编著的《共和国的摇篮:中华苏维埃共和国》(陕西人民出版社 2003 年版),在介绍中央革命根据地新闻出版事业的发展状况以及根据地出版的报刊中对与张闻天有关的《红色中华》《斗争》多有论述;③钱承军的《建国前中国共产党报刊研究》(中国文联出版社 2009 年版)在文中介绍了与张闻天关系匪浅的中共报刊(《红旗周报》、《红色中华》、上海《斗争》、苏区《斗争》、《解放》周刊、《共产党人》、《中国文化》)的编辑出版与发行概况;吴廷俊的《中国新闻史新修》(复旦大学出版社 2008 年版)和《中国新闻事业史》(武汉大学出版社 2009 年版)则分别在"十年对峙时期中共在国统区秘密出版的报刊"、"苏区的新闻事业"、"抗战时期延安的报刊"和"革命时期的共产党党报"中涉及了张闻天编辑党报党刊的内容;黄瑚的《中国新闻事业发展史》(复旦大学出版社 2009 年第 2 版)在"中共在国统区的反新闻统制斗争与地下办报宣传活动"、"新闻事业深入农村"以及抗战期间"党报系统的重建"中也略微提及了张闻天的新闻实践活动。类似的还有:方汉奇主编的《中国新闻事业通史(第 2 卷)》(中国人民大学出版社 1996 年版);王洪祥主编的《中国现代新闻史》(新华出版社 1997 年版);方晓红的《中国新闻简史》(南京师范大学出版社 2004 年版);白润生主编的《中国新闻传播史新编》(郑州大学出版社 2008 年版);方汉奇主编的《中国新闻传播史》(中国人民大学出版社 2009 年第 2 版);陈昌凤的《中国新闻传播史——传媒社会学的视角》(清华大学出版社 2009 年版)等。

一些回忆性、怀念性、纪念性文章在一定程度上也补充了张闻天新闻活动的细节,具有相当的史料价值,对于进一步研究张闻天的新闻实践活动具有重要的意义。例如吴文焘的文章《师表》回忆了张闻天在延安担任中宣部部长期间的新

---

① 参见金盛先:《张闻天的足迹》,上海社会科学院出版社 1995 年版,第 65－71 页。

② 参见李涛编著:《在总书记岗位上的张闻天》,中央文献出版社 2000 年版,第 379 页。

③ 参见严帆:《中央革命根据地新闻出版史》,江西高校出版社 1991 年版,第 37－39、83－86 页;张启安编著:《共和国的摇篮:中华苏维埃共和国》,陕西人民出版社 2003 年版,第 601－605 页。

闻编辑活动;杨海波的文章《领导青年工作的表率》叙述了张闻天任辽东省委书记期间帮助辽东省青年团办好《辽东青年》的事迹;何方的《张闻天同志和研究工作》一文则谈到了与张闻天相关的《辽东大众》、《国际问题研究》杂志、《世界知识》杂志、《国际问题译丛》杂志以及党内《参考资料》等报刊;①胡乔木的文章《回忆张闻天同志》谈及了张闻天指导中央青年团刊物《中国青年》的状况;邓力群的《坚持对共产主义的忠贞和深情——为老师闻天同志八十五岁诞辰而作》一文回忆了延安时期张闻天担任《参考资料》主编的情况和担任合江省委书记时对党报《东北日报》的运用状况;曹仲英的文章《忆闻天先生在川东师范》重点描述了张闻天在重庆创办《南鸿》周刊的概况;陆斐文、艾绍扬的文章《难忘的言传身教》和寇有信、萧梦的文章《回忆张闻天同志关于团结中农的一次谈话》涉及了张闻天运用《合江日报》来指导和推动具体工作的情况;邓仲儒的文章《回忆张闻天同志在辽东省委》谈到了张闻天与《辽东大众》的重要关系。② 而中共丹东市委党史研究室编的《张闻天在辽东》和丹东日报编辑部编辑的《丹东报史资料》收录的有关回忆性文章③专门论及了张闻天在辽东时期的新闻实践活动。中共佳木斯市委党史研究室编的《张闻天在合江》(中共党史资料出版社1990年版)收录的艾国忱文章:《张闻天与〈合江日报〉》,则是一篇专门回忆张闻天担任合江省委书记期间支持省委机关报《合江日报》创刊、编辑、出版概况的文章。

另外,相关的张闻天新闻活动研究性论文有:程中原的《张闻天、萧楚女与〈南鸿〉周刊》(《四川党史研究资料》1984年第6期、《近代史研究》1985年第2期);罗伟国的《张闻天和〈南鸿〉》(《古旧书讯》1985年第4期);刘世杰的《张闻天在重庆主编的两个刊物——〈南鸿〉与〈夜鹰〉》(《江苏图书馆学报》1989年第3期);周青山的《〈南鸿〉之后的历程——张闻天的早年新闻生涯》(《党史纵横》

---

① 参见湖南人民出版社编:《怀念张闻天同志》,湖南人民出版社1981年版,第40-42、77-78、81-88页。

② 参见《回忆张闻天》编辑组编:《回忆张闻天》,湖南人民出版社1985年版,第17、25-28、78-83、226、233-234、239-240页。

③ 收录在《张闻天在辽东》(中共党史出版社1995年版)中的相关回忆性文章有:曲文良的《综述》(第26-27页)、刘英的《一切以经济建设为中心》(第215-229页)、白介夫的《言传身教的典范》(第242页)、何方的《我在辽东同张闻天同志的接触》(第277-280页)、荒蓬的《学者、理论家的风范》(第307-311页)、张青叶的《张闻天在辽东二三事》(第326页)、房月生的《张闻天与报纸宣传和干部的文化理论教育工作》(第397-400页)等;收录在《丹东报史资料》(丹东日报社编辑部1985年版)中的回忆性文章:战科的《刘英同志谈张闻天同志关心〈辽东大众〉报的情况》(第164-165页)。

1998 第 1 期）；张学恕的《张闻天早期的出版和宣传活动（上）》（《新闻出版交流》2000 年第 5 期）和《张闻天早期的出版和宣传活动（下）》（《新闻出版交流》2000 年第 6 期）；萧扬的《张闻天与世界知识》（《世界知识》2000 年第 16 期）；曹国辉的《张闻天与延安报刊》（《出版史料》2001 年第 1 期）；刘永生，王中举的《张闻天与〈少年中国〉》（《贵阳金筑大学学报》2005 年第 3 期）；胡吉军的《张闻天与〈南鸿〉周刊》（《湖北广播电视大学学报》2007 年第 3 期）；宋应离的《杰出的报刊编辑出版家张闻天》（《中国出版》2011 年第 12 期）等。它们或多或少地加深了对张闻天新闻活动的了解和研究进度。但遗憾的是，绝大多数的文章只是对张闻天新闻活动作了阶段性记述，既没有对其作相关性分析，也没有结合当时张闻天所处的环境及他的主观状态进行关联性研究。

第三节　研究概念、思路与内容

　　本书的研究概念主要有一个，即新闻实践。它与"新闻"这一概念相关。为此，我们有必要先了解一下"新闻"的含义。对于什么是"新闻"，国内外学术界一直有争论。国外有学者提出，"新闻是一种令人惊叫的事情"；"反常的事情是新闻"；"新闻就是把最新的现实的现象在最短的时间距离内，连续介绍给最广泛的公众"①等观点。国内新闻界对"新闻"含义也有多种说法，但归纳起来主要有"报道说"与"事实说"。"报道说"以陆定一关于新闻就是"新近发生的事实的报道"②之观点为代表，"事实说"则以徐宝璜、胡乔木、范长江等人为代表，强调："新闻者，乃多数阅者所注意之最近之事实也"，③"新闻是一种新的、重要的事实"，④"新闻，就是广大群众欲知、应知而未知的重要的事实"⑤等观点。对此，有学者也提出质疑，并提出"信息说"，认为："新闻的本质应该是信息"，新闻就是"公

---

① 中国大百科全书出版社编辑部编：《中国大百科全书·新闻出版》，中国大百科全书出版社 1990 年版，第 395 页。
② 中国社会科学院新闻研究所编：《中国共产党新闻工作文件汇编》下卷，新华出版社 1980 年版，第 188 页。
③ 松本君平，休曼，徐宝璜，邵飘萍著：《新闻文存》，中国新闻出版社 1987 年版，第 284 页。
④ 中国社会科学院新闻研究所编：《中国共产党新闻工作文件汇编》下卷，新华出版社 1980 年版，第 224 页。
⑤ 范长江：《通讯与论文》，新华出版社 1981 年版，第 317 页。

开传播的新近发生的事实的信息"。① 笔者比较赞同"信息说",因为它比较确切地表达了新闻的信息本质,事实本源,以及它的真实性、时新性、公开传播性等属性。

本书所涉及的新闻实践指的就是与"新闻"(即"公开传播的新近发生的事实的信息")相关的一系列实践活动,包括新闻机构的设立、新闻事业的创办、新闻作品的制作、新闻事件的采访等。鉴于张闻天当时生活的革命年代,其新闻传播工具以报纸为主,所以张闻天的"新闻实践"主要指张闻天所亲历的与报刊(以中共党报党刊②最多)相关的一系列实践活动,包括创办、主编、编辑、改组报刊,撰写报刊文章等。

关于研究思路,鉴于当今学术界对于张闻天新闻实践研究的不足之处,本文力图从时间与空间、纵向与横向多角度对张闻天一生的新闻活动作全面、深入的研究,具体体现在以下几个方面:一、分析张闻天整个新闻生涯的发展历程,力图探讨张闻天新闻实践的整体面貌;二、阐述其南京、重庆、上海、苏区、延安、东北和北京等几个时间与空间阶段新闻实践的内容、特点,以及其背后的时代环境和理论根源;三、分析影响张闻天新闻实践的因素,比如张闻天当时所处的历史背景、人际关系、组织关系、工作关系,所经历的人生境遇,当时的思想状况,所接触或合作过的重要人物等;四、分析张闻天新闻活动对中共革命事业的贡献,对革命时期中共新闻事业的贡献,以及对当代中共党报党刊(特指中共中央及地方各级党委机关报刊)和新闻界在实践与理论方面的贡献,等等。

关于研究内容,本书将在掌握大量报刊文本、传记、年谱、文集、回忆录、中共党史文献、相关新闻史著作、前人著述等资料的基础上,以历史学实证方法和表述方法为主,辅以政治学、心理学、新闻传播学等学科的方法以及比较分析研究法,对张闻天的新闻实践进行研究,以期能够较真实地、较全面地了解在中国新闻史上的张闻天。本书采用章目式体例,共分为九章(不含绪论):尝试编辑工作;初次创办刊物;主编正规党报党刊;整顿机关报刊;重视理论刊物;关心和指导地方报刊;新中国成立后张闻天的新闻活动及其思考;张闻天新闻特色;结语。下面,笔者就简要地介绍一下本文每章的具体安排、内容、思路以及所要解

---

① 张允若:《简论新闻及其相关概念》,《浙江大学学报(人文社会科学版)》1999年第3期,第27－32页。

② 在中共历史文献中,中共对于党报概念的界定比较宽泛,包括了中共党报和党刊,本文在行文中尽量将其明确化,按照现在报纸与期刊的分类标准,将其划分为党报和党刊。

决的问题。

第一章,笔者主要考察了张闻天早年时期作为报刊读者和撰稿人,参与编辑《南京学生联合会日刊》,校对《少年世界》,与著名编辑交往等情况,重点分析了《新青年》对张闻天新闻思想的影响、写作风格的影响及其日后编辑刊物的影响,并论述了《南京学生联合会日刊》与张闻天的关系。

第二章,笔者分析了留学日本、美国之后张闻天的思想变化,以及在重庆创办《南鸿》周刊的情况,重点阐述了张闻天创办《南鸿》周刊的原因、目的,《南鸿》周刊的内容、特点、宣传对象,以及它对张闻天新闻思想理论的影响。

第三章,笔者论述了成为中共党员的张闻天在留学莫斯科后,其新闻实践发生的变化,回国后在上海主办党的机关报刊《红旗周报》和《斗争》的情况,以及由此对张闻天新闻思想理论产生的影响,另外,还考察了张闻天主编的《红旗周报》的主要特色,与以往中共的党报党刊(《新青年》、《向导》周报、《红旗日报》)的区别,以及在中共党报党刊史上的意义。

第四章,笔者介绍了到达苏区后的张闻天整顿和改造党的机关报刊的概况,包括主持出版苏区《斗争》、改组《红色中华》等,分析了整顿和改组苏区机关报刊的原因、整顿后党报党刊的特点、最终效果与不足之处。

第五章,笔者阐述了张闻天在延安时期编辑中共中央机关理论刊物《解放》和《共产党人》杂志的情况,其中包括确定它们的编辑方向与编辑重心,明确它们的使命与责任,重视它们的理论蕴含,打造它们的学习功能,并分析了它们各自的特点。此外,笔者还论述了张闻天在创办《中国文化》和《中国通讯》、主编《参考资料》中所起到的重要作用。

第六章,笔者考察了张闻天在东北时期的主要新闻活动,包括注重《合江日报》的宣传指导,指导《东北文化》和《人民戏剧》,倡议创办合江《农民报》,编辑党内刊物《合江工作通讯》,主持出版《辽东大众》和《辽东通讯》等,突出了张闻天对中共地方党报党刊的关注和重视程度。

第七章,笔者讨论了新中国成立后张闻天担任驻苏大使时的外交实践经验,分析了他担任外交部副部长期间倡议创办和指导的一系列外交内部刊物和国际问题学术刊物,包括《外交文选》《每周通报》《国内情况通报》《外事研究》《外事动态》《业务研究》《外论选译》《国际问题研究》《国际问题译丛》等刊物,并考察了他的有关思考对中共新闻事业的改革与发展所产生的积极意义。

第八章,笔者主要论述了张闻天在报刊编辑与报刊作品写作上面所表现出的个人风格,并重点分析了张闻天的新闻活动与毛泽东之间存在的异同。

结语,笔者总结了张闻天在新闻实践活动中的所作所为及其表现对于当代中共党报党刊的启示,对于当代中共新闻实践的价值,以及对于当代新闻界的贡献。

第一章

尝试编辑工作

　　早年的张闻天不仅是报刊的热心读者和积极的撰稿人,而且还多次担任报刊编辑,负责报刊出版工作,并在工作过程中结识了一些著名的报刊主编和编辑人员。比如,经常阅读《新青年》《救国日报》《时报》《申报》《每周评论》等先进报刊,时常撰写时评性或文艺性文章,发表在《时事新报·学灯》《民国日报·觉悟》《少年中国》《小说月报》等报刊,先后承担《南京学生联合会日刊》、《少年世界》、美国《大同报》等报刊和中华书局图书的编辑、校对及其出版事务,多次与《时事新报》总编辑张东荪、《时事新报》副刊《学灯》编辑郭虞裳书信往来,等等。所有这些在很大程度上为张闻天以后的办刊、编报等新闻活动积累了相当的阅历和经验。

第一节　报刊读者与积极撰稿人

　　众所周知,早年张闻天是非常喜欢阅读报刊文章和撰写文章的。而这与他自小所受的教育有非常大的关系。自6岁起,张闻天就"开始读《百家姓》、《三字经》、《千字文》,后由《幼学琼林》进入《论语》、《孟子》",虽"年龄最小,但聪明好学,深得塾师喜爱"。后"私塾停办,改为养正小学",他继续"在该校读书","除读《诗经》、《左传》、《古文观止》等外,并读商务印书馆出版的《初小新式国文课本》"。① 1912年,12岁的张闻天就读于江苏省南汇县(今属上海市浦东新区)县立第一高等小学,"该校师资力量雄厚,教学水平高,所用课本都是新编辑出版的

---

　　① 张培森主编:《张闻天年谱》(修订版)上卷,中共党史出版社2000年版(2010年修订),第2-3页。

教科书,对学生的要求也高,课程中的英语就要求结业时会用英文写简短文章",其间"三年所学的课程为:修身、国文、算术、理科、本国历史、地理、农业、英语、手工、图画、体操"。① 可见,童年、少年时期的张闻天充分接受了中国的传统教育和西式的现代教育,这在很大程度上为他以后的创作生涯奠定了基础,比如,中国传统教育奠定了他坚实的文字与文学基础,而西式现代教育则开阔了他的视野,锻炼了他的自主意识与创造能力。

至于张闻天对阅读报刊产生浓厚的兴趣,是在 1917 年他就读南京河海工程专门学校期间。关于该校图书馆收藏的报刊情况,据在该校就读的张闻天的同学沈泽民称:"这图书室是很穷的,里边所有的大半是创办学校时购置的,后来虽则陆续添置,然而为数极少,并且因为种种缘故,每年损失的倒有添置的一样多。书籍的性质可称百分之九十九是属于英文的工程教科书,中文的为数极少。杂志也只有三数种是美国的工程杂志,中国的杂志都由人送来则受,否则不去购办的。向来还定数份新青年之类,后来因为江苏省长齐耀琳禁止新思潮,连旧的都拿出去,不敢放在里边了。图书室之中附设阅报室。报纸有两份:申报,时报。其余的报纸譬如时事新报、每周评论等都因为思想太新全不订的,有一种救国日报,本来是订阅的,后来主任说这报思想激烈恐被参观的看了不雅,也叫停止了。哪知救国日报编译者宁愿白送,依旧天天送来。"②

沈泽民的这篇学校调查文章向我们展示了南京河海工程专门学校的藏书情况尤其订购报刊情况是不很乐观的。不过,他也谈到了学校图书馆曾经订购《新青年》,坚持订购《申报》《时报》,以及接收《救国日报》等情况,这在相当程度上培养了张闻天阅读报刊的兴趣。而本着青少年喜欢好奇以及叛逆的性格,他们对于一些当局禁止的新报刊比如《新青年》《时事新报》《每周评论》等则会越加感兴趣。张闻天也不例外,他就"爱读《新青年》、《每周评论》等新报刊,深受新思潮的影响,并经常与周围同学议论时事"。③

在所有张闻天接触的报刊中,对其影响最大的无疑是陈独秀主编的《新青年》。张闻天曾提到:"'五四'前《新青年》的出版给了我很大影响,我的自我觉醒

---

①　张培森主编:《张闻天年谱》(修订版)上卷,中共党史出版社 2000 年版(2010 年修订),第 6 页。

②　沈泽民:《河海工程专门学校》,《少年世界》1920 年第 1 卷第 4 期。

③　张培森主编:《张闻天年谱》(修订版)上卷,中共党史出版社 2000 年版(2010 年修订),第 8 页。

也于此开始",①"我开始对中国旧社会的一切发生了怀疑与反抗,而景仰欧美民主、自由、平等的思想与生活。资产阶级、小资产阶级的民主主义、个人主义的思想从此发端了。"②当然,《新青年》除了在思想上给予张闻天莫大的启迪外,它的旗帜鲜明、定位得当、与时俱进的办刊方针,它的开放、求实、进取的办刊精神和多元化的办刊理念,它的多样化的文章体裁形式,它的融思想性与艺术性为一体的编辑技巧,以及视读者与作者为上帝的编辑思路等等,对于后来张闻天编辑和创办刊物在潜意识中也产生了很大的影响,对张闻天以后的写作倾向、编辑思想也有很大的启示。

尤其是《新青年》开设的"随感录"栏目,其登载的文章风格,俨然成了青年时期张闻天撰写文章的模板。1918年4月15日,《新青年》第4卷第4号首次刊载了7篇"随感录",预示着一种新的批评空间的出现和新文体的呈现。正如李辉所说:"陈独秀不仅首创了'随感录'这种讲究时效性、新闻性的杂感类专栏,启发了当时的许多报刊纷纷仿效并开辟了'随感录'以及类似的专栏,为当时知识分子开拓了一种新的批评空间;同时'随感录'也成为了一个文体概念,陈独秀首创的这一文体成为了中国现代杂文的雏形,并为日后以鲁迅为代表的杂文的成熟奠定了基础。"③张闻天就是在"随感录"这一新文体的影响之下开始了他的创作生涯和投稿历程。而陈独秀在《新青年》中所运用的编辑技巧,比如他采取的又破又立的立言方法,以问题为中心设置话题的传播技巧,"煽动"式的立言态度,以及拥有一批比较稳定的学者群式的编辑群体等,④在很大程度上也丰富了张闻天后来编辑报刊的经验。

此外,早年张闻天接触的其他报刊,比如《申报》《时报》《救国日报》《时事新报》《民国日报》《每周评论》《东方杂志》《少年中国》《少年世界》《小说月报》等,也或多或少地影响了他的写作人生,使他成为一个热衷于关注时事并时不时地发表评论的新文化人。特别是《时事新报》和《民国日报》,张闻天经常在它们的副刊《学灯》和《觉悟》上发表文章,并与他们的编辑有书信来往。

《学灯》作为上海《时事新报》的一份综合性学术副刊,对"五四"新文化运动

---

① 沈泽民:《河海工程专门学校》,《少年世界》1920年第1卷第4期。
② 张闻天:《1943年延安整风笔记》,转引自程中原:《张闻天传》(修订版),当代中国出版社2006年第2版(2007年重印),第12页。
③ 李辉:《〈新青年〉"随感录"研究》,《重庆工学院学报(社会科学版)》2007年第8期。
④ 参见蒋含平:《从〈新青年〉看陈独秀的编辑技巧》,《淮北煤炭师范学院学报(哲学社会科学版)》2006年第1期。

的发展起过一定的影响。它创刊于 1918 年 3 月 4 日,其宗旨有三:"一曰借以促进教育,灌输文化;二曰屏门户之见,广商权之资;三曰非为本报同人撰论之用,乃为社会学子立说之地。"①先后担任《学灯》编辑的有《时事新报》总主笔张东荪、匡僧、俞颂华、郭虞裳、宗白华、李石岑、郑振铎、柯一岑、朱隐青、潘光旦、钱沧硕等。《学灯》初期内容多半是有关教育方面的,以评论学校教育和青年修养为主。1919 年 6 月在俞颂华的主持下改变方向,一般性的"思潮"栏取代教育占据了主要地位,并开始辟"社会问题""妇女问题""劳动问题"等专栏。它重点介绍学术,讨论理想,传播文化知识,广泛刊载代表各种新思潮的文章,反映了"五四"以来国内文化界的真实动态。它内容丰富,取材严谨,思想清新,对青年有着很大的吸引力,所以每天都收到大量的投稿,是"五四"时期新文学创作和发表评论的主要阵地之一,而青年张闻天也是《学灯》的投稿人之一。据笔者统计,张闻天在 1919 年至 1920 年期间发表在《学灯》上的文章有 9 篇,其中包括 3 篇他致函《学灯》编辑张东荪、郭虞裳的信件。

与《学灯》同被称为五四时期"四大副刊"之一的《民国日报》副刊《觉悟》,与张闻天的关系也非同一般。它是青年张闻天发表时评政论、杂文随感、诗歌论文的又一平台。1919 年 6 月 16 日,《民国日报》创办副刊《觉悟》,由邵力子担任主编,每日一期。《觉悟》创刊时正值中国五四运动向纵深发展,各种思潮相互激荡,马克思主义日益成为中国思想界的主流,所以它一开始就表现了比较彻底的民主主义思想乃至社会主义倾向。后来 1920 年陈望道协助邵力子参与编辑工作,《觉悟》便在上海共产主义小组和中国共产党的影响下,迅速转化为具有初步共产主义思想的知识分子宣传马克思主义的重要阵地。它在揭露军阀的黑暗统治,报道和支持进步文化运动、学生运动和工人运动,宣传社会主义,介绍苏俄十月革命和建设成就,宣传马克思主义,以及批判无政府主义、基尔特社会主义等方面都曾起过积极的作用。但因"当时的《觉悟》在组织上不受共产党的领导,很自然地带上了'兼容并包的'色彩",②所以对杜威实验主义、新村主义及罗素、杜里舒的唯心主义哲学等进行了不加批判的介绍。

从 1920 年起,《觉悟》设置了"随感录""诗""小说""剧本"等专栏,发表了大量的时评文章和文艺著译。它发表的"随感录"和《新青年》的"随感录"互相配

---

①　张东荪:《学灯宣言》,见克柔编:《张东荪学术文化随笔》,中国青年出版社 2000 年版,第 292 页。

②　傅学文:《邵力子生平简史》,见中国人民政治协商会议全国委员会文史资料研究委员会编:《文史资料选辑(第 67 辑)》,中华书局出版社 1980 年版,第 103 页。

合,成为抨击封建主义、进行思想启蒙的重要武器,初步奠定了后来现代杂文的战斗风格;它刊载的诗歌、小说、戏剧等作品则带有相当的现实主义倾向,表现了下层人民的不幸、时代的动荡和知识分子对革命的追求与苦闷。而在1920年至1923年间,张闻天发表在《民国日报·觉悟》上的文章就有22篇,类型囊括时事评论、随感、诗歌、论文等多种形式,内容则涉及政治、经济、思想、劳工、青年、婚姻、人生态度等各个方面。

《少年中国》《少年世界》是少年中国学会的两个刊物。1919年7月15日,《少年中国》创刊,由学会北京总会负责编辑,以“本科学的精神,为文化运动,以创造‘少年中国’”为宗旨,称:“本学会同人老老实实的(地)向着这一条路走,决不停步。担任本月刊著作的都是本学会的会员。但是会外同志若以大作见示,只要合于本月刊的宗旨,无论文言白话,一律欢迎。惟去取之权,要让与编辑主任。”①其内容主要包括两部分:“第一部分占刊物的主要篇幅,是会员所写的关于自然科学、文学、社会学和哲学的论著与译文,涉及人生观、世界观和社会问题的许多方面,当集中讨论某一问题时,就出版专号,如妇女号(一卷四期),诗学研究号(一卷八、九期),新唯实主义号(一卷十一期),法兰西号(二卷四期),宗教问题号(二卷八、十一期,三卷一期),相对论号(三卷七期)等。第二部分实际上是‘会务报告’的继续,包括一些阐发学会的方针的文章、会务消息和会员的通讯,也出过两期‘少年中国学会问题号’(三卷二、八期)。”②

1920年1月,《少年世界》出版,由少年中国学会南京分会负责编辑。它是少年中国学会另一刊物《少年中国》的补充。其宗旨是“作社会的实际调查,谋世界的根本改造”,“与《少年中国》不同的地方:《少年中国》月刊注重文化运动阐发学理纯粹科学;《少年世界》月刊注重实际调查叙述事实应用科学”,其设置的栏目有“学术世界”“劳动世界”“学生世界”“妇女世界”“华侨消息”“民族自决运动”“学校调查”“工厂调查”“农村生活”“出版界”“小工艺”“读书录”“专论”“通信”“杂录”③等。

从以上有关《少年中国》《少年世界》办刊宗旨和刊物内容的阐述中,不难看出《少年中国》《少年世界》是非常注重调查研究和实事求是精神的,而且“改造中国乃至世界”的使命感和社会责任感非常强烈,这在一定程度上影响了张闻天的

---

① 《〈少年中国〉月刊的宣言》,《少年中国》1919年第1卷第4期。
② 中共中央马克思、恩格斯、列宁、斯大林著作编译局研究室编:《五四时期期刊介绍(第一集)》上册,三联书店出版社1978年版,第236页。
③ 《少年中国学会的第二种月刊　少年世界》,《少年中国》1919年第1卷第1期。

世界观、人生观、价值观及其后来的新闻实践。而张闻天在《少年中国》和《少年世界》上发表的文章，①也充分表达了早年张闻天对农村改造、离婚等社会问题的关注，对少年中国学会未来前途的关心，对国内文坛现状的担忧，以及对革命文学的热情与认同。

《小说月报》也是张闻天接触比较深入的刊物，尤其是沈雁冰和郑振铎担任主编时期。1921 年从日本留学回国的张闻天，开始对文学产生了浓厚的兴趣，翻译了很多国外名家的戏剧作品和论述作品，还创作了一些具有革命文学色彩的文艺作品，并将其发表在《小说月报》上。《小说月报》，1910 年 7 月创刊于上海，由商务印书馆主办，"五四"运动前主要是鸳鸯蝴蝶派发表作品的阵地，刊登文言章回小说、旧体诗词、改良新剧，以及用文言翻译的西洋小说和剧本。"五四"运动以后，随着新文学运动的不断发展和新思潮对《小说月报》的冲击，1920 年 1 月商务印书馆决定改革《小说月报》，由沈雁冰主持新增设的"小说新潮"栏的编辑工作，开始登载白话小说、新诗、译文和论文，刊物面貌发生了一些变化。同年 11 月，沈雁冰正式担任《小说月报》主编一职，对刊物进行彻底改革。

1921 年 1 月，《小说月报》第 12 卷第 1 号刊登《改革宣言》（以下简称《宣言》），明确提出新版《小说月报》的编辑方针、编辑内容和编辑宗旨，由此开启了《小说月报》新的一页。关于编辑方针，《宣言》称："小说月报行世已（以）来，已十一年矣，今当第十二年之始，谋更新而扩充之，将于译述西洋名家小说而外，兼介绍世界文学界潮流之趋向，讨论中国文学革进之方法。"②

接着，《宣言》提到了改革后《小说月报》的栏目设置，主要有"论评""研究""译丛""创作""特载""杂载"。③ 最后，《宣言》用极大的篇幅阐述了刊物改版后的编辑宗旨，指出："同人以为研究文学哲理介绍文学流派虽为刻不容缓之事，而移译西欧名著使读者得见某派面目之一斑，不起空中楼阁之憾，尤为重要"；"同人以为今日谈革新文学非徒事模仿西洋而已，实将创造中国之新文艺，对世界尽贡献之责任……故对于为艺术的艺术与为人生的艺术，两无所袒。必将忠实介绍，

---

① 相关文章有：《农村改造发端》（《少年世界》1920 年第 1 卷第 3 期），《离婚问题》（《少年世界》1920 年第 1 卷第 8 期），《对少年中国学会问题的意见》（《少年中国》1921 年第 3 卷第 2 期"少年中国学会问题号"），《科路伦科评传》（《少年中国》1923 年第 4 卷第 4 期），《生命的跳跃——对于中国现文坛的感想》（《少年中国》1923 年第 4 卷第 7 期），《琪琅康陶译序》（《少年中国》1924 年第 4 卷第 11 期），《从梅雨时期到暴风雨时期》（《少年中国》1924 年第 4 卷第 12 期），《青春的梦》（《少年中国》1924 年第 4 卷第 12 期）等。
② 《改革宣言》，《小说月报》1921 年第 12 卷第 1 号。
③ 同上。

以为研究之材料";"写实主义的文学,最近已见衰歇之象,就世界观之立点言之,似已不应多为介绍;然就国内文学界情形言之,则写实主义之真精神与写实主义之真杰作实未尝有其一二,故同人以为写实主义在今日尚有切实介绍之必要;而同时非写实的文学亦应充其量输入,以为进一层之预备";"西洋文艺之兴盖与文学上之批评主义(Criticism)相辅而进,批评主义在文艺上有极大之威权,能左右一时代之文艺思想。……我国素无所谓批评主义,月旦既无不易之标准,故好恶多成于一人之私见;'必先有批评家,然后有真文学家'此亦为同人坚信之一端;同人不敏,将先介绍西洋之批评主义以为之导";"同人等深信一国之文艺为一国国民性之反映,亦惟能表见国民性之文艺能有真价值,能在世界的文学中占一席地";"中国旧有文学不仅在过去时代有相当之地位而已,即对于将来亦有几分之贡献,此则同人所敢确信者,故甚愿发表治旧文学者研究所得之见,俾得与国人相讨论。"①

1923 年 1 月,沈雁冰因商务印书馆当局干涉他的编辑方针而辞去主编职务,②由郑振铎接任主编。郑振铎继承了沈雁冰的改革精神,并没有使刊物改版后取得的成绩半途而废。而张闻天也是深受《小说月报》改革后的编辑方针和编辑宗旨的影响,热情地宣传和创作新文学。据不完全统计,在沈雁冰、郑振铎主编《小说月报》期间,张闻天共在《小说月报》发表作品 13 篇,其中包括译作、译述、小说、题记和序言等形式。张闻天的一系列创作经历可以说为他奠定了深厚的文学修养和理论基础,也为他后来创办文学性质的刊物《南鸿》周刊创造了充分的条件。

第二节　张闻天与《南京学生联合会日刊》

1919 年 5 月 4 日,"五四"运动爆发。作为南京河海工程专门学校在读的一名学生,张闻天积极参与其中。5 月 9 日参加南京大中学校学生举行的"五九"国耻纪念大会,27 日参加南京各学校为声援北京、上海学生罢课而进行的罢课斗争,6 月 2 日参加南京学生举办的爱国誓师典礼。除了积极参与学生运动外,张闻天还经常通过报刊发表文章来为五四运动立言,分析五四运动之后的国内、国际形势,

---

① 《改革宣言》,《小说月报》1921 年第 12 卷第 1 号。
② 参见茅盾:《茅盾自传》,江苏文艺出版社 1996 年版,第 102 页。

申明自己关于游行示威、国民精神、政治状况、社会问题等方面的一些观点。而这份报刊就是《南京学生联合会日刊》。

《南京学生联合会日刊》创刊于 1919 年 6 月 23 日,由南京学生联合会主办,发行所设于省教育会内。据《时报》称,它是由南京政法专门学校学生代表在 6 月 3 日学生联合会召开的紧急会议上提议创办的。① 因南京学生联合会成立的主要目的就是为了声援五四运动,所以其主办的刊物的时代感、政治性和思想性非常强烈。《南京学生联合会日刊》创办的宗旨是"开通民智,增进民德,发扬爱国精神",②其设置的栏目也充分体现了"五四"时期的时代特色和思想特色,比如"评论""论著""随感录""杂评""评坛"等。当时的主编是南京高等师范学校国文科学生阮真,他在该刊最后一期的《编辑科经过报告》中讲述了自己主编《南京学生联合会日刊》的初衷和想法,在很大程度上解释刊物思想性特色的缘由。阮真在《报告》中写道:"本刊自六月二十三日创刊以来,阅时两月有余,出版共七十号(期)。虽于国家社会无直接裨益,然颇为教育界所注目,而我会员得思想之接触,学说之观摩,其必有得益于此者,可断言也。真(阮真)于发表来稿,重思想不重文字,尤以改良社会及改良教育为救国初步之方针,此本刊之微意也。考各门所发表之文字,'论著''评坛'不无佳作。"③同年 7 月 18 日《时事新报》曾报道,"南京学生联合会日刊前日业已出版,内容丰富,材料新颖,报费极廉,故销数达万份之多"④,足见《南京学生联合会日刊》在当时的影响。

《南京学生联合会日刊》除了及时报道五四运动以后南京、江苏各地和全国学生的反帝爱国运动,强烈地抨击日本帝国主义的侵略罪行和北洋军阀政府的卖国勾当,无情地批判和揭露旧制度、旧思想、旧道德、旧习惯,热情地宣传爱国主义、社会主义和革命民主主义思想外,对马克思主义也进行了相当程度的宣传,成为当时江苏最早宣传马克思主义影响最大的报纸。而在《南京学生联合会日刊》上宣传马克思主义的人就是该刊编辑科科员张闻天。与张闻天一起担任该刊编辑科科员的还有沈泽民、刘英士、董开章、丁绳武等人,他们都是南京河海工程专门学校的学生。他们不仅承担了该刊物的一些具体编辑工作,还经常向该刊投稿发

---

① 参见中共江苏省委党史工作委员会,中国第二历史档案馆编:《五四运动在江苏》,江苏古籍出版社 1992 年版,第 456 页。

② 《编辑科启事》(一),《南京学生联合会日刊》1919 年第 3 号。

③ 《编辑科经过报告》,《南京学生联合会日刊》1919 年第 70 号。

④ 中共江苏省委党史工作委员会,中国第二历史档案馆编:《五四运动在江苏》,江苏古籍出版社 1992 年版,第 456 页。

文,以阐发自己对于时局的看法和态度,成为刊物的主要撰稿人,其中尤以张闻天最为活跃。据统计,在现存 51 期刊物中,有 15 期刊载了张闻天撰写的 30 多篇"评论""杂评"和"随感录",①其中在第 50 至 52 期上连载的《社会问题》,是一篇比较系统地宣传马克思主义并用其剖析中国社会问题的重要文章,而当时《新青年》的马克思主义研究专号和陈望道翻译的《共产党宣言》第一个中译本都尚未问世。

1919 年 7 月 11 日,张闻天在《南京学生联合会日刊》第 17 号发表评论文章《"五七"后的经过及将来》,正式开始了他的写作生涯。此文是迄今为止我们所能找到的张闻天发表的最早的文章。张闻天在文中对"五四"运动以来北洋军阀政府的表现很不以为然,认为"在北京,政府用圆滑手段对付吾们;……南北和议,不过彼'官派'、'饭桶'安置会议,对于吾们小百姓没有丝毫利益"。他指出,要建设一个"健全的民主共和国","不声不响无用","空文鼓吹无用","电报战争无用","切实劝告无用","奔走呼号无用","奔都请愿无用","很好的法则(子)"就是把"武力政治、强横的中央集权、卖国贼、安福系、腐败的政党,一切费(废)除"。他还提出,"要做这种大事业",必须"抱定正鹄","勇往直前","不屈不挠"。② 该文一定程度呈现了青年张闻天的革命民主主义思想。

对当时执政军阀政府所作所为的不认同,使张闻天产生了一系列关于国家、政府、国民、社会的观点,以及对于它们之间应该具有的关系的一系列设想。7 月22 日,张闻天的另外一篇文章《中华民国平民注意》被刊登在《南京学生联合会日刊》第 26 号上。在文章中,张闻天不仅表达了自己的现代国家观、政治观,而且还依据陈独秀在《警告青年》中对青年的希望,相应地提出了他心目中的共和国国民应有的素质。他称,共和国国民应该是"自主的而非奴隶的";"进取的而非保守的";"世界的而非局部的";"科学的而非想象的";"实利的而非空文的"。接着,他阐述了关于"平等、自由、博爱"的观点,认为它们对国家、政府、国民来说是非常重要的。关于"平等",他认为"共和政治的法律,必须以万民平等为原则。""无论他资格上地位上什样,公法上、私法上的权利义务都是一样,就是凡为国民人格同一"。关于"自由",他认为"共和时代,国家以人民组织,所以发达人民即所以发达其国家,所以个人的自由非常重要,所以人权是神圣,不但不容私人的侵犯,即

---

① 参见程中原:《说不尽的张闻天》,中央文献出版社 2008 年版,第 26 - 27 页。
② 张闻天选集传记组等编:《张闻天早期文集(1919.7 - 1925.6)》,中共党史出版社 1999 年版(2010 年修订),第 2 - 3 页。

国家除了不得已限制外,不能滥用权力而侵害的。""于法律范围内,人人自由,各有活泼进取的精神,各具独立自治的能力。分子发达,即国家亦发达了。"关于博爱,他指出:"共和政治是成立全国人民的手内,所以不得不求最大多数的幸福。……博爱不是忘本,是尊重人道而兼以仁恕。"①张闻天的上述观点在很大程度上契合了《南京学生联合会日刊》开民智的启蒙宗旨。

而张闻天发表在《南京学生联合会日刊》上的文章《社会问题》则向读者表达了他关于社会、社会与个人、社会变迁等一系列问题的看法。他在文中比较赞同"社会是有机的"这一观点,认为"个人对于社会,犹之细胞对于人身","照有机的社会看起来,若个人的自由日益伸张,则社会的统率力亦愈强。若社会的统率力愈强,则个人的自由亦益伸张。……因为有机的原(缘)故,所以各个人的利害互相一致。"关于社会变迁,他依据马克思的唯物史观,认为"社会问题经了四大变动":"在第一时期内,没有压制,没有争夺,象(像)禽兽差不多";"在第二时期,只有屈从的性质";"在第三时期内,是拿个人的独立发展做内容";"在第四时期是互相互助的"。接着,他着重谈了社会上存在的三种势力:法律、道德和宗教,认为"法律的效力在于除暴去恶","可以维持社会秩序","法律是没有偏私的","是死板板的条文,不通人情世故","道德主内,法律主外","道德是吾们自己的主张和行为",而"宗教的好处,在能够引平常的人到好的路上去。坏处就是汩没个人独立自尊的思想和行为。"关于如何解决社会问题,张闻天认为"现在最要紧的是铲除士大夫阶级","不过起革命的要是劳农界人(就是工人和农人),革命的目标自然是去士大夫阶级。但是起革命为什么要劳农界人呢? 因为除了真真的劳农界人,人人都是希望做士大夫,把这种希望做士大夫的拉来革士大夫的命,可是万办(般)不同(通)。"他觉得只要"有知识的开导无知识",革命就会起来,然后"实行普通选举,选举真正代表吾们说话的人","遇有什么重大问题,大家公开讨论,发表国民的主张",之后"若是很进化的国家"②则会实现共产主义。

另外,张闻天还模仿《申报》的"杂评"和《新青年》的"随感录"在《南京学生联合会日刊》上发表了大量的"杂评""杂感""随感录"类文章,批评军阀政治的混乱,揭露政府官员的腐化,阐述日本政府的愚人政策,分析中国国民的劣根性,点评"巴黎和约签字""铁路借款""南北议和"等时事,抨击旧文化、旧道德、旧习惯。

---

① 张闻天选集传记组等编:《张闻天早期文集(1919.7 – 1925.6)》,中共党史出版社 1999 年版(2010 年修订),第 7 – 8 页。

② 同上书,第 19 – 24 页。

总之,担任《南京学生联合会日刊》编辑科科员的这一段时间,可以说是青年张闻天人生的一个重要经历。它不仅是张闻天练笔写作的一个平台,也是张闻天了解报刊编辑程序、编辑方法和编辑技巧的一个场所,为张闻天后来的新闻实践活动准备了丰富的报刊编辑经验,比如编者要充分了解报刊的受众群体,了解他们的个性与特征,找到他们的兴趣点,切中要害,做到与他们感同身受;文章形式要多样,要满足不同受众的不同需求;言辞要激烈,要有号召力和感染力,尤其是感情要充沛,对于政府的批评和时事的评论要有力度,以便引起受众的关注和讨论;注重文章的内涵,要有思想性,使受众读后有醍醐灌顶、意犹未尽之感,等等。

第三节　早年编辑经历

青年时期的张闻天除了担任过《南京学生联合会日刊》编辑科科员外,还曾承担过《少年世界》、美国《大同报》等报刊和中华书局图书的编辑和出版事务,并认识了诸多当时知名的编辑,有《时事新报》总编辑张东荪、《时事新报》副刊《学灯》编辑郭虞裳和宗白华、《民国日报》副刊《觉悟》编辑陈望道、《少年中国》主编王光祈和康白情、《少年世界》校对沈泽民、《共产党》月刊主编李达、《小说月报》主编茅盾(沈雁冰)和郑振铎、"新文化丛书"总编左舜生、《创造季刊》主编郁达夫等。这些经历不仅为他储备了相当的编辑出版经验,还为他后来创办或主编报刊打下了坚实的基础。

张闻天的编辑经历,与他的少年中国学会成员身份不无关系。少年中国学会是五四时期出现的一个著名团体,由王光祈、李大钊等人发起组织,正式成立于1919年7月。总会设在北京,在南京和成都设有分会。学会以"本科学的精神,为社会的活动,以创造少年中国"为宗旨,以"纯洁、俭朴、实践、奋斗"为信条。1919年12月,在左舜生、黄仲苏、王光祈、宗白华、魏时珍五人的共同介绍下,①张闻天加入少年中国学会,正式成为学会南京分会的一名会员。虽然学会组织比较松散,但是学会会员的认同感比较强,都视自己是学会这个大家庭的一分子,感情非常真挚,加上发起人王光祈一直提倡"工读互助",所以作为少年中国学会南京分会会员的张闻天,经常得到其他会员的帮助,比如他的编辑工作大多数都是学会

---

①　参见叶菊珍:《张闻天与少年中国学会》,《四川师范大学学报(社会科学版)》2003年第3期。

会员帮忙介绍的。

1920年1月,少年中国学会刊物《少年世界》月刊出版发行。它"由南京会员编辑,系由南京会员全体组织编辑部,分为数组,轮流编辑。黄君仲苏兼负催稿之责","由张闻天、沈泽民两君担负校勘责任"。① 从1920年1月到1920年7月,张闻天担任《少年世界》校勘工作的时间总共有7个月,因要去日本留学而终止。在这7个月中,张闻天进一步了解了编辑报刊、校对报刊等业务流程。

1921年8月,从日本归国的张闻天在少年中国学会会员左舜生的介绍下,进入中华书局,当了"新文化丛书"的编辑,左舜生任丛书的总编辑,同时担任编辑的还有沈泽民和田汉。据悉,"该丛书以选译欧美社会科学学术名著为宗旨,出版的书目中有《唯物史观解说》《社会主义初步》《欧洲政治思想小史》《社会问题总览》《近代西洋哲学史大纲》等。"②而当时在中华书局工作的李达,也"对张闻天多有指点、鼓励"③。这一经历使张闻天获得了相当多的编辑经验。其实对于中华书局的出版事业,张闻天以前就有所关注。1920年1月中华书局决定要设立新思潮社时,张闻天专门撰文《对于中华书局"新思潮社"管见》,提出自己的疑问和建议,表达了自己对于出版事业的独特见解和一些原则性问题。

在文章中,张闻天首先发问中华书局"对于新思潮是否彻底的了解","是否真心的提倡新思潮,实行新文化运动,而不仅仅于金钱的关系?"他说:"假使中华书局对于新思潮并没彻底的了解,而拿提倡新思潮当为投机事业,那末(么)不必多此一举。假使果真是出于彻底的觉悟,那末(么)吾有几种意思,想提出讨论。"接着他提出了中华书局以后应该做的三件事情:"整顿国故""有系统的(地)翻译欧美丛书"和"有系统的(地)整理近代有价值的文字",并主张书局"多请真真有学问的人去分部的(地)整理和编辑","关于翻译、整理近代有价值的文字二种",也"最好由书局方面敦请真实有学问的学者,组织评论会。各种稿子必要评论会通过,认为真有出版的价值",负责"整理国故"的人,一定要"对于国故有彻底的研究;对于西洋学说也十分了解""有世界的眼光""有科学的见解"。最后他认为:"以后没有价值的书也不必出了。"④张闻天的这些建议还是比较中肯和全面

---

① 张允侯,殷叙彝等:《五四时期的社团》(一),三联书店1979年版,第250页。

② 张培森主编:《张闻天年谱》(修订版)上卷,中共党史出版社2000年版(2010年修订),第23页。

③ 程中原:《张闻天传》(修订版),当代中国出版社2006年第2版(2007年重印),第28页。

④ 张闻天选集传记组等编:《张闻天早期文集(1919.7 - 1925.6)》,中共党史出版社1999年版(2010年修订),第33 - 35页。

的,兼顾中外和古今,眼光比较长远,视野也比较开阔。此后的中华书局也有了一定程度的改观,而这次"新文化丛书"的出版就是一个明证。

1922 年 5 月 28 日,经"美洲中国文化同盟"推举,张闻天被聘请为美国华人《大同报》的编辑,"负责从各种英文报导中编译本埠新闻"。① 而这一编辑工作也是得益于他的少年中国学会会员身份。"美洲中国文化同盟"是 1922 年 5 月 26 日在美国成立的一个留美华人组织,其成员多是少年中国学会、国民杂志社、新声社、曙光社、科学社等社团的旅美会员,其主要负责人是少年中国学会会员康白情和孟寿椿。张闻天能够留美担任《大同报》编辑就是受康白情推荐,其原因除了当时张闻天在翻译、介绍外国文艺理论和外国作家作品方面小有名气外,其与康白情的会员交情也是主要方面。1924 年,张闻天从美国回国,2 月应聘回中华书局继续任编辑,后"因致力于革命文学创作和翻译而影响所任编辑业务,被中华书局辞退"②。

早年张闻天除了有丰富的编辑经历外,还与许多报刊编辑有往来,一定程度上丰富了他的编辑经验和阅历。1919 年 8、9 月间,脱离河海工程专门学校的张闻天到上海开始工读生活。之后,经常与《时事新报》总编辑张东荪、《时事新报》副刊《学灯》编辑郭虞裳书信交往,探讨婚姻、恋爱、青年、人性问题和人生感悟。11 月 13 日,张闻天在《致郭虞裳》的信中讨论了男女双方如何看待包办婚姻问题,指出:"吾们既然要解决这二性问题,吾们当然要二性大家去研究。结果选择一种最好的方法,大家去实行;去同恶社会宣战的时候,也可以互相声援。"③12 月 12 日,张闻天在《致张东荪》的信中提到了自己的近况、读书情况以及青年问题。他写道:"吾现在离开留法预备班,同吾的同学刘英士租了一间小房子,闭户读书。从根本上筑起,不要筑在沙滩上,风吹倒了。法国吾是要去的,但是不应该现在去。吾们在必要的时候,要进大研究室,方才到外国去。现在於(于)理论上与观察上,要十分的预备。""吾们对于青年不应该抱一种姑息慈爱之心。一方面要竭力的攻击,一方面要尽力的指导。不攻击他们不知道自己的坏处;不指导他们,知道了坏

① 张培森主编:《张闻天年谱》(修订版)上卷,中共党史出版社 2000 年版(2010 年修订),第 31 页。

② 同上书,第 42 页。

③ 张闻天选集传记组等编:《张闻天早期文集(1919. 7 – 1925. 6)》,中共党史出版社 1999 年版(2010 年修订),第 27 页。

处也不能更[改]。"①1920年2月13日,他在《致张东荪》的信中再次讲述了自己的行程打算、读书概况,并探讨了人性问题。他说道:"吾明天到嘉兴沈泽民家去壮游。今年的'读书期'算终止了。半年的成绩不过十多本书真正惭愧。你前几天提出恶的观察来讨论,吾也这样想。吾看现在青年当人性是'纯善'的。所以无论何事,只是一方面的观察,决(绝)没有拿恶的方面计算进去。所以结果失败的多,成功的少。"②

张闻天的这种以"通信"的形式同编者讲述自己行程、讨论问题,以自己的切身感受再来启发读者的方式,对社会舆论起了一定的引导和示范作用。当然,它对张闻天以后的编辑思想也有很大的启发,那就是要充分重视类似"通信"这种编者与读者互动的形式,扩大报刊影响力和亲和力。

加入少年中国学会后,张闻天认识了许多学会会员,尤其是校勘《少年世界》期间,更是接触了许多拥有编辑、记者身份经历的会员,比如王光祈、宗白华、左舜生、康白情、沈泽民等。他们在某种程度上为张闻天后来的新闻实践活动和新闻理论提供了很好的氛围,以及学习和效仿的对象。

王光祈,作为少年中国学会的发起人之一和张闻天入南京分会介绍人之一,早年曾"在重庆与曾琦、郭步陶、宋小宋等人编辑《民国新报》"③,后担任过成都《群报》驻京记者和北京《京华日报》编辑。1918年夏,《群报》被查封,"李劼人另行主办《川报》,王光祈受聘担任《川报》驻京记者","除每天寄剪报、发专电外,每周至少写通讯报道一至二篇"。④ 另外他还经常在《新青年》《每周评论》《晨报》副刊等刊物上发表抨击时政的评论文章和社论文章。1919年7月,少年中国学会刊物《少年中国》月刊创刊,李大钊为编辑主任,康白情为副主任,王光祈任会计并负责"学会消息"栏,但由于"编辑主任李大钊和副主任康白情,均因事未能执行职务,实际负责编辑工作的是王光祈"。⑤ 对于学会的另一刊物《少年世界》的出版,王光祈也做了大量的准备工作,并"决定《少年世界》编辑事务,由南京会员承担",⑥所以张闻天担任《少年世界》的校勘工作与王光祈也有一定的联系。1920

---

① 张闻天选集传记组等编:《张闻天早期文集(1919.7 – 1925.6)》,中共党史出版社1999年版(2010年修订),第28 – 29页。

② 同上书,第36页。

③ 韩立文、毕兴编:《王光祈年谱》,人民音乐出版社1987年版,第16页。

④ 同上书,第25页。

⑤ 同上书,第33页。

⑥ 韩立文、毕兴编:《王光祈年谱》,人民音乐出版社1987年版,第36页。

年王光祈赴德国留学,学习德文和政治经济学,并兼任《申报》《时事新报》和北京《晨报》的驻德特约记者。早年张闻天认识如此一位拥有丰富编辑经验的人,其对他的影响可想而知。

宗白华,可以说是少年中国学会中的活跃成员,对于学会的筹建和领导起了一定的作用。1919 年 7 月,他被选为学会的评议员,并参与了学会月刊《少年中国》的编辑和校勘事务。8 月,受《时事新报》总编辑张东荪的委托,宗白华协助当时《时事新报》副刊《学灯》主编郭虞裳编辑《学灯》。上任不久就增设栏目,"另辟新文艺一门",①引起了很大的反响。张闻天就曾在此栏目上发表他的诗作《梦》。11 月,因郭虞裳外出,宗白华正式成为《学灯》主编。之后,宗白华经常以"通信""启事"的方式与读者、作者互动,讨论收稿审稿发稿问题、稿费问题以及栏目设置问题,以"按语""编者按"的形式讨论问题或总结问题,发表看法,抒发情感,还在《学灯》上发表一系列表达自己对当时报纸杂志出版界想法的文章,比如《评上海的两大书局》《〈学灯〉栏宣言》《我对于翻译丛书的意见》《我对于新杂志界的希望》等。宗白华可谓是集编辑、主编和撰稿人于一身,这种方式对于张闻天也是一种启发。后来张闻天创办《南鸿》周刊采取的基本上也是这种方式。

左舜生,是少年中国学会元老级人物,张闻天入会介绍人。左舜生本人的编辑经历也是相当丰富,尤其是 1919 年加入少年中国学会后。1920 年春,他"入中华书局编译所任新书部主任,曾陆续出版新文化丛书、教育丛书、少年中国学会丛书,并主编《中华教育界》《少年中国》月刊及《少年世界》月刊","继任学会执行部主任"后"独负处理会务之重责,举凡出国船票之洽购,稿件之投递,报社通讯之接洽,书籍之出版,乃至一切收款汇款之琐务"。② 1920 年张闻天受聘中华书局担任编辑就是左舜生介绍的。

康白情,是少年中国学会成员中的活跃分子,经常忙于学生运动,是名噪一时的学生领袖,也是五四时期知名白话诗人。1918 年受《新青年》的影响,康白情协同傅斯年、罗家伦、毛子水等人以"反对旧文化,提倡新文化"为口号,组织"新潮社",参与创办《新潮》月刊,并担任《新潮》的干事,先后发表了《草儿在前,鞭儿在后》《朝气》《和平的春天》《别少年中国》《女工之歌》等白话诗。1919 年 7 月,康白情被选为《少年中国》月刊编辑副主任,自第 1 卷第 5 期开始主编《少年中国》达

---

① 宗白华:《宗白华全集》第 1 卷,安徽教育出版社 1994 年版,第 39 页。
② 《左舜生先生行状》,见周宝三编:《近代中国史料丛刊续编第 81 辑·左舜生先生纪念册》,(台北)文海出版社有限公司 1981 年版,第 2 页。

半年之久。康白情与张闻天相识于少年中国学会期间,在张闻天日本留学期间"同张闻天过从甚密,为日后张闻天赴美勤工俭学种下了因缘"。① 1922 年张闻天留美并担任《大同报》编辑一职就是康白情推荐的。

沈泽民,与张闻天有很多的相同经历,比如都是南京河海工程专门学校学生,都曾担任《南京学生联合会日刊》编辑科科员,都是少年中国学会南京分会会员,并一起担任《少年世界》月刊的校勘工作和出版事务,一起赴日留学,经常同吃同住,足见两人关系非同寻常,彼此对彼此的影响可见一斑。1919 年暑假,在《新青年》的影响下,沈泽民在家乡乌镇,"与其胞兄沈雁冰,同乡萧觉先、王敏台等发起成立'桐乡青年社',并出版不定期刊物《新乡人》",②宣传新文学,倡导白话文。沈在刊物上致力于新文学和科学知识的创作和介绍,发表有小说《呆子》《阿文和他的姊姊》,译文《曼那特约翰》,科学小品《发动机》等。1921 年从日本回来的沈泽民"由其兄介绍加入中国共产党早期组织",后"听从党组织的安排,经恽代英、蒋光慈的介绍,到安徽芜湖五中任算学教员","一到芜湖,便同高语罕等进步教员组织'芜湖学社',并创办《芜湖》半月刊"。③ 1923 年,沈泽民在《民国日报》工作,还有一段代编《民国日报》副刊《觉悟》的经历。作为张闻天的好友,沈泽民的一系列编辑、创办报刊的历程,对张闻天来说无疑是一个很大的启示。

1921 年从日本留学回国的张闻天,经左舜生介绍担任了上海中华书局的编辑,而其"个人研究志趣从哲学趋向文学,并与文学研究会、创造社两文学团体成员均有交往"。④ 张闻天的编辑身份、文学兴趣以及在文学方面的天赋和取得的成就,使他接触了很多文学名家、文学爱好者和文学编辑,其中有沈雁冰(茅盾)、郑振铎、郁达夫等人。

沈雁冰,因其兄弟沈泽民而与张闻天相识,与张闻天相熟则是在其主编《小说月报》期间。1919 年 11 月,沈雁冰"应《小说月报》与《妇女杂志》主编王莼农之请,同意主持《小说月报》中明年新辟的'小说新潮'栏(占《小说月报》三分之一篇幅)的实际编辑事务",这一新辟栏目"专门用白话文翻译介绍世界文学名著"。⑤从 1921 年 1 月第 12 卷第 1 号开始,沈雁冰正式主编《小说月报》,到 1923 年 1 月

① 程中原:《张闻天传》(修订版),当代中国出版社 2006 年第 2 版(2007 年重印),第 24 页。
② 钟桂松:《沈泽民传》,中央文献出版社 2003 年版,第 31 页。
③ 同上书,第 49 页。
④ 张培森主编:《张闻天年谱》(修订版)上卷,中共党史出版社 2000 年版(2010 年修订),第 23 页。
⑤ 万树玉:《茅盾年谱》,浙江文艺出版社 1986 年版,第 42 - 43 页。

由郑振铎担任主编止,整整有两年的时间。其间,沈雁冰对《小说月报》进行了全方位的改版,以便适应新时代新文学青年读者的需要。从内容到形式,从作者到编者,沈雁冰都作了精心的设计和安排,充分显示了其编辑报刊的才能和特色,比如开辟"创作讨论""创作批评""文艺丛谈""论评""研究""译丛""创作""特载""杂载""通信""读后感"等栏目;确保刊物内容多样化,以小说为主,兼及诗歌、戏剧、散文等;注重编者、作者与读者之间的互动;向当时提倡新文化、新文学的知名人士约稿,撰写理论文章;实行"编者作者化"与"基本作者编辑化"相结合的编辑策略;"不断向名家请教,接纳多方合理性建议";"广采博纳众家之长,了解、引导和提高读者,更好地为读者服务";"依据办刊宗旨,突出重点栏目、重点文章";①系统介绍国外文学和国内新文学,倡导"为人生"的艺术,鼓吹"血与泪"的文学,批判封建文学观念,等等。

　　而在沈雁冰主编《小说月报》期间,张闻天多次在《小说月报》上发表自己的作品。1921 年 9 月,张闻天将自己的首篇译述文章《托尔斯泰的艺术观》发表在《小说月报》第 12 卷号外"俄国文学研究"一栏。后又在《小说月报》第 13 卷第 2 号"文学家研究"一栏发表了 3 篇他的译作:《太(泰)戈尔之诗与哲学观》、《太(泰)戈尔的妇女观》和《太(泰)戈尔对于印度和世界的使命》。对此,沈雁冰称:"在日本时,大概受了泽民的影响,他(引者注:张闻天)开始接近文学,并给《小说月报》投稿。那时我正在主编《小说月报》,记得他当时写过《托尔斯泰的艺术观》、《波特来耳研究》,以及三篇介绍和研究泰戈尔的文章,内容和文采都是不错的。"②

　　郑振铎,早年的编辑经历也相当丰富。1919 年 11 月,与瞿秋白、耿济之、许地山等人一起创办《新社会》旬刊,提倡社会改造。1920 年 8 月,创办《人道》杂志,宣传人道主义。另外还参与创办过《曙光》《救国演讲周刊》《闽潮》《新学报》《批评》等报刊。③ 1920 年 11 月,郑振铎与沈雁冰、叶绍钧等人发起成立文学研究会。1921 年,担任上海《时事新报》副刊《学灯》编辑。同年 5 月 10 日,主编文学研究会机关报《文学旬刊》,同时开始主编出版《文学研究会丛书》,还参与创刊了《戏剧》月刊、《诗》月刊等。1922 年 1 月,主编中国第一个儿童文学刊物《儿童世界》周刊,为中国现代儿童文学事业起了开山作用。1923 年 1 月,接替沈雁冰主编《小

---

① 胡永启:《沈雁冰革新〈小说月报〉的编辑思想研究》,硕士学位论文,河南大学,2005 年,第 10 - 19 页。

② 本社编:《怀念张闻天同志》,湖南人民出版社 1981 年版,第 13 页。

③ 参见陈福康:《郑振铎前期编辑思想》,《编辑学刊》1986 年第 4 期。

说月报》,为"打造其为新文学建设与旧文学研究并重的文学刊物",①特别增辟了"整理国故与新文学运动"专栏。在编辑《小说月报》期间,郑振铎将自己"赋文学刊物以研究功能"的编辑思路运用自如,比如"注意发表有关整理中国古典文学遗产的理论探索和研究成果方面的文章";"注意发表有关文学原理方面的文章";"注意发表有关中外文学史方面的论著与资料"②等。对于郑振铎主编的《小说月报》,张闻天也是多有关注,经常在上面发表自己翻译的戏剧作品和创作的小说。③ 当然,对于郑振铎的编辑思想,张闻天也是有所了解的,这对他后来的编辑历程不无裨益。

　　郁达夫,与张闻天相识最早可以追溯到1920年张闻天校对《少年世界》时期。当时"由于承担《少年世界》发行的上海亚东图书馆后来又承担《创造季刊》的出版发行工作",张闻天"同郁达夫等创造社成员发生了交往",④这应该是他同郁达夫的最早接触。之后由于在文学方面的志趣相投,两人走得越来越近,经常互通信件,或探讨问题,或互诉衷肠。1921年6月,郁达夫在东京寓所与郭沫若、张资平、成仿吾等人成立创造社,决定出版《创造》季刊。创造社时期可以说是郁达夫编辑生涯的第一次尝试,尽显其编辑天分。期间,郁达夫"参加了创造社初期和中期的刊物编辑出版活动,共主编过《创造》季刊、《创造周报》、《中华新报》副刊《创造日》、《创造月刊》、《洪水》半月刊、《新消息》周刊等报刊"。在编辑报刊的过程中,郁达夫向大众表达了自己的编辑理念和思想,比如"认为报刊是一种改造社会的有力武器","认定报刊能够促进文学的发展,文学离不开报刊这个物质载体","坚信报刊具有推动社会变革的巨大作用"。而他丰富的编辑艺术和技巧也为刊物的传播起了推波助澜的作用,比如"先声夺人的广告宣传","富有个性的期刊设计思路","颇具创意的栏目策划","重点突出的传播方式选择"。⑤ 郁达夫的编辑

---

① 李俊:《专职编辑,"业余"学者——从〈小说月报〉(1923—1927)看郑振铎研究范式的独特之处》,《编辑之友》2010年第11期。

② 陈福康:《郑振铎与〈小说月报〉》,《编辑学刊》1989年第2期。

③ 译作和译述有:倍那文德的三幕剧《热情之花》(《小说月报》1923年第14卷第7、8、12号),《勃兰兑斯的拜伦论》(《小说月报》1924年第15卷第4号"拜伦纪念号"),《波特来耳研究》(《小说月报》1924年第15卷号外"法国文学研究");创作小说有:《旅途》(《小说月报》1924年第15卷第5、6、7、9、10、11、12号),《逃亡者》(《小说月报》1924年第15卷第10号),《恋爱了》(《小说月报》1924年第16卷第5号)等。

④ 张培森主编:《张闻天年谱》(修订版)上卷,中共党史出版社2000年版(2010年修订),第14页。

⑤ 胡正强:《创造社时期郁达夫的编辑思想》,《编辑之友》2002年第1期。

实践与编辑思想,对于与其交往中的张闻天无疑是有一定影响力的。据曹仲英回忆:"他(引者注:张闻天)常谈起他在上海的朋友们,他在当时文艺界两大派——文学研究会和创造社中都有不少朋友。他思想上认为这两派各有千秋,而在感情上则比较倾向创造社。当时他的艺术倾向是比较接近新浪漫主义的。他最心折的朋友是郁达夫,他对郁达大小说中的人物背景,似乎了若指掌。"①

此外,张闻天早年还有缘认识了宣传马克思主义的两位理论家:李达和陈望道。他们两人都有丰富的编辑报刊经历,在与张闻天的交往中,经常指点、引导和帮助张闻天。1921年1月,张闻天由日本回国,住在上海南成都路新乐里170号,"与住在附近的李达交往密切",②8月张闻天被聘为中华书局编辑,与李达成为同事,两人建立了良好的工作关系。而此时的李达已经是一名共产党员,而且已经主编过《共产党》月刊,对报刊编辑工作也已是相当熟悉。据称:"李达是在非常艰难条件下主编《共产党》月刊的,他不但承担了组稿、审稿、校对、出版发行和筹集经费等任务,而且还亲自动手写稿,该刊的绝大部分稿件是出于他的手笔。"③另外,李达还参与了改组后的《新青年》的编辑工作,1923年4月又创办湖南自修大学校刊《新时代》,宣传马克思主义和中共二大政治纲领。作为张闻天的工作同事和新闻编辑领域中的前辈,李达经常指点和帮助张闻天,使张闻天的编辑经验日益完善。

陈望道与张闻天的相识是缘于报刊。1920年陈望道协助邵力子编辑《民国日报》副刊《觉悟》,其间张闻天在《觉悟》上发表了大量的文章,由此开启了两人精神世界的交流和思想火花的碰撞。1921年7月3日,张闻天在《民国日报·觉悟》上发表评论文章《无抵抗主义底我见》,阐述了自己对于人生真正意义的感悟,宣扬泛爱哲学和无抵抗主义。对此,陈望道专门撰写了2篇文章:《怎能实行无抵抗主义》和《论爱——答闻天先生》,同张闻天进行了讨论。他在文章中对无抵抗主义进行了辩证式的论述,称:"不抵抗善使善滋长固是爱;抵抗恶使恶消绝也便是爱","我不能妄信抵抗而至于残杀为当然;我也不能崇信残杀而不抵抗为合理。""简单说:对于压迫阶级,抵抗便是爱,对于同阶级或更下阶级,协助便是爱。我以为主张暴烈的抵抗是残忍无爱的人,在这世界而主张弱者不抵抗,也便是另一方

---

① 《回忆张闻天》编辑组编:《回忆张闻天》,湖南人民出版社1985年版,第77页。
② 张培森主编:《张闻天年谱》(修订版)上卷,中共党史出版社2000年版(2010年修订),第19页。
③ 唐春元:《李达与我党早期新闻出版事业》,《新闻与传播研究》1987年第3期。

面的残忍者。"①陈望道关于无抵抗主义的观点一定程度上引导和帮助了早年张闻天思想认识上的偏颇。

除了编辑《民国日报·觉悟》外,陈望道还编辑过《民国日报》其他副刊《妇女评论》和《黎明》,主编过《浙江第一师范校友会十日刊》《大江月刊》《上海大学一览》《新青年》,编辑《劳动界》《新南社月刊》,参与创办《共产党》月刊等,可谓是编辑经历相当丰富。不仅如此,陈望道在他编辑的许多报刊上面经常宣传马克思主义,并将其打造成宣传马克思主义的阵地,比如《新青年》《劳动界》和《共产党》月刊,这对张闻天后来最终选择马克思主义信仰,加入共产党起了一定的作用。

以上就是张闻天早年的编辑经历和早年接触的许多报刊编辑者,这些经历对后来张闻天办报编报提供了相当多的经验。虽然张闻天的多数编辑工作是出于生计的考虑,并没有将其作为自己的志业,而且目标也模糊不清,但是毕竟它们为张闻天日后创办刊物准备了相当的业务经验。1925 年,张闻天在重庆创办了他的第一份刊物——《南鸿》周刊,其经验应该很多是借鉴了早年他所接触的报刊和报刊编辑吧。

---

① 复旦大学语言研究室编:《陈望道文集》第 1 卷,上海人民出版社 1979 年版,第 69 页。

第二章

初次创办刊物

1925年3月30日,25岁的张闻天在重庆创办了他生平第一份刊物——《南鸿》周刊。这份以文艺性和社会批判性而著称的刊物,在当时的重庆轰动一时,犹如闪电般划破沉闷的天空,为知识青年带来了光明和希望。但是好景不长,1925年5月中旬,重庆卫戍司令王陵基以"败坏风俗,煽惑青年"的罪名,勒令《南鸿》停刊,逼迫张闻天离开重庆。① 此后的《南鸿》虽然曾以《夜鹰》的名义再次出版,但也只是出了4期就宣告结束。从1925年3月30日创刊到6月27日停刊,《南鸿》周刊总共存在了3个月。《南鸿》虽然出刊时间不长,但是它对张闻天以后的新闻实践与新闻思想理论的影响却是深远和弥足珍贵的。它不仅为张闻天提供了创办一份刊物所必需的经验和一系列业务知识,而且还为张闻天早期报刊思想提供了实践的平台。

第一节　《南鸿》创办原因

张闻天之所以创办《南鸿》周刊,除了在第一章中我们所描述的他早年丰富的编辑经历和娴熟的写作经验为其创造了充分的前提外,他的人生价值观的自我认定和立志批判社会、改造社会的宏愿以及对五四以来新思想、新文化的推崇也起了相当大的推动作用。

---

① 参见张培森主编:《张闻天年谱》(修订版)上卷,中共党史出版社2000年版(2010年修订),第49页。

一、人生价值的自我定位

众所周知,早年张闻天生活的年代是一个新旧价值观交替的年代,尤其是五四后,更是一个主义纷乱的年代。面对这一系列不同于中国传统社会的新情况,如何应对,如何选择,如何定位自己,成为摆在那个年代青年人面前的一个很大的问题。《南鸿》创办之前张闻天对人生价值的选择就经历了一个尝试、探索、迷惘到逐步自我定位的过程。而这一过程最终促成了张闻天想通过创办一份杂志刊物来实现自我价值的念头。

关于张闻天人生价值观的确定,最早可以追溯到他在河海工程学校学习期间接触《新青年》的时候。当时的张闻天深受《新青年》所宣扬的"民主与科学"的影响。他当初就是抱着"科学救国"这一理念进入"河海"专修工程的。他称:"1917年在学校中看到《新青年》,我的思想即起了很大的变化,我开始对中国旧社会的一切发生了怀疑与反抗,而景仰欧美民主、自由、平等的思想与生活。资产阶级、小资产阶级的民主主义、个人主义的思想从此发端。"①但因最终感觉"学工程不是出路",张闻天离开河海工程学校,准备留法勤工俭学,"未成,留上海",并"开始阅读一些西洋哲学书籍,一心想找一个正确的人生观与宇宙观"。②

1920 年 7 月,张闻天留学日本,在学习日文的同时自学哲学及其他社会科学书籍,结识了很多友人。半年的东京生活,使张闻天的志趣"从哲学逐渐向文学转移",③由此开始了他的"文学救国"之路,但道路却是曲折的,思想认同也是游离不定。从日本回国的张闻天,其思想深受托尔斯泰的影响,主张无抵抗主义的泛爱哲学。之后,张闻天留学美国,美国的生活成为他人生的一大历练。

关于张闻天在美国的感受历程,我们可以从他不同时期分别给好友郁达夫、汪馥泉和胞弟张健尔三人的信中一窥端倪。1922 年 11 月 11 日,张闻天在致郁达夫的信中,表达了他初到美国时的孤独、苦闷、失望,对未来目标的渺茫,以及无法改变社会状况的无奈心情。他在信中写道:"在美国一样的无味,一样的孤独!其实在我们这样没有过去可以回想,并没有未来可以希望的人,到处都是一样的","我十分欢迎你来,做我在撒哈拉沙漠中的同伴!""我现在除了作工半天之外,坐在图书馆里情愿永远不出!因为我觉得只有那里的空气比较温暖,比较令人麻

---

① 张闻天:《1943 年延安整风笔记》,转引自程中原:《张闻天传》(修订版),当代中国出版社 2006 年第 2 版(2007 年重印),第 12 页。

② 张闻天:《1943 年延安整风笔记》,转引自上书,第 19 页。

③ 程中原:《张闻天传》(修订版),当代中国出版社 2006 年第 2 版(2007 年重印),第 24 页。

醉，一出了那门，我就颤抖，我又觉得我又走到人生的末路了！这真是末路，因为这是走不通的路！""我在这里实在太冷静了，虽是中国学生不少，但是差不多没有一个能讲得来话的"，不过最后他还是称："我们要永远做少数的人，我们不要怕我们是被群众抛弃的人，因为我们是早抛弃了群众的人，我们，这少数的我们，那倒不可不携着手在黑暗中摸索！"①从中，不难看出当时张闻天在探索未来之路过程中的迷惘。不过可喜的是，他虽失望但却又透露着些许希望，可以说是消极情绪中仍带有积极的坚强因素。

　　1923年1月6日，张闻天又在给友人汪馥泉的一封信中，描述了他当时的心情。他说："我现在的生活是无'过去'、'现在'、'未来'的生活。王尔德说悲哀的人不知时间；我说悲哀的人，知'过去'，知'现在'，但不知'未来'。象(像)我们这种无悲哀，无希望，无快乐的生活，那才真不知有'过去'，与'未来'的。""我不日将抛弃报馆的生活。虽是我要生活，但是我不能做机器。如其我实在没有法子想，我还是回中国。出了中国，我觉得中国是可怀的，犹之别了久亲的朋友，我只有朋友的念头了。""这里的朋友，不知道什么缘故，我终交不惯。他们以愈虚伪为妙，象(像)我这样当然和他们'交'不起来的了。我要找象(像)你和泽民这样的人，检(简)直找不到。我恐怕在美国是永远孤独的人。"在信的末尾，张闻天有些近似歇斯底里地喊道："狂人，狂人，象(像)我们这种人在社会上是狂人，是不为大众了解的。我要去了，到黑暗无声地方去，或者到鲜红的海浪中去。"②从信的内容，可以看出张闻天仍未摆脱初到美国时的孤独感和对未来的不知所措，还有就是自己的想法无法被现实接受和认可的苦闷，不过值得一提的是信中也表达了他身在外、心却系中国的海外游子之情。

　　但是1923年11月，张闻天在给其弟张健尔的信中却表达了他对于未来的乐观和向往以及对于人生意义的感悟。他说："人生不过是不断的奋斗，战而胜固然光荣，战而败也没有什么。贫困与痛苦都是上天有意造成我们的表示，我们不应该恨它，而且还应该向它表示谢意哩。我们生有这样健全无缺的身体，无论做什么都可以过活，无论做什么都可以使我们的人格为无上的发展，我现在相信美的存在，精神的存在与人生的有意义了。在任何苦痛的中间，我们都可以找出人生的意义；这种意义在快乐的中间是永远找不到的。"另外，他还提到："我大约今年

---

　　①　张闻天选集传记组等编：《张闻天早期文集(1919.7 - 1925.6)》，中共党史出版社1999年版(2010年修订)，第217 - 218页。
　　②　同上书，第222 - 224页。

年底就想回国,人家都厌恶中国,而我却不是这样。我想从中国的社会中搜出种种我所要的东西,种种我要以之表示我自己的东西。我在外国觉得有点虚浮。我要得到一点更其真实的东西! 人生不是什么不容易过的东西,只要有一点很小的,很小的我以为有意义的东西,伊就可以过去了。"①

那么究竟是什么使张闻天摆脱了以往的那种被疏离感、重新找到了自己的价值呢? 原来是他在翻译外国文学作品、撰写文学评论中找到自我,并开始关注国际形势和国内状况,在自己编辑的美国《大同报》上发表一系列时评文章,比如《知识阶级与民众势力》《自强与公理》《日俄会议之破裂》等,生活逐渐变得充实起来,对未来的人生也充满了希望。由于心系祖国、挂念亲友,张闻天最终产生回国之意,立志观察中国社会现状,创作新小说,在与其弟的信中称:"我现在有许多材料想把伊整理起来写成几篇长篇小说,但是因为读书太匆忙,只有回到中国后再动手。"②

回国后的张闻天开始致力于新小说的创作。针对中国文坛自"五四"后的贫乏状况,1924 年春以来张闻天的文学创作,比如《旅途》和《青春的梦》,带有非常明显的革命色彩,"是早期共产党人倡导的'革命文学'的最初实践,在从'文学革命'到'革命文学'的发展过程中有着不可忽视的继往开来的作用"。③ 张闻天对革命文学的极力推崇,凸显了其人生价值观的极大转变,即开始由"文学救国"向"革命救国"转变,很大程度上表现了其初步的革命思想和社会主义思想。对此,张闻天曾称:"此时,因沈泽民等的关系(当时沈已加入共产党),我开始同共产党人陈望道、李汉俊、施存统、董亦湘、沈雁冰、俞秀松、杨贤江等接近起来了,我开始阅读《向导周报》及《中国青年》等刊物及一些社会科学的书籍,我很快地接受了社会主义思想及中共反帝反封建的政治主张。"④至此,张闻天的人生价值自我定位基本完成,这为他以后创办刊物奠定了相当的价值基础。而《南鸿》的创刊很大程度上就是张闻天初步确立其革命与社会主义价值的产物。

二、立志批判与改造社会

提到对社会的不满,早年张闻天有自己的亲身经历,那就是家庭包办婚姻。

① 张闻天选集传记组等编:《张闻天早期文集(1919.7 – 1925.6)》,中共党史出版社 1999 年版(2010 年修订),第 288 – 289 页。
② 同上书,第 289 页。
③ 程中原:《张闻天传》(修订版),当代中国出版社 2006 年第 2 版(2007 年重印),第 52 页。
④ 张闻天:《1943 年延安整风笔记》,转引自上书,第 52 页。

这让年少的他认识到封建传统礼教对人个性的束缚,想要挣脱,但最终没有成功。张闻天的这一经历也让他开始用批判的眼光来观察和认识他所处的这个时代和社会。而他以后很多的评论文章和文学创作都是围绕着人人平等、恋爱自由、追求个人快乐和人类幸福这一系列主题展开对社会的批评和控诉的,比如《读〈女性论〉杂感》《离婚问题》《赞成的对呢? 还是反对的对呢?》《告彷徨歧路的青年》《青春的梦》《旅途》《恋爱了》等。

其中,张闻天在评论文章《告彷徨歧路的青年》中就告诉青年要敢于突破社会对个人的桎梏,勇于去选择属于自己的人生道路。他说:"我们是青年,是有意志的青年,那习惯传统替我们筑下的路,固然是很平安的,不过我们不要那种路,那种路是给愚人、低能者走的。我们要抬头来,选择自己的路了。""我们看不过这种怪相的社会,这种冷酷的社会,我们做恶魔也好,做神也好,只要我们做去!"①

与此同时,张闻天也开始关注社会问题,并希冀能够改造社会。1919 年五四运动爆发,张闻天积极参与其中,显示了他对政治的兴趣;8 月,发表《社会问题》一文,提出要用马克思唯物史观观察社会;1920 年 1 月,发表《农村改造发端》,开始关注农村问题;6 月,发表诗《心碎》,开始关注工人问题;8 月,发表《离婚问题》,强调重视家庭问题;1922 年 9 月,发表《知识阶级与民众势力》,称"二者犹之肉体与灵魂,缺一不可",②等等。

在文章《农村改造发端》中,张闻天讨论了一系列有关改造社会的问题,并提出改造社会要从农村开始。他说:"跳出旧社会另造新社会,是最好的办法,但是这个新社会,决不能完全同旧社会脱离关系,经济方面,一定受他的牵制,吾们这个簇新的东西,能够久持吗? 所以与其跳出旧社会,另造新社会,不如钻进旧社会,去改造旧社会。""但是改造旧社会,决不能一步成功的,一定要按步去改造,因为旧社会势力很大,假使吾们要立刻把他打倒,一定要吃败仗的;并且吾们的立脚点,要在最小的地方,从最小的地方,然后扩张到最大的地方,因为最小的地方,根基容易固,最大的地方,根基不容易固。""吾们晓得,改造社会的第一步,决不是空谈的广大的东西,是实在的微小的东西,由这最小的东西,扩张到最大的东西,这个东西就是农村。"③

在诗《心碎》的后面,张闻天特加注解,指出自己关于劳工问题的解决方法,

<hr>

① 张闻天选集传记组等编:《张闻天早期文集(1919.7 - 1925.6)》,中共党史出版社 1999 年版(2010 年修订),第 96 页。

② 同上书,第 211 页。

③ 同上书,第 30 页。

称:"我做这篇的意思,是想引起人家的同情,对于劳工问题,谋彻底的解决法。有许多人说妇女的问题由妇女自身去解决,工人的问题自然也由工人去解决,照我看来,这是不可能的。我们认定,工人不受教育,虽是用同盟罢工,萨波达举 Sabotage 等等手段,都是不彻底的。工人的能受教育,终脱不了知识阶级的互助。所以劳工问题,是知识阶级工人阶级共同解决的问题,不是一方面的问题。"①

在文章《离婚问题》中,张闻天又明确申明社会问题与家庭问题之间的密切关系。他认为:"我们研究社会问题,就不能不研究家庭问题。因为家庭是社会的缩影,并且在家庭里可以看出许多社会原理,比直接去观察社会要容易很多。家庭是儿童的制造厂,是社会中坚的养成所,是社会遗传的保守处,也是社会进步的原动力。家庭的生活可以说是个人社会化的学校,工商业发展的目标。社会的崩溃,大部分由于家庭的不稳。所以我们要解决社会问题,就不得不解决家庭问题。"②

而在众多的社会问题中,最能促使张闻天产生创办一份刊物想法的,莫过于当时新闻界和出版界的一些不尽人意的问题。1919 年 8 月 13、14 日,张闻天在《南京学生联合会日刊》第 45、46 号上发表《随感录》,描述了当时新闻界和出版界存在的问题。在文章中,他指出:"上海某报馆一方面提倡新思潮、新文学,一方面广告上登甚(什)么'香草美人'等广告。这是什么原(缘)故?难道因为他是国货吗?""看了商务印书馆的出版界(物),眉头就皱起来了。不是甚(什)么'指南'、甚(什)么'精华',便是代数、几何⋯⋯教科书,但是这尚不至害人,最可恶的一本头的《灵魂学》《因是子静坐法》《长生不老法》⋯⋯还有某生某女士'聊斋'式的爱情、言情、苦情⋯⋯肉麻小说,薄薄的一本,面上很美观,又很贱。哎!这是中国文化所寄吗?""报纸是舆论发表所在,何等尊贵,可以封闭?何等重要,可以买通?《京报》不是北京报界的明星吗?现在什样?凡报界败类愿与众共弃之!"③

文章对当时报刊界和出版界的一些劣行,比如宣传封建迷信和"香草美人",欺骗大众等,给予了无情的抨击,这在某种程度上开启了张闻天想创办刊物以对抗之的信念。而文中提到的《京报》,其创刊人是邵飘萍,1918 年 10 月创办于北京,后因揭露军阀黑暗统治,支持群众斗争,于 1919 年 8 月被段祺瑞勒令停刊。对于这样一种进步报刊的最后结局,张闻天在文中表达了自己对当局政府查封行

---

① 张闻天选集传记组等编:《张闻天早期文集(1919.7 - 1925.6)》,中共党史出版社 1999 年版(2010 年修订),第 51 - 52 页。

② 同上书,第 53 页。

③ 同上书,第 18 页。

为的愤怒之情。

1922年1月2日,张闻天在其文章《中国底(的)乱源及其解决》中明确指出社会混乱的原因以及解决的方法,称:"中国混乱的原因是由于中国社会组织逐渐崩坏而一时不能产生新的社会组织出来。这新社会组织的产生全靠从旧制度中解放出来,觉醒转来的个人团结成死党去实行社会活动,去解决这混乱。"①而在文章末尾所加的注解中,张闻天再次表达了自己改造社会的决心与方法。他提到:"我们对于这种不合理的社会,情意上早感到不安,因不安也早产生了改造的决心。不过用什么方法来改造呢? 应该改造成什么样呢? 这些问题常常横在我胸前而一日不能去的。无抵抗主义呢? 反抗主义呢? 无政府主义呢? 社会主义呢? 如江河流水,不绝地引起我底(的)烦闷,但永久不决定是不能生活的。那么,取其长,合其短,自然不能不走社会主义一条路了。自今日起,我希望能够在实现社会主义的历程中做一个小卒。"②就这样,张闻天将自己改造社会的愿望放在了社会主义这一新思潮上面,决心为实现社会主义而奋斗。

从以上的论述中,我们不难看出青年张闻天对社会现实问题是相当关注和感兴趣的,对现实社会的一些不公正、不合理现象经常持批判的态度,对改造社会的途径与方法有着自己独到的主张与见解,并希望能够尽自己的力量改变社会现状。张闻天的这一远大志向,使他决定寻找一种途径来实现之,最终他选择了创办报刊。张闻天希望通过报刊来向广大民众传达其关注社会、解决社会、批评社会以及改造社会的意愿。《南鸿》就是在张闻天这一主观意愿之下创刊的。

三、宣传新思想与新文化

作为"五四"新文化运动时期的文学青年,张闻天不仅深受五四新思潮的影响,而且还怀有为其做宣传的远大抱负,认为自己肩负着传播新文化的历史使命与时代责任。他曾经在文章《赞成的对呢? 还是反对的对呢?》中号召同仁志士:"诸君! 我们对于人类的理想和目的,是负有绝大责任的,我们都是在人生大战场奋斗的战士,我们的进步就是人家的进步。现在旧势力中的先生们,重整旗鼓,卷土重来,我们使不团结一气整顿队伍,我们之灭亡也无日矣。诸君! 诸君! 我们在此生死存亡的关头,我们不要因为一点小意见,一点误解,使光明永久屈伏(服)

---

① 张闻天选集传记组等编:《张闻天早期文集(1919.7－1925.6)》,中共党史出版社1999年版(2010年修订),第105页。

② 同上书,第105－106页。

于黑暗势力之下。光明的失败,我们是大家负有责任的,就是不讲什么人道主义,如其良心未死,也不能无动于衷啊!"

在该文末尾的注解中,张闻天还提出了一系列问题:"何以新文化运动会下火?何以资本主义着着进步,我们谈反资本主义的人着着退步?何以我们不能得到社会上普通一般人的谅解和同情?这些是我们自己的不好呢?还是社会没有办法?如其是我们自己的懦弱,我们应该如何使他坚强?如其是社会的不好,我们应该如何使我们的光明能够普照到他们的头上?"①从上述张闻天发出的号召和提出的疑问中,我们一方面可以深深体会到张闻天作为五四新文化战士所肩负的宣传新思想、新文化的责任感,另一方面也了解到为什么张闻天如此注重他的这一责任与使命。

总的来说,张闻天之所以有继承、宣扬五四启蒙文化的想法与志向,其主要原因就是五四新文化运动所宣扬的新思想、新文化并没有被很好地传播开来,更没有被民众广泛吸收接受,旧思想、旧文化与旧道德、旧制度仍然笼罩着全国各地。这一现象深深刺激着青年张闻天的每一根神经,尤其在重庆任教期间感受最深。

1924年10月,不再担任中华书局编辑的张闻天"应友人康纪鸿等的邀请,离上海前往四川成都,途经重庆时,被重庆友人蒋锡昌等留住",11月应聘担任四川省立第二女子师范学校英文教员,期间"利用讲坛,宣传新文化、新思想,鼓吹男女自由恋爱,抨击封建伦理道德","还组织部分学生学习《新社会观》、《共产主义ABC》等书籍"。② 张闻天利用课堂宣传新思想、新文化的举动,遭到了重庆保守势力的反对和诬蔑。张闻天决然离开二女师范学校。而这也让张闻天深刻体会到了重庆保守封闭气氛的严重性。为了改变重庆这一面貌,更好地、更广泛地宣传新思想、新文化,更有力地批评社会的不良风气与不法行为,以应对反动势力掌控的舆论阵地,张闻天萌生了创办一份刊物的念头。于是,《南鸿》周刊应运而生,张闻天亲自担任主编,并撰写了发刊词。

发刊词中,张闻天表达了自己宣传新思想、新文化和反对旧体制、旧思想、旧道德的办刊主旨。他称:"我们几个人都切身的(地)感觉到重庆这地方的空气实在太闭塞,太干燥,太腐败,并且太沉闷了。我们生活在这种含有毒质的空气中如若不取一种积极反抗的态度,我们的意志只有一天一天的销(消)沉下去,我们的

---

① 张闻天选集传记组等编:《张闻天早期文集(1919.7-1925.6)》,中共党史出版社1999年版(2010年修订),第94页。

② 张培森主编:《张闻天年谱》(修订版)上卷,中共党史出版社2000年版(2010年修订),第42页。

头脑只有一天一天的昏乱下去,我们的情感也只有一天一(天)的冷淡下去,到末了我们都将一个一个变成麻木不仁的行尸走肉!""我们为得要冲破这种闭塞的,干燥的,腐败的与沉闷的空气,我们为得要鞭策我们自己的生命不使他们朝着死的路上走去,所以我们创办了这个小小的报纸。我们反抗一切压抑青年清新的思想与活跃的行动的旧道德,旧思想与旧制度。我们提倡自由思想,自由批判与活泼的新文艺与新生活。每一个人都应该表现他自己的生命:这就是我们这个小报的标语!"①从中我们不难看出,张闻天创办《南鸿》不仅仅是出于对社会的不满,对旧势力的批判,还包含着对新思想、新文化的推崇以及对新青年的鞭策和期望。

第二节　《南鸿》创办经过

离开二女师范学校的张闻天,不久就被重庆川东联合县立师范学校聘请担任国文教员,其原因是该校"学生们早已仰慕张闻天先生的文名和才情了,听说他在二女师受诽谤被排挤,就强烈要求学校将张先生聘来执教","学校当局也想借重一二有名望的教师来抬高声誉"。② 而张闻天创办《南鸿》周刊就是在担任川东师范学校教员期间。

关于张闻天在川东师范学校任教的情况,他的学生曹仲英曾回忆道:"闻天先生给我们的教材,我记得清楚的,有鲁迅的小说《狂人日记》和《药》,有郭沫若的小说《牧羊哀话》。""也可能是在此之前,陈独秀曾给苏曼殊写过一篇传记吧,所以闻天先生给我们的教材,也有苏曼殊的小说《碎簪记》和《断鸿零雁记》。""他一上讲台就满面春风,也使受课者洋洋乎如坐春风之中。他教我们学做(作)诗,学写小说,尤其着重引导我们研究社会问题,参加必要的社会活动。他说,只有这样,写东西才能不流于无病呻吟。"③可见,张闻天是非常珍惜和注重自己教员这一职务的,从授课的内容和要求看其目的也是非常明显的,那就是努力向学生传授新思想、新文化,提倡新道德、新文学,继续发扬五四新文化运动的启蒙精神。

另外,曹仲英还提到张闻天曾帮助他们组织了一个学会,并亲自负责了学会的命名和成立宣言的起草等事务,显示了张闻天希望在社会实践方面帮助学生,

---

① 张闻天选集传记组等编:《张闻天早期文集(1919.7－1925.6)》,中共党史出版社 1999 年版(2010 年修订),第 514 页。

② 程中原:《张闻天传》(修订版),当代中国出版社 2006 年第 2 版(2007 年重印),第 56 页。

③ 《回忆张闻天》编辑组编:《回忆张闻天》,湖南人民出版社 1985 年版,第 77 页。

以便提高他们认识社会、改造社会的能力。曹仲英在文章中说道:"闻天先生到川东师范不上一个月,大概从作文中发现有不安现实,志在变革的学生七、八人。他先后邀我们谈话,建议我们组织一个学会,从相互学习中推动和发展进步同学的阵容。他代这同学会取个名字:新生学会,还代我们起草了一个言简意赅的学会成立宣言,说明我们组织这个学会的目的,在于追求新生,追求一个能够解除我们身心上重重桎梏的真理,使我们能够步出旧世界,跨进新世界。"①

除了理论讲授新思想、切身传授写作之道、帮助组织学会外,张闻天任职期间还创办了一份刊物,公开与重庆旧势力相对抗,其意图就是让重庆的学生们更大范围地接触新思想,继而接受新思想的洗礼,做一个开创新时代的未来人才。张闻天创办的刊物就是《南鸿》周刊。关于刊物创办的过程,曹仲英称:"《南鸿》原来是重庆几个学校的几个学生所创办的六十四开的油印同人刊物,有点以文会友的味道。原南鸿社骨干成员邹天真、邓雨甘等有机会得与闻天先生结识,接受了他的指导,在他的倡议下,改《南鸿》为公开发行的铅印周刊,版面、形式、内容、风格和精神,都一仿同时在北京出版的《语丝》。由闻天先生主编,社外则得到刚离开《新蜀报》的萧楚女先生的大力支持。南鸿社的人员,从编辑、抄写、校对到发行,一共只有六、七人,我是因闻天先生的召唤而参加《南鸿》工作的。同人写稿和外稿俱不付酬,有时由邹天真家供应一餐便饭,有时则由闻天先生破钞邀去天官街一家贵州馆吃金钩抄手和碎臊子面。"②

从曹仲英的描述中,可以了解到张闻天是在原有《南鸿》的基础上对其进行了改组,将不定期非公开发行改组成为每周定期出版、公开发行,并亲自组稿、约稿、编辑《南鸿》周刊,还经常用笔名在其上面发表文章,可以说是融主编、编辑和撰稿人于一身,使原有的《南鸿》刊物获得了一次大的新生,某种程度上可以说是张闻天用自己的理念重新创办了《南鸿》。而张闻天亲自撰写了《南鸿》周刊的发刊词,就是一个强有力的明证。

1925 年 3 月 30 日,《南鸿》周刊创刊号正式出版。在创刊号上,张闻天刊登了《南鸿》的发刊词,向读者表明了自己办刊的目的就是冲破"闭塞的,干燥的,腐败的与沉闷的空气","鞭策我们自己的生命不使他们朝着死的路上走去",而宗旨就是"反抗一切压抑青年清新的思想与活跃的行动的旧道德,旧思想与旧制度","提

---

① 《回忆张闻天》编辑组编:《回忆张闻天》,湖南人民出版社 1985 年版,第 77 - 78 页。

② 同上书,第 78 页。

倡自由思想,自由批判与活泼的新文艺与新生活"。① 同期张闻天还将自己的2篇文章:《"死人之都"的重庆及其他》和《所谓"没有人格"》发表其上,作为重头戏鞭挞了重庆当时的保守思想以及重庆旧势力对新生力量的攻击和诋毁。

其中文章《"死人之都"的重庆及其他》用相当大的篇幅反思了五四新文化运动启蒙的不彻底性以及复古思潮的卷土重来。文章称:"五四运动之后,西方个人主义的潮流不绝地从各方面冲进来,中国人昏乱胡(糊)涂的脑筋又受了一次猛烈的打击。一般新青年竟如疯如狂一般欢迎着这种新潮流的到临。他们怀疑一切,攻击一切而且希望破坏一切,结果'反抗旧礼教','妇女解放','男女平等','改革丧制'等等新名词成为一般人的口头禅,而且妇女剪发与服装问题也差不多都一一讨论到了。我们也以为垂死的大中华民国真的已经再生了,我们当时是何等的希望,何等的兴高采烈!""然而这新文化运动的把戏大家又闹的疲倦了,遗老遗少先生们就乘此机会来提倡复古,因为他们觉得不这样,礼义(仪)之邦一定要沦为夷狄之域了,而且他们觉得那些后生小子实在闹得太不成话了,不复古他们的饭碗一定要发生问题,因为虽是他们提倡精神文明,说什么'饿死事小,失节事大',但是对于这吃饭问题却是时时刻刻不能忘记的。""正在蓬蓬勃勃地发扬出来的火花,因此受到了一盆冷水! 没有生命的精神文明与东方文化又主宰了全中国! 每天所听到的只是那些模棱两可的,似是而非的,昏乱胡(糊)涂的论调! 一般青年因为闹得疲倦了,也皆昏沉沉地跟着他们一天一天向死的路上走去!"文章最终得出"为'死人之都'的又岂止重庆,全中国就是一个'死人之都'"的结论,并提出了号召式的疑问和期望:"谁敢起来拿着锄头去耙平这些高高低低,重重迭迭(叠叠)的坟墓? 谁肯为了后来者的利益在这些土地上散布一些杨柳与桃花的种子?"②

《所谓"没有人格"》一文则主要针对当时"重庆城里有位刘蔚芊先生常常当着人或是在他自己所办的什么《合力周报》上骂新蜀报的主笔萧楚女先生为'没有人格'"这一事件展开的。张闻天在文章中用反语式的言辞写道:"依我个人的考察,所谓'没有人格',就是'没有道德'。所谓'道德'在重庆城内一般人的心中是'夫子之道','夫子之德',(虽是在实际上他们所崇拜的是'金钱之道','武力之德',不过他们表面上既是装成这样,我们也就承认他是这样了。)所以凡是不合于这种'夫子之道德'的人就是没有道德的,因而是没有人格的。萧楚女常常提倡新

---

① 《发刊词》,《南鸿》1925年第1期。
② 张闻天:《"死人之都"的重庆及其他》,《南鸿》1925年第1期。

思想与新活动,这当然是不合于'夫子之道德'的,所以萧楚女是没有道德,没有人格的。我知道凡是懂得精神文明的'文学逻辑'的先生们都是这样说的。"最后,张闻天在文中用非常激烈的语调驳斥了那些惯于玩两面派的"好人",称:"像这样似圣人之徒而又似萧楚女的人,不但在重庆城内多得很,就是在全中国也多得很。在现在他们提倡爱国,洋大人做了中国的皇帝,他们就要奴膝婢颜地去称臣了! 喂! 我们常常说萧楚女一流人没有人格,那末(么)我们称这种人做'没有什么'呢? 是的,是的,我们应该称他们做好人,好人!"①

此外,《南鸿》创刊号还刊载了3篇带有相当现实色彩的短篇小说:梦真的《郑四嫂》、慧婉女士的《可怜的秋香》、梦真的《贾先生》和1篇杂文:秋兰的《伪道德家眼中的"女"》,并专载了鲁迅发表在《语丝》上面的杂文《论辩的魂灵》。《郑四嫂》描绘了一个"吃苦耐劳"、拥有一双"与众独异的天足"、"内外皆能"的农村妇女,因不满丈夫的辱骂责打做了一点小小的反抗,但最终还是屈服于丈夫的事例;《可怜的秋香》刻画了主人公看到在军官家中做女仆的秋香被挨打致死的惨事时想去为秋香打抱不平而又不敢的情景;《贾先生》描写了一位"多才多艺而又有斯文气质"的晚清秀才贾先生在新时代中的所作所为以及人生历程;《伪道德家眼中的"女"》谴责了遗老遗少仍然用旧礼教约束女子的行为。而转载鲁迅的《论辩的魂灵》则是"因为他所说的'祖传老年中年青年《逻辑》'很像本埠的一家什么报上所说的'文学逻辑'。所以特转载于此,以供同好"。② 就这样,《南鸿》周刊以7篇文章的方式开始了它与重庆旧势力斗争的历程。

第三节 《南鸿》的特点

据统计,从创刊到易名《夜鹰》再出版到最终完全停刊,《南鸿》周刊坚持斗争了3个月,共出12期,发表文章82篇。虽然《南鸿》周刊只发行了3个月,但是它的特点却不容忽视。作为主编的张闻天更是将自己早年积累的丰富的报刊编辑经验全部应用到了《南鸿》周刊上面,一定程度上可以说《南鸿》所呈现的特点就是早年张闻天报刊编辑思想的重要体现。

---

① 萝蔓:《所谓"没有人格"》,《南鸿》1925 年第 1 期。
② 《〈论辩的魂灵〉编者按》,《南鸿》1925 年第 1 期。

一、同人刊物

所谓同人报刊,指的就是一份报纸拥有比较固定的编辑人员和撰稿人员,而且两者大多是一体的,即负责编辑刊物的人员多数同时拥有撰稿人的身份。他们有着共同的目标和志向,希望通过办刊这一方式来实现自己的抱负、理念和追求。作为一份同人刊物,《南鸿》周刊同样具有上述的特点。它的编辑和撰稿人多是"南鸿社"成员。而"南鸿社"也是在张闻天的指导和帮助下扩大的。据曹仲英回忆,"南鸿社"的成员主要有巴县中学毕业生邵正刚(天真)、平民公学教员邓雨甘(梦真)、川东师范学生曹民熙(曹仲英)、李君策、曹苹若、邵叔和(女)、陈愚庵等人。① 他们为了共同的目标和追求走在了一起,并在张闻天的领导下创办了《南鸿》周刊,其目的就是希望借助《南鸿》周刊的力量,同重庆顽固的旧势力作斗争,宣传"五四"时期提倡的新思想、新文化,以启迪人们尤其是青少年的心灵,开化重庆封闭的旧思想。

在《南鸿》发表的82篇文章中,作为主编的张闻天用本名和萝蔓、飘蓬、长虹、大风、难堪、青锋、青峰等笔名发表的文章就有25篇,占全部文章的30%,一定程度上可以说《南鸿》周刊的坚持很大原因与张闻天的努力是分不开的,当然它也是早年张闻天酣畅淋漓发表自己主张、见解和思想的平台。南鸿社其他成员在《南鸿》上也发表过数量不一的文章,其中陈愚庵有2篇;邵正刚(天真)有5篇;李君策有4篇;邓雨甘(梦真)有10篇;曹民熙(曹仲英)有4篇。包括张闻天在内,加在一起,南鸿社成员在《南鸿》共发表50篇,占总数的61%。他们是《南鸿》周刊的主要撰稿人,同时也负责《南鸿》周刊的编辑、抄写、校对、发行等事务,而且多数都是无报酬的,都是出于自愿的,因为他们都有一个共同的心愿,那就是办好刊物,启蒙思想,各尽所能,针砭时事,求真务实。

张闻天在创办《南鸿》周刊之前就已经是小有名气的文学家和评论者。这次创办《南鸿》周刊,张闻天可以说把自己的这些特长充分地发挥了出来。在张闻天发表的25篇文章中,绝大多数属于文学作品和评论文章,比如散文、小说、随笔、评论、杂文等,而且文章的内容多与重庆有关,或批判重庆旧思想、旧势力的顽固不化,或为好友鸣不平而与重庆教育界对峙,或替重庆学生的不公正待遇抱屈,或讽刺重庆学校训育主任的言行不一,或鼓励重庆青年学生追求自由平等、反抗旧

---

① 参见程中原:《张闻天传》(修订版),当代中国出版社2006年第2版(2007年重印),第57页。

礼教,或批评重庆教育界为压制新思想而不择手段的丑行,或为自己申辩重庆教育当局强加的莫须有的罪名。其笔锋犀利、目标明确、观点鲜明、文采斐然深受重庆青年学生的青睐,为《南鸿》周刊的发行和传播立下了汗马功劳。

　　南鸿社其他成员也深受张闻天启发,以自己特有的方式为《南鸿》作出了贡献。例如,陈愚庵用论文的形式,论述了"一部分趋承帝国主义及军阀政客的意旨的教育家"对待青年学生的四种策略:"诱惑"、"恫吓"、"压迫"和"斥退",①以写实小说的形式描述了学校发生学潮的概况;邵正刚用自己擅长的小说体裁塑造了一个个为情所苦恼的男男女女;李君策充分显示了自己的编辑才能,积极向外约稿,与读者信件互动,偶尔也在《南鸿》发表几篇时评、论文和诗歌;邓雨甘以梦真为笔名在《南鸿》发表了大量的小说、短文、新诗,内容涉及中年妇女为夫而活的状况、伪道德家和伪教育家的所作所为、老师对学生的单相思、已婚女子对自己青春流逝的惆怅心态等;曹民熙以曹旻曦、冥犀为笔名在《南鸿》周刊上著文立说,讽刺一些道貌岸然、不学无术、欺世盗名的自诩为教育家的人只会拉帮结派、搞小团体、排除异己,揭露有权之人玩弄无权无势之人于手掌之中以及社会逼迫个人丧失尊严、泯灭人格的现状。

　　此外,萧楚女虽然不是南鸿社成员,但是与张闻天可谓是志同道合。与萧楚女的相识是张闻天在重庆四川省立第二女子师范学校担任教员期间,当时萧楚女在学校担任国文教员而且还是《新蜀报》的主笔。张闻天曾在《新蜀报》撰文抨击旧礼教对女子的束缚和压迫,引起重庆保守势力的围攻。主笔萧楚女坚决站在张闻天一边,极力宣传恋爱自由以及一夫一妻制,反对封建礼教,为此他也受到了重庆当局和顽固势力的攻讦,被迫离开《新蜀报》。张闻天创办《南鸿》周刊后,萧楚女自然而然地将其作为自己论战的又一阵地。

　　萧楚女在《南鸿》周刊共发表6篇文章:《言论上的道德责任与法律常识》(《南鸿》1925年第4期)、《神圣同盟下之重庆严格教育》(《南鸿》1925年第5期)、《告诉所谓"壁山公民"》(《南鸿》1925年第6期)、《国民党之言论机关》(《南鸿》1925年第7期)、《四川日报之示威运动》(《南鸿》1925年第7期)、《"证人证物不成问题"》(《南鸿》1925年第7期)。前3篇以评论、杂文的形式对重庆保守势力的污蔑造谣、恶意中伤和重庆教育界的冥顽不化进行了深刻的揭露和驳斥,后3篇则以寸铁(注:一种比较简洁、精练的体裁)的形式,对国民党右派报刊《合力周报》、国民党驻重庆办事处主办的《四川日报》以及文化保守势力"诚学

---

① 陈云菴:《教育救国声中的"办学指南"》,《南鸿》1925年第3期。

会"的所言、所作、所为给予了有力的指责和讥讽,充分体现了《南鸿》这一同人刊物的批判精神。

二、文艺性与社会批判性强

《南鸿》周刊是一份以文艺性和社会批判性著称的刊物,其刊登的文章类型和内容充分体现了这两个特征。《南鸿》发表的杂文、评论、小说、散文、诗歌、随笔都是文艺性较强的文章体裁,具有相当的可读性。而它的社会批判性主要表现在对旧礼教、旧道德、旧婚姻、旧教育体制的批判。

1925 年 4 月 22 日,《南鸿》第 4 期刊登兰君的文章《重庆的煤烟》,用"煤烟"暗指重庆的旧道德、旧礼教、旧思想以及旧文化,号召女子要起来反抗,追求"人"的生活。文章称:"哟,重庆城里的旧道德的煤烟! 我们生活在而且呼吸着这种煤烟,快要窒息而死了!""在这种窒息死人的道德的煤烟中最受毒害的,是我们女子了! 但是我们女子自己不起来反抗他并且有时还自相践踏,自卑自下的,这是为什么? 是自己自愿受苦呢? 抑是我们要靠旁人来为我们除毒呢? 靠男子,那是不可能的! 他们一天到晚忙得很,哪里还有闲暇来打破旧礼教?"

接着,文章批评了当时提倡的"良妻贤母主义",认为是新瓶装旧酒,打着"妇女解放""男女平等"的旗号宣扬"良妻贤母",其实质"仍旧要受制于男子","表面上当 一个好听的'良妻',实际上不是男子的'玩物'是什么? 结果我们女子还是永远做传统思想与传统习尚的牺牲者。"

为此,文章高呼:"同胞们,我们要过人的生活么(吗)? 我们要得真正的自由么(吗)? 我们要享受文明的幸福么(吗)? 快觉醒起来罢(吧)! 首先从我们自己的思想,现在的习尚改造去罢(吧)! 使我们以后的同胞不再受旧礼教的毒而麻醉,而昏迷,使他们以后永远得过'人'的生活永远愉快而自由!""勇敢的人们,起来消灭这毒害死人的重庆的煤烟,放一点光明,一点新鲜空气进来,使嘉陵江上的渝城永远美丽而且光明吧!"①

关于对旧婚姻的抨击,《南鸿》第 7 期发表了一篇题为《苍茫的前途》的书信,信中表达了一位女学生因为谈恋爱与爱人通信而被校长开除,又因为恋爱对象并非父母所选之人而遭到父母的责骂,并被禁足失去自由,心中非常苦痛,觉得自己的前途一片渺茫的心情。信中说道:"我的明华,他们不知道恋爱是什么的人,怎么配批评我们的关系呢? 这些虚伪的圣人之徒,为什么不把他们的眼睛去看看他

---

① 兰君:《重庆的煤烟》,《南鸿》1925 年第 4 期。

们自己呢？""一切都是虚伪,大家都在戴着假面具登场演戏! 唉,可怜的人类,他们这样做,究竟是为了什么呵!""重庆这个死人住的地方,我不能再住下去,而且也不愿再住下去了。这种家庭,这种环境,使我的呼吸都感觉到困难。我不是英雄,没有登高一呼,万人云集的气概,我没有力量去警醒一般醉生梦死之徒的迷梦。况且他们要死,让他们死去,我对于他们毫没有什么怜悯,毫没有什么同情。我现在好像是落在大海里的船客,最要紧的还是救出我自己!"①

第9期,《南鸿》又刊登了署名文林写给编辑的一封信,陈诉了旧婚姻给他带来的不幸。他写道:"我觉得我是人,应有做人的权利。牢狱的家庭,只以儿子是囚犯,是传种生小孩子的机器,赚钱赢利的商品看待,那(哪)里把他当做(作)一个人,是有自由思想,而且有生命的东西呢? 我不幸的命运,竟生长在如此专制的家庭内,造物实在太无情呀!""我可怜的命运,除了……是没有结局的了。人生要是没有'人的生活'可过,还有什么价值,什么意义呢? 我的肉体可牺牲,精神却绝不可牺牲。我弱小的心与身体已经受伤不堪了,好比似在薄瘦而且很干燥的地上长着的一株细嫩的树干,不曾被雨露的润泽,只有风霜的摧残与可恶的人们的践踏。小小的生命,现在受着了很深痛的疮伤,气息奄奄的命运,快将枯槁了。"②

而第10期,《南鸿》发表的小说《最后的一封信》则进一步形象地描绘了家庭包办婚姻、任意干涉子女婚姻给青年男女带来的伤害。小说借助女主人公给好友写的诀别信的内容向世人展示了她的痛苦和对婚姻的理解。在信中,她提到:"婚姻这件事,非由感情的结合,不能生出真实的爱,享受美满的幸福的,像这样素昧生平上一点感情也没有的人,用武力结在一起,又怎么会有爱可实现呵! 简直是买卖的婚姻罢了","我现在已经是被禁在笼中的鸟了,要想自由,是绝不可能的! 这样残酷的旧制度,不知他无形中断丧了多少青年,淑慧,注意罢。"③

对于重庆教育界的批判,萧楚女在《南鸿》第5期发表的文章《神圣同盟下之重庆严格教育》中进行了详细的论述。他指出,重庆地方男女中小各学校已经形成了统一战线,而且"因为生活上的利害关系相同,规定了如何办理一切学校,管束一切学生的教务的和训育的方法"。他强调:"所谓严格教育者多方面者也,而有多种形式者也!"而"至于学科是否完备? 教员是否胜任否? 设备是否完善? 思想是否恰当? 教育上之主义与方针是否合于其所办教育之旨趣? 所教学术是否

①　秋兰:《苍茫的前途》,《南鸿》1925年第7期。
②　文林:《旧婚姻制度底下的悲鸣》,《夜鹰》1925年第9期。
③　慧婉:《最后的一封信》,《夜鹰》1925年第10期。

为学生活及国家教育目的之所需？图书仪器及一切体育美术用品是否勉强够用，是否足以应学生之需求？教职员是否勤于其职？他们是否并未无故旷课？这些事，是除外的——是则非严格教育之所有事，所谓'而不与焉'者也，'而不与焉'者也！"①

而《夜鹰》第 10 期刊载的一篇题为《饭桶教育》的通讯，则对四川的教育情况进行了抨击。文章批评道："（一）四川的教育真破产，不容能教书的人教书更不能容教学生为有用的人，他们以教育为财产永远作为他们的私有他们只知拿钱吃饭，那（哪）会知道教育是促进社会进化，可怜的四川教育呵怎会教育起人来改造社会？""（二）这般女子自己将自己看得很下贱，简直不是人。他们永远要作（做）玩物，永远要作（做）奴隶，永远要受男子之压迫，女子应该独立自尊，打破因袭，想他们那（哪）知道？""（三）这一批不进步无思想的高师学生，将来毕了业，又定（是）什么中学的校长教员这怎么能办教育呵怎么能教书呵呵！""（四）在四川将发生的男女同校，受了这些波折与这些打击，要想发达怎会有希望。"最后，文章强调："四川教育真破产，这事值得我们起来努力的。我们要为学校能造社会革命的人，要为学校驱逐这般饭桶的教师要为学校能容纳能教书的人，要为女子争人格要为女子争□□，更是值得我们努力的。"②

三、从小处着手，立足现实

一份报纸杂志尤其是政论性刊物，其时代感是非常重要的。它需要密切关注当前发生的事件，及时作出反应和评论，以引导民众和社会舆论。《南鸿》作为一份政论性周刊，虽然不如日报那样及时地报道事件，但是却能够更加准确、冷静地思考事件的来龙去脉和真正面目。不过与众多报刊不同的是，《南鸿》更加注意从小处入手，分析身边发生的具体事件和相关的具体人物，实现刊物社会批判的功能。

在《南鸿》周刊存在的 3 个月期间，重庆教育界发生了一些事件，比如唐鸣珂事件、川东师范学潮、李华仪事件、《国是报》与刘蔚芊污蔑事件等，其中有些事件还直接与《南鸿》编辑、撰稿人张闻天、萧楚女有关。

关于唐鸣珂事件，《南鸿》进行了报道和评论。在第 3 期，《南鸿》以通讯的形式报道了江北中学校长唐鸣珂主张要严格管束学生的一篇文章。在介绍唐鸣珂

---

① 萧楚女：《神圣同盟下之重庆严格教育》，《南鸿》1925 年第 5 期。
② 缪云人：《饭桶教育》，《夜鹰》1925 年第 10 期。

文章之前,通讯写了一个题记,称:"江北中学校校长唐鸣珂君为江北县有名的绅士兼东方文化派的学者,而且听说还是'前清'的一个'秀才公'。这都是很好的。惜记者无缘不能瞻仰先生丰彩(风采)为憾。今得唐君于四月一日警告该校学生一文。其中说理深奥,奇字很多。初看去不大容易明白,但是看了几十遍,却也明白了。真是一字一珠,值得中秀才的。这种文章我们后生小子应该把他念熟了,记在肚子里。将来外国枪炮打来时,我们要'念念有词',把他背诵出来,直脚鬼就会逃走的。所以本刊特恭恭敬敬地把他原模原样介绍在下面祈读者用心细读,深玩其中的妙味。"①

不仅如此,同期《南鸿》还刊登了张闻天以萝蔓为笔名针对唐鸣珂的文章而写的杂文《读了唐鸣珂的妙文之后》。在杂文中,张闻天称:"唐君这篇文章,我的确整整读了十遍方才懂得。一遍不懂,二遍;二遍不懂,三遍;三遍不懂,四遍……一直到第十遍上,我才恍然大悟,知道唐君文中所用的是鲁迅君'论辩的魂灵'(见本刊第一期)中的'祖传老年中年青年'逻辑',也是天真君'文学逻辑'(见本刊第二期)中的'文学逻辑'。这种逻辑最是迷人,所以用作催迷剂,却是好东西!"对于唐鸣珂在其文章中运用的文字游戏和玩的"偷换概念"的把戏,张闻天一一对它进行了批判,希望能够及时纠正唐文给读者造成的误导。为此,张闻天强调:"我知道唐鸣珂是不知道现代世界的潮流是什么的,但是我不妨告诉他现代是科学昌明的时代,是民众自求解放的时代,愚民政策不但用不到而且也不可能了。"最后,他建言唐鸣珂:"做了这篇妙文之后,可不要再'出丑'了。用名词也不能任使用,别字以少写为妙。如若没有别的事,能跟了你的学生上课更好,如若贵忙那最好少说话少作文。你知道现在不是'前清',宣统皇帝虽逃走了,将来还有做皇帝的希望,但是科举时代是再不会来的了。"②

之后,《南鸿》第5期发表的张闻天的杂文《说"女子不准照相"》与唐鸣珂也有莫大的关系。张闻天在杂文中提道:"最近阅报看到一段非常有趣的新闻,似乎又是与女子的人格问题有关的。那新闻上说,本月清明植树节,江北各学校都出城参与植树典礼,后来大家要照相做植树节的纪念时,只听得有位姓唐的唐鸣珂(关于此君的文章,本刊上期已介绍过)大声说:'女子走开,我们要照相了;这张照片是要送到省长公署的,把女子照上去岂不污辱了省长。'"由此张闻天展开了对唐鸣珂言论的批判。他讽刺道:"女子的相片,大概在唐君看来,只配挂在照相馆

---

① 《介绍江北中学校长唐鸣珂君的妙文》,《南鸿》1925年第3期。
② 萝蔓:《读了唐鸣珂的妙文之后》,《南鸿》1925年第3期。

的门口,给没有事的男子看看做广告用的。或是像上海那样,一角钱一张在街上出卖给男子挂在家里或安置在自己的铺盖底下做消遣用的。或是像商务印书馆所办的《妇女杂志》《教育杂志》等那样把女学校团体的相片或'女名人'的相片印出来给'有知识的人'欣赏欣赏女性美的。印出来,进到省长公署,而且给省长亲自看,这当然是不应该的!""唐君是一个'君子',而且是前清的'秀才公'。他这样为了尊敬省长说几句合于孔子的礼法的话自然是很应该的,而且我想赖省长对于他的好意也一定能够'心照',将来说不定还要赏他一官半职哩! 但是赖省长欢喜不欢喜看这样一张没有一个女子的相片,却是疑问了。光是几个男子,虽是男子中间有一位'秀才公',一片荒地的相片,有什么好看的呢?"

最后,张闻天指出:"闲话少说,听说为了唐君这几句话江北女学校学生已经发出传单要求社会的公论了。但是我知道社会是不会有公论的,因为唐君是(只)不过说出一般人心中所要说出的话罢了。他们自然是袒护唐君的,而且唐君是绅士,校长,秀才公,尊敬赖省长的。"他呼吁:"江北女学的同学们,只有你们自己才能创造正义与公论,人家,尤其是男子,是不会把正义与公论给你们的。比如中国人受了外国人的压迫,要求外国人把正义与公论给中国人是绝对做不到的。只有中国人发奋图强的时候才有正义与公论的产生呵!"①

1925 年 4 月发生的川东师范学潮是与张闻天有很大的关系的。它的起因就是川东师范十四、十五班学生不满于《国是报》刊登的一篇污蔑张闻天"没人格"的造谣新闻,专门写了一封要求《国是报》更正的申明书,遭到拒绝。该校代理校长陈定远知晓此事后,要求学生收回申明书,学生申辩,校长随即发出不取回就斥退的狠话,于是学生罢课,学潮爆发,校长离开川东师范。

对于重庆旧势力的污蔑造谣和川东师范学潮,张闻天的立场非常坚定,言辞具有相当的批判性。他在《南鸿》第 4 期发表的文章《川师学潮所引起的感想》中称:"诸位看古往今来主张正义与真理的道德家与科学家等,那(哪)一个在当时的社会上不受到群众的虐杀与咒骂? 就是被现在一般东方文化的先生们所崇拜的孔丘孟轲之流,终他们的一世也何曾享受过片刻的光荣与幸福!""闻天虽不敢自比于世界的大哲学家大科学家与大文学家等,但是闻天所追求的真理与正义也就是他们所追求的,如若为了这种追求而受到社会上全体群众的排斥与辱骂,闻天也是甘心受的。闻天的有没有人格,后世的人会把我毕生所做的事业来下公平的判断,现在我是只知道向着光明奔向前去,对于鸡啼狗叫的声音是无暇顾到的。"

---

① 萝蔓:《说"女子不准照相"》,《南鸿》1925 年第 5 期。

接着,张闻天表达了对学潮的看法和自己的决心。他强调:"川师校自陈先生走后,教职员方面已经无形罢课了。一个人的去留牵及学校全体,这种道理当然不是我所能了解的。但是大家因为为了这一点小事,牺牲这样许多学生的光阴,我觉得很是无谓,很是可惜罢了。我对于川师十四、十五两班同学为了事情的真相不顾一切,出而为闻天声明的举动,固然很是感激,但是如像二女师的同学那样一声不响,不是更好吗?"最后,他批判道:"哟,造谣的人们,你们如若能够活到一百岁或二百岁,你们也许会了解张闻天的'人格'吧! 现在,你们是不会了解他的,你们尽着去造他的谣言吧! 他现在是活着而且是在青年的时代,他面对社会的仇视的一点勇气至少是有的! 他至少是不至于因为你们造了他的谣言而颓丧的!"[1]

为了让读者更加形象地了解川东师范学潮的真面目,《南鸿》第6期刊载了一篇写实小说《铃声》,并附以编者按,称:"关于川师学潮,社会上的人不明真相者居多,但读了陈君这篇写实的小说后,就可知道他们闹的到底是什么一回事了。这次陈定远的走,与其他教职员何关,大家都要跟着他跑? 尤可笑的是庶务先生,那保管学生火(伙)食费的庶务先生,也失了踪,学生因此就没有饭吃,没有饭吃了,就是教员来上课,学生也决不能饿了肚子去上,于是大家说这是学生有意捣乱,真是冤哉枉也! 其实捣乱的是学生还是其他的人,明眼人一望便可知道的。"

小说描写了一位置身学潮之中的在校学生的所见所闻所想。它以"铃声"为题,而此"铃声"并非学生上下课的铃声,而是"召集全体学生开会的铃声"。小说写道:"风潮在他的学校,已成了一种很寻常的事,如上课吃饭一样的寻常的事,所以罢课啊,停炊啊,校长跑了啊,教职员辞职啊,都不在他的心上,就是现在的风潮,他都将他放在脑后,简直把他忘掉。"学潮不断的学校生活让主人公感到迷惘,感到烦恼、痛苦和忧闷,而学潮后校长屡次的辞职,学生屡次挽留,最终仍然无法真正阻止校长和教员的辞职行为,更让他感到厌烦。但最后他和他的同学觉悟了,"都明白校长或职员们的辞职,不是因他们的能力薄弱,尤不是为学校的进行困难,乃欲借学生的挽留,以巩固他们的饭盆,或表示他们的能力",所以"不愿意作(做)巩固人家的饭盆的机械"[2]成为学生的共鸣。

关于李华仪事件,在当时重庆学校教育界也是产生了一定的影响。李华仪是二女师范学校的学生,被该校袁训育主任从其床底下查出一块不洁布片,遂被认

---

[1]　张闻天:《川师学潮所引起的感想》,《南鸿》1925年第4期。

[2]　愚菴:《铃声》,《南鸿》1925年第6期。

为有伤风化、不守校规,还被记大过一次。李学生不堪其辱,以死抵抗,幸得德国医生救活,但是该校袁训育主任却认为其是借死抵赖,以辞职威胁,要求学校开除李华仪。此事件引起了《南鸿》周刊的相当关注。在第 5 期和第 8 期,《南鸿》就刊登了张闻天以大风的名义写的 2 篇杂文:《二女师袁训育主任》和《再论"二女师袁训育主任"》。

在《二女师袁训育主任》一文中,张闻天借用大量反语对袁训育主任在二女师的行为进行了批判。他写道:"可怜的袁训育主任女士先生,你虽是一个表面上很严厉的人,但是你的心里还是一个懦怯的,不彻底的'重庆女子'!追其根底你不过是在做人家的傀儡!你的耶稣基督看见你这种行为,我想他正十分可怜着你呢?""现在重庆城里提倡'恋爱自由'等危险思想的人多得很,为四川三千五百万女子的前途设想,你是不应该走而且不能走的。"①

对于张闻天的批判,当事人第二女师训育主任袁媲尧在《四川日报》发表了一篇题为《二女师风潮之经过》的文章为自己进行了辩解,称张闻天的文章是"黑白颠倒,是非混淆",否认自己是来重庆解决"饭碗问题",做"傀儡"的,强调"第二女师自从他往校后所发表的许多规则不是他一个人订的,是学校交给他执行的",执意认为李华仪服毒是装假,是"意图矫耐,致乱学校秩序"。对于袁的辩解,张闻天在文章《再论"二女师袁训育主任"》中称道:"袁训育口口声声说李华仪的服毒是藉(借)死抵赖应科以重罚,这种只讲原则不顾其他一切的法治精神,如若我是大中华民国的大总统,我定要派他做司法总长,虽是他是一个'女士'。但是袁先生,这里是学校并不是法庭;在这里的是一个个要你指导的学生,并不是要你审判的罪人,你因为那件布片的事记李君的过,羞辱她已经不应该,现在因为她服毒而不死,还要开除她,更是令人疑心你是'机器',是'傀儡',不是'人'了。袁先生,当你看到'李生竟平平睡眠,只嘴唇稍现微肿而已,两三天后,不仅未至医生所判之惨死,且与常人无异',你一定是很失望的了。唉,你们女子狠毒的心,于此可见一斑!大风先生虽'刻薄',但决不至像先生那样的'冷酷'吧。设若先生为人家所羞辱而实行自杀时,大风先生决不至像先生那样的无动于中(衷)吧。"

最后,张闻天申明道:"袁先生,你说我第一篇文章为'黑白颠倒、是非混淆'究竟黑白颠倒在那(哪)里?是非混淆在那(哪)里?现在你告诉我的经过的事实,不但足以证明我没有把黑白颠倒,把是非混淆,而且反足以说出大风先生的评论非常公平合理而且并不算得刻薄了。袁先生希望鄙人在道德上自裁,鄙人不知袁

---

① 大风:《二女师袁训育主任》,《南鸿》1925 年第 5 期。

君的所谓'道德'究系何指？说一个服毒的学生是以死抵赖，非把他开除不可的举动，就是袁先生的所谓'道德'，那大风先生就要不客气，还是请袁先生抛弃这种下劣的道德观念吧。"①

《南鸿》第8期还同时刊登了2篇署名小青的文章：《令人难解的第二女师》和《学生连死的自由也没有了》，它们都直接与李华仪事件相关联。其中文章《令人难解的第二女师》跟张闻天的文章一样，也是针对二女师训育主任袁媲尧在《四川日报》发表的《二女师风潮之经过》一文而展开论述的。该文列举了袁文"颇令人百思不得其解"的十一处内容，并逐句逐条地对其进行了质问和驳斥，但终因"实在索解不得，无法，只好对于我们这个为我们所不能了解的第二女师，呼之为《令人难解的第二女师》了！"②

而《学生连死的自由也没有了》一文则对第二女师给予李华仪记过处分的牌告内容进行了讨论，指出其用词不当、自相矛盾，有众多疑点。文章称："该校既无明定规章，指定女生所用不洁布片，必须置于何地。又未设有特定箱柜，以便女生置此秽物。女生依女人家一般的习惯，置布片于床下，有何'违犯（反）校规'之可言？李君畏羞服毒，并不敢与该校办事人据理抗争，已足见李君为专制教育下之驯良学生，犹复故作诛心之论，谓为藉（借）死图赖，置阿医生'科学的救治'之物证于不顾：此其不合人情，违背事理，谁也可以一望而知。该校长不但不纠正办事人错误，还从而将错就错，出此牌告——其不能办学，在此一事上，已可概见。且该牌告文字语句，亦复矛盾不通。如'妄以毒物为尝试'一语，试问根据何种判断？一个人意识清白能够去以毒物为尝试么？若非意识清白之人，则为神经病者无疑。若认李君为神经病者，则根本上已不负法律责任。又如'姑念幼稚无知'一语，更是不通！李君既系'幼稚无知'，则该校长又何能令其负行为之责？'幼稚无知'乃人身生理上心理上之事实，又何须加以'姑念'？既须责备李君，以敷衍训育；又复不能准诸法理，判以确当之罪；乃以曲词成文，枉法胡凑。其一副掣襟见肘的可怜情状，实在令人难受！如此受罪，还要死把这个饭碗抱着，我不知何以'自对'，何以副其平素的'仁者人也，义者宜也'之腐言？至于这件事对于青年的意义，便是告诉青年们，'在现在这种流氓抢饭碗的专制教育之下，是连死的自由也不许你们享有的！'"③

_____

① 大风：《再论"二女师袁训育主任"》，《南鸿》1925年第8期。
② 小青：《令人难解的第二女师》，《南鸿》1925年第8期。
③ 小青：《学生连死的自由也没有了》，《南鸿》1925年第8期。

《国是报》、刘蔚芊污蔑事件是与萧楚女直接相关的,因为他们污蔑的对象就是萧楚女。《国是报》是重庆国家主义派主办的一份报刊,是重庆文化保守势力的一个重要阵地。刘蔚芊是国民党驻渝宣传主任、川东师范学校教员兼《合力周报》主笔,经常在《合力周报》上撰文对萧楚女进行人身攻击。关于刘蔚芊的为人,张闻天称:"刘蔚芊是什么人,我是向来不大知道的,不过听到旁人的议论或是看到报章上的记载,知道他是一个最善于造谣的人。他最毒恨的大概就是萧楚女,因为他不但在讲台上要造萧君的谣言,而且在没有一点价值的什么《合力周报》上也时时要骂他。他最欢喜说的就是'你没有人格!''你抬人家的包袱!'等话。我平生最厌恶这种'造谣言''背了人说坏话'的东西,所以刘蔚芊是什么人,我也是不愿知道的。"①

对于《国是报》和刘蔚芊的污蔑造谣,萧楚女并没有坐以待毙,而是进行了积极的斗争。他在《南鸿》第4期发表《言论上的道德责任与法律常识》一文,批判了那些毫无道德责任和法律常识的伪言论家,其中就包括刘蔚芊。在文章开头,萧楚女就明确指出:"凡是在论坛上,握笔作文,用口说话——负有指导社会舆论之责的人,都应该有相当的道德和必要的常识。"他说:"当楚女在新蜀报的时候,重庆国是报对于楚女个人,是从来没有说过一句话的。刚刚在四月三日楚女离开了新蜀报之后,四月四日的国是报上,便刊出一篇《萧楚女与社会青年》的文章。这篇文章,是指摘楚女三月二十七日在新蜀报答覆(复)四川日报的那一篇《本报普告读者》之文为'不道德'的。在言论上互相督励纠察,楚女是很欢迎——而且很感激的。不过国是报却不在楚女未离新蜀报之前开口——偏要在楚女放下了'武器'之后,来作(做)'不武'之战,这已是未免'不太道德'了!而况其所指摘的,乃又系故意割裂楚女原文,取其语意未完之句以为口实?国是报投稿者之缺乏道德的责任心,实在叫人要替'言论'两字感着重大的羞耻!"

接着,他强调:"楚女平生为文,有一极严谨之规格,范围着自己。就是每用一'词'必先要在自己底(的)心上,把它底(的)轻重缓急,审量得一点也不错,然后方才写下去。所以楚女的思想尽管激越,才识尽管短乏;但楚女所作文中底(的)每一个语句,却没有一个不是有方程式的合理的组织的。倘若有人在严格的逻辑上、文法上,把楚女全文或全句所说的道理,所用的词语,一一加以化学的定性分析,指出来,说:此一句怎样不当,此一词如何不合——甚至此理有误,此情有悖,楚女敢不拜嘉,以敬受夫子之大教!国是报的投稿者,却只要一口咬定楚女这个

---

① 大风:《"送别刘蔚芊先生"》,《南鸿》1925年第4期。

人,是个'危险东西'。不问一个方程式在理科规律上的定律如何,割头去尾,随意点窜,便拿来做成楚女的罪状。""象(像)这样故意颠倒是非,藏头露尾地信口诬陷人家,便是放弃了言论家应负的道德责任——只(这)足以见其卑鄙、怯懦、糊涂、无理而已!"

他还指出:"因为一般在报纸上投稿的朋友,都是这样的缺乏道德的责任观念,缺乏数学的逻辑训练,所以对于一般言论家所应具的法律常识,也就不肯稍微去留意一下了!楚女性情刚直,在新蜀报主笔任中,不免得罪一部分人。他们恨楚女,因而恨及楚女的朋友——恨及与楚女思想接近的一切刊物。于是他们就用了那不逻辑而无道德责任的任意手段来陷害他们所不喜欢的敌体。不问证据,不举事实,只拣那顶凶恶、顶坏、顶为时世所恐惧而不能容的名词,加在他们所恨的人底(的)头上。"

随后,萧楚女提到了刘蔚芊。他说:"当楚女在三月十六日新蜀报上发表那一篇《未婚夫妇谈话问题》,得罪了刘蔚芊先生,惹得他在合力周报五十四期上说楚女曾经'黉夜私奔,抬某大人的包袱'时,楚女曾登报质问刘先生楚女在何时何地抬了何名何姓的大人之包袱?刘先生自己到(倒)没有答覆(复)楚女(只不过在悼孙大会会场中,由段培源、胡汝航两先生,拉着刘先生和楚女取和,劝楚女把在报上登的质问启事取消了);却有一位匿名的朋友,写信给楚女,替刘先生辩护。他说:'你在皖抬马联甲的包袱;在沪抬何丰林的包袱。'这位先生却也要算是应心得手,俯拾皆是。假使楚女要是到过山西,那么,便又可以说楚女抬过阎锡山的包袱了!到过云南,便也可以说抬过唐继尧的包袱了!哈哈!假使楚女有一天能够侥幸出洋?不又可以给匿名者以材料,说楚女曾经抬过福煦上将,霞飞将军的包袱?只可惜匿名者太无勇气,他说了马联甲,说了何丰林,却偏偏不说'楚女在万县时,曾抬过杨森的包袱'!楚女曾经在杨先生幕中两个星期,后以人生观世界观不同而辞去。在四川人面前,说四川的事,岂不更足以动听?"

最后,他感叹:"呜呼!言论家之道德!言论家之法律常识!"并称:"楚女对于南鸿向无关系,楚女所在的平民学社,也没有该社社员张闻天君底(的)影子。现在却有人冤枉张君是平民学社社员,又说楚女曾在南鸿作文。张君个人对于平民学社作何感想,我不知道。我对于南鸿却要取一个'索性'的态度——既说我是在南鸿作文。我便要把此篇恳托南鸿发表了!"①

---

① 萧楚女:《言论上的道德责任与法律常识》,《南鸿》1925 年第 4 期。

四、与读者互动,具有亲切感

读者大众对于一份报刊来说,是至关重要的。《南鸿》周刊也非常看重与读者的联系以及读者对刊物的回馈意见,经常在刊物上刊载读者的来信、建议和看法,有时还将编辑、作者对读者的回复刊登出来,真正实现了读者、作者、编者三位一体式的交流,很大程度上增加了刊物的亲切感和真实感。

《南鸿》第 3 期刊登了一封署名江青崖的读者来信,信中明确表示不同意张闻天在其文章《所谓"没有人格"》(《南鸿》第 1 期)中提出的"打破旧礼教对于女子的束缚""追求男女平等"等观点。很显然,此读者是一位坚决拥护旧礼教的文人。他在信中称:"现在一般人,提倡什么男女平等,社交公开,真是见了鬼。孔夫子说'唯女子与小人为难养也'这可见孔夫子就看轻女孩子的。孔夫子尚且看轻女孩子,而况我们小子! 其实就是孔夫子不看轻他们,我还是要看轻他们。你们看,他们那样容易发生嫉妒心,容易生气哭泣,一朝反目就什么友谊也不管,这些怪癖脾气,我们怎么会看重他们? 如若我们不为了'不孝有三无后有大'孔夫子这句名言,我简直不想同他们接近。这些东西,真是无味极了。"

最后,他强调:"总之女子虽是我瞧不起的,不过像某女校某甲女士那样做,我却是十三分赞成的。我希望我们重庆以后多出些这样的女子来挽救这种垂危的礼教,这样,中国的前途方才有希望。不然无论你怎样提倡'爱国',或是'善后会议',或是'国民会议',或是'什么什么',都是不中用的。经书上说'正心而后修身,修身而后家齐,家齐而后国治,国治而后天下平',正心者即严格的服从旧礼教之谓,所以服从旧礼教不但可以救国而且可以平天下,这样不是夷狄所住的地方,也可以被我们并吞了吗?"他还主张:"南鸿社的编辑先生,我想你们都是爱国之士,那末(么)你们有这样可以救国的捷径,为什么不跟了他走呢? 别的话都是假的,严格服从旧礼教才是真的。"①

对于江青崖的来信,《南鸿》编辑李君策在第 5 期作了答复,也表明了立场。李编辑在信中写道:"本刊初出问世,所接各方面的通讯,已有多起。但要读先生这件通讯,比较不寻常——不是说你的思想不寻常,主张不寻常,像你一样的思想和主张的人,在重庆这个地方,简直'车载斗量,不可胜数',并且在所谓'教育家'的队伍中间,也随时随地都可见到;不过像你这样有肩头,有直率性能够开诚布公地把你的思想和主张揭示出来,一点不顾计(忌),一点不虚饰,在这'死人之都'

---

① 江青崖:《重庆女界的前途》,《南鸿》1925 年第 3 期。

的重庆地方,实在是不寻常的了——所以记者特别在第三期的本刊上把他刊出。我想和你具同样的思想与主张的人们——尤其是所谓'教育家'者,一定要佩服你的勇敢。""你是十三分崇拜旧礼教的人,而深恶痛绝现在一般守旧的先生们不彻底。这一点,我对于你个人的私德,实非常钦敬!"不过在信末,李编辑用江先生的矛戳穿了他的盾,指出:"你既是孔家老牌的道地货,却怎么也会作反对'文以载道'的白话文?并且还用得或'新的'标点符号呢?如果你真是'孔货'则你之守旧,也未免有些不彻底;万一你是冒牌的赝品,那么,请你洗清面目,别和我们'装疯'!"①

之后,《南鸿》第 8 期又发表了两封比较独特的信件,信件双方分别是《南鸿》编辑梦真和编辑兼主要撰稿人张闻天。这种编者与作者的互动有点像是《南鸿》特意上演的一场双簧戏,目的就是引起读者的注意,加深对所论问题的认识。

梦真在《让我来回敬一箭吧》的信中谈及了自己与大风先生(张闻天的笔名)的渊源和芥蒂。接着,梦真就开始了对大风先生的批评,指出他在《南鸿》第 5 期发表的《二女师袁训育主任》一文中对袁训育主任的年龄论述有误,将袁训育主任是个姑娘错说成了老太婆。他还指出大风在文章《送别刘蔚芊先生》中出现的一处让人质疑的地方,即大风先生指责刘蔚芊"明明拿了国民党一百块钱干的这类发扬宣传的事业,真是失敬失敬!"这件事。对此,梦真向大风发问道:"依你这话看来,国民党竟是'每日'或'每时'都拿了一百块钱与刘先生去干那类发扬宣传的事业了。据我略微调查的结果,国民党仅仅'每月'拿二百四十块钱与刘先生办那'没有一点价值的什么合力周报',而刘先生'每月'所'拿'的'发扬宣传'的薪俸又不过仅仅'每月'的二百四十块钱中的仅仅一百块呀!而你竟那样笼统说出,我想不特读者有些要'莫名真象(相)',就是刘先生自己看着也恐怕要恼怒你'有意枉冤'吧!"②

对于梦真的来信,大风先生是这样回复的:③

梦真先生:

关于袁训育主任之年龄,鄙人大风并不知道,不过看他对于学生李君之事如此严厉办理,不免令人疑他是老太婆而非姑娘耳。得足下来函后,即于昨日乘该校开运动会之际,亲往观察。女士头戴大草帽,鼻架铁边大框眼镜,面皮白晰(皙)

---

① 李君策:《答江青崖》,《南鸿》1925 年第 5 期。
② 梦真:《让我来回敬一箭吧》,《南鸿》1925 年第 8 期。
③ 大风:《复梦真信》,《南鸿》1925 年第 8 期。

白牙外露,身材苗条,穿灰布上衣,西式围裙,神色庄严,大有女圣人之概,其年纪大约在二十岁以上三十五岁以下,但此不过遥望时所得之印象而已。足下谓女士为一"年甫及笄"之"姑娘",恐亦不确。"传闻失实","淆乱听闻"之讥,还是回敬先生吧。

至于刘蔚芊之事,鄙人大风在本刊第六朗已有声明,恐足下未见,故有此"无的放矢"之论。按大中华民国精神文明法律第一万三千三百十一条,足下此种态度,应"罚金"十枚以观后效。虽然足下固鄙人之好友也……(下略)

大　风叩

五月三□

《南鸿》周刊除了担任读者、编者与作者互动的平台外,还常常成为一些读者诉苦和倾诉衷肠的平台。第9期发表的读者文林的来信《旧婚姻制度底下的悲鸣》就是将《南鸿》看作了自己倾诉的一个窗口。他在信的开头写道:"鸿社诸同志:好几天以前,很久了吧,写了一封信给你们,现在你们的情形怎样? 想来没有什么变动吧。自从写了那封信之后,就想写第二封来给你们,将前封信所欲说而未说,你们尚在惑疑的我的不幸的事告诉你们;但是终没有这样大的勇气。我每一想起我一生遭遇的不幸,就连(像)孤儿失了他的慈母般,不曾流的泪泉也要像暴雨般往下落。"

接着文林向《南鸿》周刊编辑们诉说了自己的痛苦经历,称:"我可怜的命运,自从归到这个牢狱似的家庭以来,已经宣告死刑了。好友们! 当我在重庆时,我们大家是何等的快活? 现在我一个人的情形变了被深锁在牢狱里的囚犯一样了。我的婚姻问题,你们是知道的,前在渝时,在一亲戚处,就得到家庭有与我订婚的消息;当时我立刻写信回家,否认此事。……我去年回家时,家庭是许可我今年出去,绝没有问题的。可是现在食言了! 除非订了婚而且结了婚后,无论如何是不许我出去的。并且以我竟敢反对父母之命的天经地义的婚姻,更为他们所大不满意!'逆子','败家子'等的徽号,已经加在我的头上了。好友们人生至此,还有什么人的价值呢?"最后,文林苦诉道:"我现在的精神,已经成了麻木的状态了。时而悲痛,时而愤怒,茫茫长夜,伊于胡底? ……好友们,生活在这样恶威之下的人生,有什么留恋?"①

《南鸿》除了通过刊登读者来信和编者、作者复信来加强与读者的互动效果外,还采取多种编辑手段,比如编者按、注解、后记等,来说明稿件的来源,发表的

---

① 文林:《旧婚姻制度底下的悲鸣》,《夜鹰》1925年第9期。

缘由和目的，以便让读者更多地了解刊物撰稿人，了解刊物、熟悉刊物，拉近编者、作者与读者之间的距离，增加刊物的亲和力，而刊物编辑在撰写《南鸿》文章时也经常利用题记、后记等形式来吸引读者，增加文章的感染力。

比如，《南鸿》在第 1 期发表鲁迅的杂文《论辩的魂灵》时，为了让读者了解周刊发表该文的原因，特附编者按，称："鲁迅先生这篇短文是在《语丝》第十七期上发表的。因为他所说的'祖传老年中年青年《逻辑》'很像本埠的一家什么报上所说的'文学逻辑'。所以特转载于此，以供同好。"①在第 3 期发表通讯《介绍江北中学校长唐鸣珂君的妙文》时，记者作了一个记者按，大概地介绍了唐鸣珂的情况以及对其文章的感受，以便让读者在读唐鸣珂的文章前先了解一下作者和文章的背景。在第 6 期刊登的小说《铃声》的后面，《南鸿》也附了一个编者按，向读者解释了该写实小说的取材来源，即是当时在重庆发生的川师学潮，希望读者能够通过该小说了解到学潮的真相。

在《南鸿》第 5 期刊登译文《情书》时，兼有作者和编者双重身份的天真在介绍正文之前就特别写了一个题记："天气太热了，连连挥扇都不能止住这粒粒的汗珠，尤其是叶丛中的蝉儿，聒聒的噪个不休，真令人烦燥（躁）极了，只好奸在书架上取本书来鬼混。""翻开来看，原来是一本蝌蚪文。我一页一页地翻阅着，总找不着一篇合我口味的文字。后来找着一篇安乐生著的《情书》，我一口气将他读完，觉得烦闷顿消，周身的细胞也分离起来，现在把他译出来，贡献于嗜好与我相同的朋友们。"②此题记在一定程度上增加了译文的趣味性。

在《南鸿》第 2 期发表的编辑梦真的文章《黑疯狗》中，作者为了使文章主题更加鲜明、深刻，特意在文章后面设置了一个后记："我刚将此篇短文写成，罗蔓君从门外一步便跨进了我的室内来。我将此文给他看了一遍，他说他也曾遇过疯狗，并且被疯狗咬过，并且伤疤至今犹存。我听了他的话，始而长叹，继而心里便很释然了。因为我想人生一世，大抵谁都免不了要遇'不祥'之物的；惟所遇者稍有种类之不同，如我所遇者为洋疯狗，而罗蔓君所遇者则为中国疯狗耳。"③此后记读后让人产生很多的思考和疑问，想知道后记中提到的"中国疯狗"究竟指的是什么，所以有种意犹未尽之感，完全把读者的胃口吊了起来。

以上《南鸿》周刊的四个特点：同人刊物；文艺性、社会批判性强；从小处着手，

---

① 鲁迅：《论辩的魂灵》，《南鸿》1925 年第 1 期。
② 天真：《情书》，《南鸿》1925 年第 5 期。
③ 梦真：《黑疯狗》，《南鸿》1925 年第 2 期。

立足现实;与读者互动,具有亲切感,让它变得非同寻常,在当时重庆报刊界名噪一时。但同时《南鸿》的出类拔萃也引起了重庆当局和地方文化保守势力的注意,最终强迫其停刊。

《南鸿》的最终停刊,使张闻天认识到要对抗一个旧的社会,单靠个人和一个刊物是不行的,必须加入一个以反抗社会旧势力为志业的组织。虽然之前张闻天也加入过一些社会团体,比如少年中国学会、文学研究会等,但是毕竟它们的"科学救国""文学救国"等主张无法拯救当时处于民族危机的中国。后来张闻天也在其1943年12月《整风笔记》中提道:"在重庆时期,我同共产党人萧楚女、杨闇公(杨尚昆的哥哥)、廖划平等熟悉,他们到处动员青年团员支持我的斗争,同我结成了反对反动学校当局的统一战线。我们间的关系是很密切的。这斗争给了我很深的印象,使我思想上又起了新的变化。我深深觉得要战胜这个社会,必须有联合的力量,单靠个人的文艺活动,是做不到的,而共产党是反抗这个社会的真正可靠的力量。此时,我有了加入共产党的动机。"①1925年6月初,经由董亦湘、沈泽民介绍,张闻天在上海加入中国共产党。而他人生最重要的转折点就此开始。

---

① 张培森主编:《张闻天年谱》(修订版)上卷注①,中共党史出版社2000年版(2010年修订),第49页。

第三章

主编正规党报党刊

1925 年 6 月,张闻天在董亦湘、沈泽民的介绍下加入了中国共产党,开始了他职业革命家的生涯。不久,他被派往苏联,到莫斯科中山大学学习,一待就是5 年。在莫斯科 5 年期间,张闻天不仅积累了相当多的马克思、列宁理论知识,而且还参与了大量的报刊编辑活动,对苏联党报党刊模式也是了解颇深,这为他回国创办、主编、改组中共党报党刊奠定了坚实的理论基础和实践基础。1931 年,从莫斯科回国的张闻天在上海工作期间,亲自倡议创办、主编了《红旗周报》和上海版《斗争》两份中共报刊,正式开启了他主编中共正规党报党刊的道路。

第一节　莫斯科留学期间的新闻活动

1925 年底到 1931 年初是张闻天人生中的又一个留学时期。与之前留学日本和美国相比,这次留学莫斯科则显得比较正规,对理论知识的学习也比较系统。其间他所掌握的马列主义理论知识以及有关无产阶级党报党刊学说也为他回国后的新闻活动奠定了相当的理论基础。而他在莫斯科的编辑工作和宣传经历,很大程度上又为他回国后创办、主编中共党报党刊积累了大量的编辑和宣传经验。1927 年 5 月 10 日,张闻天被莫斯科中山大学联共(布)支部局鉴定为"可作为宣传鼓动方面党的工作者使用并独立工作",[①]可见其在宣传鼓动方面的才能。

1925 年 12 月 10 日,莫斯科中山大学俄共(布)支部局召开会议,决定 11 日开

---

① 张培森主编:《张闻天年谱》(修订版)上卷,中共党史出版社 2000 年版(2010 年修订),第60 页。

会选举中文墙报编委会等学生组织,张闻天被列入参加中文墙报编委会人选名单,①担任编委长达3个多月。1926年3月25日,莫斯科中山大学联共(布)支部局会议,"将学生墙报确定为公社管理委员会的机关报,批准新的编辑委员会,沈泽民为责任编辑,张闻天不再担任编委"。②7月7日,张闻天以支部局候补委员身份出席莫斯科中山大学联共(布)支部局会议,被选举为宣传鼓动委员会成员。1928年6月13日,莫斯科中山大学联共(布)支部局召开会议,决定出版《国际述评》,"暂以翻译报刊文章为限",③并指定张闻天、西门宗华、廖竹君、林登岳等人担任编辑工作,张闻天任编辑委员会主席。12月,进入红色教授学院学习,"由于学院规定学员必须担任一项党的工作,所以同时还在共产国际执委会东方部任研究员,在共产国际执委会中国委员会和共产国际执委会中国组编辑委员会中做些工作"。④1929年5月18日中山大学校务委员会会议批准《学生》杂志编委会成立,张闻天是编委会成员之一,同时"在中国劳动者共产主义大学附设的研究所和中文出版社作为编辑进行工作",⑤并担任中国劳动者共产主义大学刊物《共产》杂志编辑一职。以上张闻天在莫斯科的编辑工作和宣传经历,很大程度上为他回国后创办、主编中共党报党刊积累了相当多的编辑和宣传经验。

第二节 创办《红旗周报》的原因

1931年1月,31岁的张闻天踏上了回国的道路,同行的还有杨尚昆。他们从莫斯科出发,经西伯利亚,进入东北境内,到达大连后,改海路抵上海。在上海,张闻天与党组织取得了联系,暂时分配在中共中央机关刊物《实话》内担任编辑。3月,张闻天接替沈泽民,担任中共中央宣传部部长。上任不久,他就对中共党报党刊工作作了调整。在他的指导下,原来公开发行的《红旗日报》停刊,改出《红旗周报》秘密发行,他亲自担任主编。同时,中共中央与江苏省委机关报《群众日报》也相应出刊,采取半公开发行的方式。对《群众日报》的出刊和发行,张闻天也是多

---

① 张培森主编:《张闻天年谱》(修订版)上卷,中共党史出版社2000年版(2010年修订),第53-54页。
② 同上书,第56页。
③ 同上书,第67页。
④ 同上书,第70页。
⑤ 同上书,第73页。

加关注和支持。《红旗周报》和《群众日报》的出版,不仅是张闻天新闻实践活动的一个重要阶段,也是中共党报党刊发展过程中的一个重要时期。它既开启了张闻天创办中共正规党报党刊的道路,又拉开了中共中央重视党报党刊指导与组织具体实际工作、初步确立"全党办报"方针的序幕。

一、加强党报的领导作用

自从 20 世纪 20 年代末列宁的党报理论传入中国,中共中央对于党报党刊的认识有了进一步的提高,尤其是关于党报党刊作用的理论。而列宁关于"报纸不仅是集体的宣传员和集体的鼓动员,而且是集体的组织者"①这一论断则经常被当时中共中央在论述党报党刊作用时作为理论依据加以援引。

1930 年 3 月 26 日,中共中央政治机关报《红旗》第 87 期专门发表文章《提高我们党报的作用》,对列宁关于党报作用理论进行了详细的阐述。文章称:"党报并不只是一个宣传鼓动的中心,他同时是一个组织的中心。一个无产阶级政党的党报,他必须深入于无产阶级群众中间。在他的宣传与鼓动之下,自然可以扩大党在无产阶级群众中政治影响,可以更加紧党与群众的联系,这就是一种伟大的组织作用。再加以供给党报的材料,必须有经常的采访,必须在各工厂、农村、兵营中,都有党报的通讯员。为了适当的(地)分配报纸,必须有经常的发行交通网,他又必须与各个工厂、农村、兵营有密切的联系,以使党报能很快的(地)经常的(地)传到读者手中。党与群众的关系,因为党报的作用而要更加巩固与扩大,这就是伟大的组织作用。"文章指出:"现在我们的任务,是要更扩大我们党报的作用,使他能更普遍到广大的劳苦群众中间去。我们应当承认,扩大党报不仅是我们党的经常工作之一,并且是我们党在目前革命形势中一个重要的革命斗争。这个斗争不仅要反抗帝国主义国民党及一切统治阶级对于我们党报的压迫并且要反对我们党内之一般忽视党报作用的倾向。"②

1931 年 1 月 21 日,中共中央发布《中共中央通知第二〇三号——改用党报方式加强党对实际工作的指导》(以下简称《通知》),正式表达了中共开始注重利用党报社论来指导党的工作这一思想。《通知》称:"中央为更加紧更切实的(地)对实际工作中的指导,为更加强对党报在党的领导,中央以后对于指导的方式,决定

---

① 《列宁全集》第 5 卷,人民出版社 1986 年版,第 8 页。
② 中国社会科学院新闻研究所编:《中国共产党新闻工作文件汇编》下卷,新华出版社 1980 年版,第 34 - 35、36 页。

改变过去发表的极长的分析政治的通告的方式,而以党报的社论为代表中央政治局在政治上的分析与策略的指导,一切重要工作的具体指示,决以政治局的决议案来指导各级党部。各级党部必须切实而普遍的(地)发到所有支部中去讨论执行,全体同志应根据党报的分析与指导来讨论工作,且必须纠正过去依赖和等待通告的指导之习惯。"①

2月7日,中共中央刊物《实话》第9期又刊登中共中央政治局1月27日通过的《关于党报的决议》(以下简称《决议》),进一步强调了党报在党的工作及群众工作中应有的指导作用和组织作用。《决议》主张:"以后党报必须成为党的工作及群众工作的领导者,成为扩大党在群众中影响的有力的工具,成为群众的组织者。党报不仅要解说中国革命的理论问题策略问题,解说党目前的中心口号,同时,要极可能的(地)多收集关于实际工作的文章,特别是关于党的组织任务的文章,论文要带有指示文件的性质,要带极高限度的具体性,应当给与(予)实际工作中的同志以具体的建议。同时,各级党部应当解说党报的作用,使同志来正确的(地)认识党报,来实际的(地)帮助党报。写文章,帮助发行。"②《决议》除了强调党报在具体实际工作中应发挥其应有的指导、组织作用外,还强调各级党部和广大党员不仅要帮助党报解决稿件的供给问题,还要帮助党报解决其发行工作。可以说,《决议》已经初步表达了中共"全党办报"方针的精华所在。

同期,《实话》还发表了洪易的一篇题为《列宁主义与党报》的文章,主张中共中央应该"按照列宁主义的基本原则去建立党报的工作"。在文中,洪易引用了大量列宁的名言以及列宁关于党报性质、作用的言论,认为:"列宁这些名言,一直到现在不但没有失却他的意义,而且对于目前中国党的建设,尤其是对于党报的建设,还依然具有很实际的指导作用。"③2月25日,张闻天以思美的名义在《实话》第11期上发表题为《怎样完成党报的领导作用?》的文章,对《决议》和洪易的文章作了更加详细的诠释,强调党报工作的重要性。他在文章中写道:"要完成党报的领导作用,我们必须最坚决的(地)打破李立三时代遗留下来的这种错误观念,把党报与实际工作看成两件不相关的东西的错误观念!我们要使得每个同志了解党报文章的供给是党的干部与每个实际工作负责者的主要任务,为改善他们实际工作的有机的组成部份(分)。""党的工作的负责者经常阅读党报,经常为党报供

---

① 中国社会科学院新闻研究所编:《中国共产党新闻工作文件汇编(1921–1949)》上卷,新华出版社1980年版,第70页。

② 《政治局关于党报的决议》,《实话》1931年2月7日第2版。

③ 洪易:《列宁主义与党报》,《实话》1931年2月7日第2、3版。

给文章,是他的实际工作的有机的组成部份(分),是他必须尽的责任。"①

从以上文字中可以看出,张闻天对党的新闻工作的主体和内容都有了明确见解。首先,他认为党的新闻工作的主体不仅是编辑,而且包括全体党员特别是领导同志。其次,他认为党的新闻工作的内容不是空谈理论,而是为了传播实际工作中的经验和解决具体问题。这些见解为张闻天日后创办和主编《红旗周报》、《斗争》等中共报刊奠定了相当的思想基础。

3月5日,中共中央发出《关于加强党报领导作用的决议》(以下简称《决议》),将"加强党报领导作用"这一问题明确化和制度化。《决议》称:"各级党部负责同志,必须经常的(地)负责给党报担任文章,发表他对于各种问题的意见,他在实际工作中所遇到困难与所得到的经验。各级党部负责同志必须彻底了解,给党报担任做文章,实是他的实际工作中的有机一部分,与最重要政治任务之一。""各级党部必须立刻担负起中央日报建立通讯网的责任。""各级党部负通讯责任的同志必须经常搜集并编(缺一字)各种通讯交给各自的省委,由省委直转中央日报社。""省委通讯员,必须于每星期内供给中央二篇关于工农斗争的通讯稿子。""苏区通讯网建立的责任,在目前拥护苏维埃的运动中,尤其有特别重大的意义。"②

从《决议》的内容中,不难看出为了加强党报的领导作用,当时中共中央对各级党部负责同志在帮助党报写文章、负责建立通讯网方面提出了严格的要求,而且对党报通讯员也提出了相应的要求。

3月8日,中共江苏省委依据《中央政治局关于党报的决议》,通过了《中共江苏省委关于党报的决议》(以下简称《决议》),全文刊登在3月30日《红旗周报》第3期上。《决议》规定了转变党报工作的一系列具体办法,尤其对即将出刊的《群众日报》的性质、作用、内容以及通讯等方面做了明确的规定,称:"《群众日报》为中共中央与江苏省委的机关报,江苏省委对于群众日报无论在政治上或工作上更应多负责任,群众日报的社论和本埠的斗争消息,更应该努力改善,使之真能成为下级党部实际工作的指示。"③

对于《群众日报》的出刊,张闻天给予了相当的关注,专门为其撰写了2篇社论文章。它们分别是《反对实际工作中的机会主义》和《蒋胡冲突的意义》,前者发表于1931年3月11日《群众日报》第2期,后者发表于1931年3月17日《群众

---

① 思美:《怎样完成党报的领导作用?》,《实话》1931年2月25日第4版。
② 中国社会科学院新闻研究所编:《中国共产党新闻工作文件汇编(1921 – 1949)》上卷,新华出版社1980年版,第76页。
③ 同上书,第78 – 79页。

日报》第 8 期。张闻天的这一举措与中共中央《关于加强党报领导作用的决议》中"各级党部负责同志,必须经常的(地)负责给党报担任文章"的规定是相吻合的。

综上所述,短短的一个多月,中共中央接连发布了上述一系列关于加强党报领导作用的决议,足见其对调整党报工作的重视,这与刚从莫斯科回国就担任中央宣传部部长的张闻天或多或少是有一定关系的。而且从内容上看,无论是中央决议还是张闻天的党报思想都有相当大的列宁主义党报思想的印记。而《红旗周报》和《群众日报》正是在上述中共中央一系列党报决议和张闻天党报思想的指导之下出版发行的。从某种程度上可以说,它们的出版是中共中央尤其是张闻天试图按照列宁主义党报思想以及苏联党报模式来创办中共党报的开始。

二、接受共产国际的建议

《红旗周报》与《群众日报》的出版,除了与中共中央尤其是张闻天希望加强党报领导作用这一理念有关外,还与《红旗日报》以及共产国际有着密切的联系。

我们都知道,《红旗周报》的前身是《红旗日报》,却不知道其实《群众日报》的出版也与《红旗日报》有相当大的关系,很大程度上可以说《红旗周报》与《群众日报》的出版都是《红旗日报》停刊的结果。它们是《红旗日报》停刊后继续存在的两个分支,而且都与共产国际有着很大的关系。

1931 年 1 月,中共中央之所以决定将《红旗日报》出版周期由每日变为每周,将其发行方式由公开发行改为秘密发行,并决定在出版《红旗周报》的同时继续出版一份日报即《群众日报》,主要是因为《红旗日报》在经费资助、出版、发行与稿源方面都面临着许多困难。1930 年 10 月 12 日,中共中央政治局在给斯大林、莫洛托夫和皮亚特尼茨基的信中谈到了《红旗日报》因印刷厂遭叛徒出卖被破坏,又因经费不足无法建立新的印刷厂而导致发行量急剧下降以及版面严重缩水这一问题。信中称:"中央印刷所遭到破坏后,由于缺少经费,我们把从共产国际得到的所有经费都用在其它(他)工作上了,所以直到现在我们没有钱建立新的印刷所。这样一来,发行量为 1 万份的报纸《红旗》减少到 4000 份,变成小页传单形式,而且直到现在都没有固定的印刷所进行印刷。"①此外,上海中共中央工作环境日趋恶劣,尤其是顾顺章、向忠发被捕叛变后党组织常常处在白色恐怖之中,党报《红旗日报》公开发行变得越来越困难,而且党报名称中"红旗"两字因其浓厚

---

① 中共中央党史研究室第一研究部译:《共产国际、联共(布)与中国革命档案资料丛书》第 9 卷,中央文献出版社 2002 年版,第 372 页。

的革命色彩也导致出版商不愿或不敢出版。以上种种原因使《红旗日报》出版与发行举步维艰。

对于《红旗日报》的种种困境,1931年1月担任中共中央党报委员会秘书长和《红旗日报》《实话》总编辑的王稼祥深有体会。2月8日,王稼祥向共产国际远东局代表雷利斯基报告了他所编辑的《红旗日报》的具体情况。他提到:"最近遭破坏后,《红旗》压缩了版面,每日1版。我们以家庭作坊方式出版,所以不能扩版和利用第2版。我们每日发行1000份。在上海推销约600份,其余的发往各省。省委和区委不给我们提供任何帮助,无论是在提供文章或者哪怕是通信稿方面,还是在推销《红旗日报》方面。即使在上海我们也是靠自己的力量通过专门的推销员发售的。"①

关于《红旗日报》的内容,王稼祥说:"社论始终是谈当前党的任务,但由于不仅同工厂,而且同各地区联系薄弱,很难获取关于工厂里发生的事情的信息,这些文章不总是按时送来。但我们尽量提供来自苏区、个别工厂等的消息。"②当雷利斯基提出为什么"《红旗》是党的群众性机关报,只发行1000份并压缩了版面,而《党的建设》纯属党内刊物,却发行2000份"这一问题时,王稼祥的回答是"谁都不想出版《红旗》报,又没有自己的印刷厂,而其他刊物警察局不太了解,私商比较乐意出版。"③从王稼祥的谈话中,我们不难看出当时的中共中央党报《红旗日报》在出版、发行与稿源等方面所存在的困难,停刊已是时间问题。

1931年2月19日,张闻天接替沈泽民,担任中共中央宣传部长,并开始着手负责王稼祥的党报工作。3月2日,张闻天在同共产国际远东局代表雷利斯基的谈话中讲到了中央决定停止出版《红旗日报》,将其改名为《群众日报》继续出版。他说:"《红旗》报每天出版。我们正在采取措施将它的版面扩大。有几个省的消息说,工人们很喜欢我们的报纸,他们怀着很大的兴趣阅读。但也有其他地方的人向我们报告说,由于警察迫害,工人们害怕读这种报纸,要求我们改变报纸的名称。我们讨论了这个问题,并决定积极加以解决。我们决定把这份报纸定名为《群众日报》,停止出版《红旗》报。"④

对此,雷利斯基指出:"我认为,你们关于《红旗》报改名的建议应该是可行的。

① 中共中央党史研究室第一研究部译:《共产国际、联共(布)与中国革命档案资料丛书》第10卷,中央文献出版社2002年版,第51页。
② 同上。
③ 同上书,第53页。
④ 同上书,第160页。

应该尽可能长时间地使《群众日报》避开警察，警察不应知道这是我们的报纸。你们不应在文章中使用'我们共产党人'或'我们中国共产党'或'共产国际'这类词语，要使用更普通的语言。很清楚，我们的政治方针和我们的口号应该全面贯彻执行，不能打折扣。方针和口号应当是明确的。《红旗》作为党报应该继续出版。这份报纸有自己的传统，它为自己赢得了党的战斗机关报的声誉，它应仍然是党的机关报。《红旗》应该尽可能每周出一次，假如不可能，也应该两周一次。该报应该成为指导性的和纯粹党的机关报。"他还特别强调"为广大群众出版《群众日报》"这一问题。他说："我们试一试每天出版。这份报纸完全不涉及党内生活，所有这些问题将在《红旗》报上论述。我们要设法把《红旗》报提到更高水平，把它变成党员和进步的非党积极分子的指导性刊物。"①

从谈话中，可以看出雷利斯基对于中共要停止出版《红旗日报》、刊出《群众日报》的决定提出了自己的看法，认为《红旗日报》要继续出版，可以以周报的形式出版，至于日报就用《群众日报》的名义出版。他还对未出刊的《红旗周报》提出了要求和期望，即认为它"应该成为指导性的和纯粹党的机关报"，希望它"提到更高水平"，"变成党员和进步的非党积极分子的指导性刊物"。很显然，张闻天最终接受了雷利斯基的建议，于3月9日主持创办了《红旗周报》，仍然以中国共产党中央机关报的身份出版，但考虑到严酷的发行环境，改为秘密发行，《群众日报》则以中共中央与江苏省委机关报身份出版，半公开发行。张闻天的这一举措可以说既照顾到了"日报"这一形式，又照顾到了"红旗"这一名称。他将《红旗日报》一份报纸变为两份报纸：《群众日报》和《红旗周报》，其功能也一分为二：《群众日报》肩负对外传播职能；《红旗周报》负责对内党报宣传功能。

在3月2日的谈话中，雷利斯基还提到要求中共将报纸上刊登的文章译成俄文寄送给共产国际以便检阅。他说："请给我们送来你们报纸上文章的译文。我们至今还没有收到过任何东西。如果不可能全部翻译，那就请作简短摘要寄给我们。你们编辑部有几位同志懂外文，你们可以做到这一点。"②对于共产国际的要求，张闻天还是比较遵守的。3月20日，他在给雷利斯基的信中就向共产国际报告了《群众日报》发表的一系列文章的标题，其中有《反对实际工作中

---

① 中共中央党史研究室第一研究部译：《共产国际、联共（布）与中国革命档案资料丛书》第10卷，中央文献出版社2002年版，第161页。
② 同上书，第162页。

的机会主义》(3 月 11 日)、《南京政府在做什么?》(3 月 12 日)、《准备巴黎公社和上海起义周年日》(3 月 13 日)、《工会反对南京政府工会法和工厂法的号召》(3 月 14 日)、《红军在京汉铁路上的胜利》、《反对国民会议》、《蒋胡冲突的意义》、《海员与红军》、《改组派与国民会议》等。从文章标题名称看,是符合 3 月 2 日雷利斯基主张《群众日报》尽量不用"中国共产党""共产国际"等敏感词语的谈话要求的。

综上所述,《红旗周报》与《群众日报》的出版不仅与《红旗日报》陷入出版、发行困境有关外,而且还与共产国际有莫大关联。它们是由当时中共中央尤其是中宣部长张闻天提议,并听取共产国际代表的意见,又经中共中央政治局通过后出版的。

第三节 张闻天与《红旗周报》

1931 年 3 月 9 日,中国共产党中央机关报《红旗周报》正式创刊,于 1934 年 3 月 1 日停刊,历时 3 年。其间,《红旗周报》共发行正刊 64 期,附刊 13 期,初为周报,但经常因印刷厂遭到国民党破坏而不能按期出版,尤其是第 58 期与第 59 期之间竟间隔 5 个月之多。1933 年 8 月 31 日第 59 期出版后,《红旗周报》改为半月刊,但仍然不能按期出版,半月刊实际上变成了月刊。开始,《红旗周报》以报纸的形式印刷,从第 10 期开始改为杂志形式,杂志封皮上不出现《红旗周报》字样,而是以《实业周报》《时时周报》《摩登周报》《佛学研究》《平民》《光明之路》《机联会刊》《现代生活》《新生活》《大潮》《晨钟》《新医药刊》《建筑界》等封面伪装出版。

作为《红旗周报》的主编以及当时中共中央宣传部部长,张闻天在明确《红旗周报》的性质、任务、作用、内容等方面起了相当的主导作用。他个人还撰写了大量的文章,在《红旗周报》上发表,不仅形式多样,而且内容广泛,具有相当的指导性。

对于《红旗周报》的作用,张闻天有明确的认识,即应该充分发挥其作为中共党报在党的工作与群众工作中的领导作用。这不仅符合当时中共中央关于加强党报领导作用的决议精神,也是张闻天党报思想的具体体现。在《红旗周报》的具体编辑过程中,张闻天可以说是严格按照决议精神来发挥《红旗周报》在实际工作中的作用的。那么,张闻天是如何通过《红旗周报》这一平台来指导、推动和组织具体实际工作的呢？笔者认为，有以下几种方式：一是通过刊登中共中央的法令、政策、决议、工作报告、通电、宣言等方式向各级党部和广大工农群众传达中共的想法，指导党的工作和群众工作；二是针对时局的变化和革命的需要，发表一系列社论、时评、短评、论文、译文、随感录、通讯等形式的文章，推动和组织各种具体工作，其中包括抨击国民党内政外交、反对国民党"围剿"、反对日本帝国主义、反对帝国主义进攻苏联、反对法西斯、反对军阀战争、反对机会主义、开展学生运动、发动土地革命、纪念五一和五卅运动、援助工人罢工、发动农民斗争、加强苏维埃政权建设、开展肃反工作、加强宣传鼓动工作、加强党的建设、开展经济建设等；三是经常以编者按语、编者附言、编者附注、编者信、本报启事、通信等方式加强与读者的互动与联系，以便更好地开展工作；四是开设专栏，有目的有计划地组织、领导实际工作，比如从第 24 期起开设"蓬蓬勃勃的中国苏维埃运动"专栏，专门发表大量中央苏区及各地苏区的来电、通讯、通电、宣言、报告、规定、条例、政策、文件、通令、决议，来具体领导中国各地苏维埃运动。

不仅如此，张闻天个人还经常以思美、斯勉、洛夫、洛甫、平江、刘云等笔名在《红旗周报》上发表文章，指导具体实际工作。据统计，他在《红旗周报》共发表文章 76 篇，其中正刊 63 篇，附刊 13 篇，平均每期 1 篇，具体如表 3—1 所示。

表 3—1　张闻天发表在《红旗周报》上的文章名称、期号、时间

文章	期号	时间
思美：《加紧我们对于日常斗争的领导》	第 2 期	1931 年 3 月 16 日
思美：《改组派与国民会议》	第 4 期	1931 年 4 月 6 日
思美：《五一示威游行的准备》	第 4 期	1931 年 4 月 6 日
斯勉：《建立下层统一战线问题》	第 6 期	1931 年 4 月 18 日
思美：《平均分配一切土地及其他——答湘鄂西特委的信》	第 7 期	1931 年 5 月 25 日
斯勉：《苏联少数党的阴谋与第二国际》	第 7 期	1931 年 5 月 25 日
斯勉：《今年的五卅》	第 8 期	1931 年 5 月 27 日
思美：《国民会议后南京政府的中心任务》	第 9 期	1931 年 5 月 31 日
洛夫：《蒋介石第二次围剿计划的失败》	第 10 期	1931 年 6 月 20 日
思美：《国际执委十一次全会总结》	第 11 期	1931 年 6 月 27 日
思美：《论目前政治的形势》	第 11 期	1931 年 6 月 27 日
思美：《今年的红色战斗节》	第 12 期	1931 年 7 月 1 日

文章	期号	时间
思美：《拥护红军胜利反对军阀战争》	第 13 期	1931 年 8 月 1 日
洛甫：《最近重要事件总评》	第 16 期	1931 年 9 月 10 日
洛甫：《希望国际联盟帮助中国无异与虎谋皮》	附刊	1931 年 9 月 28 日
洛甫：《希望美帝国主义的干涉，这等于引狼入室》	附刊	1931 年 9 月 28 日
洛甫：《苏联的反帝主张与反苏联的宣传》	附刊	1931 年 9 月 28 日
洛甫：《无奇不有的国民党的造谣惑众！》	附刊	1931 年 9 月 28 日
洛甫：《尽量的利用公开的活动》	附刊	1931 年 9 月 28 日
洛甫：《反帝运动的主要弱点：主力军还没有完全参加斗争》	附刊	1931 年 9 月 28 日
平江：《国家主义派与国民党》	第 19 期	1931 年 10 月 18 日
平江：《〈社会与教育〉的强硬外交》	第 19 期	1931 年 10 月 18 日
思美：《满洲事变中各个反动派别怎样拥护着国民党的统治？》	附刊	1931 年 10 月 24 日
思美：《满洲事变中各个反动派别怎样拥护着国民党的统治？》（续）	附刊	1931 年 10 月 26 日
思美：《庆祝全国苏维埃第一次代表大会》	第 22 期	1931 年 10 月 30 日
思美：《满洲事变中各个反动派别怎样拥护着国民党的统治》	第 23 期	1931 年 11 月 20 日
洛甫：《满洲事变中苏联的和平政策与反苏联的斗争》	第 23 期	1931 年 11 月 20 日
洛甫：《从申报上研究一个工人斗争的形势》	第 23 期	1931 年 11 月 20 日
洛甫：《国民党南京政府明年上半年的财政预算》	第 24 期	1931 年 11 月 27 日
平江：《满洲事变的展开》	第 25 期	1931 年 12 月 2 日
平江：《为中国民族的独立与解放而斗争》	第 26 期	1931 年 12 月
洛甫：《国民党的秘密外交与大拍卖》	第 26 期	1931 年 12 月
《蒋介石的"救国格言"》	第 26 期	1931 年 12 月
《叛徒顾顺章的"悬赏启事"》	第 26 期	1931 年 12 月
《共产党对于杀人的态度》	第 26 期	1931 年 12 月
《南京政府下令禁止学生赴京请愿》	第 26 期	1931 年 12 月
洛夫：《怎样去领导"上海民众反日救国联合会"？》	第 26 期 附刊	无日期
洛夫：《十三日示威的经验》	附刊	1931 年 12 月 16 日

文章	期号	时间
思美:《蒋介石的下野》	第 27 期	1931 年 12 月 17 日
洛甫:《严密我们的队伍》	附刊	1932 年 1 月 7 日
洛甫:《工厂,工会与罢工》	附刊	1932 年 1 月 7 日
洛甫:《美国的通牒与国际形势》	附刊	1932 年 1 月 11 日
洛甫:《美国通牒对于反革命的"帮助"》	附刊	1932 年 1 月 11 日
平江:《争取革命在数省的首先胜利》	第 28 期	1932 年 1 月 18 日
思美:《取消派内部关于政权问题的争论与我们的主张》	第 29 期	1932 年 1 月 25 日
洛甫:《上海事变中日美的冲突》	第 30 期	1932 年 2 月 15 日
洛甫:《上海事变与中国的统治阶级》	第 30 期	1932 年 2 月 15 日
《革命的士兵与民众联合起来》	第 30 期	1932 年 2 月 15 日
刘云译:《甘地与印度圆桌会议》	第 30 期	1932 年 2 月 15 日
洛甫:《论苏维埃政权与民众政权》	第 30 期	1932 年 2 月 15 日
洛甫:《工厂,工会与罢工》	第 30 期	1932 年 2 月 15 日
洛甫:《斯达(大)林同志的信与反倾向的斗争》	第 33 期	1932 年 3 月 25 日
洛甫:《新的投降与新的欺骗》	第 33 期	1932 年 3 月 25 日
洛甫:《上海事变中的取消派》	第 34 期	1932 年 4 月 1 日
洛甫:《工会中的机会主义领导》	第 35 期	1932 年 4 月 8 日
洛甫:《在争取中国革命在一省与数省的首先胜利中中国共产党内机会主义的动摇》	第 37、38 期合刊	1932 年 4 月 25 日
洛甫:《中国工农红军在进攻中的胜利》	第 40 期	1932 年 5 月 15 日
平江:《烟幕中的"民主政治"》	第 40 期	1932 年 5 月 15 日
洛甫:《论中国革命的工农民主专政》	第 40 期	1932 年 5 月 15 日
洛甫:《论中国革命的工农民主专政(二续)》	第 41 期	1932 年 5 月 20 日
洛甫:《论目前的形势》	第 42 期	1932 年 5 月 30 日
平江:《国民党政府的财政危机与对于民众的加紧剥削》	第 43 期	1932 年 6 月 1 日
刘云译:《印度民众革命的发展》	第 43 期	1932 年 6 月 1 日
洛甫:《红军的胜利与敌人的新进攻》	第 44 期	1932 年 6 月 8 日
洛甫:《庐山会议后国民党的外交政策》	第 45 期	1932 年 7 月 10 日
平江:《论中俄复交问题》	第 45 期	1932 年 7 月 10 日

文章	期号	时间
洛甫:《苏维埃政府怎样为粮食问题的解决而斗争》	第 45 期	1932 年 7 月 10 日
洛甫:《评〈新创造〉的土地政纲》	第 47 期	1932 年 8 月 10 日
平江:《取消派刘镜园的中国经济新论》	第 47 期	1932 年 8 月 10 日
洛甫:《论中国革命的工农民主专政(三续)》	第 48 期	1932 年 9 月 1 日
《再论苏区工会的会员成份(分)并驳锹同志》写编者按语	第 51 期	1932 年 11 月 1 日
歌特:《在走向粉碎四次"围剿"的路上》	第 53 期	1932 年 12 月 10 日
平江:《论中俄复交的实现》	第 54 期	1933 年 1 月 10 日
洛甫:《论苏维埃经济发展的前途》	第 59 期	1933 年 8 月 31 日
洛甫:《二次苏大会的改选运动与苏维埃的德谟克拉西》	第 60 期	1933 年 9 月 30 日
洛甫:《苏维埃政权下的阶级斗争》	第 60 期	1933 年 9 月 30 日
洛甫:《论苏维埃政权的文化教育政策》	第 61 期	1933 年 10 月 30 日
洛甫:《关于新的领导方式——再谈学习领导群众的艺术》	第 62 期	1933 年 11 月 20 日

(资料来源:《红旗周报》影印本、《张闻天年谱》(修订本)上卷)

　　从以上张闻天在《红旗周报》上发表的文章看,其具有明显的两个特点:形式多样和内容广泛。形式多样,包括评论、时评、短评、随感录、译文、论文、编者按语等;内容广泛,则涉及工人运动、学生运动、统一战线、土地政策、国民党内政外交、军事斗争、灾民运动、苏维埃建设、职工运动、满洲事变、上海事变、群众工作、反日运动、整顿党的队伍、粮食问题、国际关系、阶级斗争等各种问题。而这两个特点对于指导组织实际工作都是非常重要的。文章形式多样,有助于作者通过不同的方式来宣传、解释党中央的各项方针政策,增加读者的兴趣和关注度,以便更好地加强对实际工作的领导。文章内容广泛,则有利于各级党部干部、党员和工农群众能够更多方面地了解党的各项工作状况和工作指示、国内外时局的变化情况以及党中央的应对策略,从而更好地发挥党报的领导作用。

第四节　《红旗周报》的特点

　　众所周知,《红旗周报》是在改组《红旗日报》的基础之上创办的,所以两者之间必有内在的联系。1931 年 3 月 8 日,中国共产党中央和江苏省委机关报《红旗日报》停刊,9 日《红旗周报》创刊。中共中央重新将《红旗周报》确立为中国共产党中央机关报,恢复了当初《红旗日报》创刊时的性质界定。但是在创刊号上,《红旗周报》并没有刊登任何类似于"发刊词""编者的话""本报宣言""发刊理由""见面话"等表达自己出刊原因、任务和使命的只字片语。这在某种程度上表明《红旗周报》仍然是在秉承《红旗日报》的发刊使命和相关党报思想的。

1930 年 8 月 15 日,《红旗日报》创刊,在创刊号第 2 版发表《发刊词——我们的任务》,明确指出了《红旗日报》的出版原因、出版任务和性质。《发刊词》称:"本报的出版,绝不是偶然的。这乃是整个中国革命发展所产生的迫切需要。正因为全国革命形势的紧张,阶级斗争的尖锐,一切革命斗争中的策略问题,都需要更敏捷的(地)迅速的(地)给与(予)正确的回答,同时,革命所要求于中国共产党的任务也更加严重。本报出版的任务,不仅是要登载每日的全国的政治事变,传达各地的革命活动,并且要根据着马克思列宁主义的原则,发布中国共产党对革命中各个问题的观点与主张。""在现在阶级社会里,报纸是一种阶级斗争的工具。统治阶级利用一切新闻报纸的机关,来散布各种欺骗群众的论调。""本报是中国共产党的机关报,同时在目前革命阶段中必然要成为全国广大工农群众之反帝国主义与反国民党的喉舌,就在这一点看来,已经决定了本报之伟大的任务。"①

从《红旗日报》发刊词的内容和《红旗周报》创刊后刊登的文章内容可以看出,两者都肩负着"反帝国主义与反国民党"这一历史使命,都坚决执行着"报刊是阶级斗争的工具"这一党报思想。但由于两者创办背景的不同,尤其是中共中央对党报作用思想认识的不同,《红旗周报》还是显示出了一些与《红旗日报》迥然不同的特点。而有些特点也是以往中共党报(比如《新青年》、《向导》周报等)所不曾有的。下面,笔者就简要说一下《红旗周报》的几个显著特点。

一、发挥党报领导作用

《红旗周报》自创刊后,一直在贯彻落实"加强党报领导作用"这一中央决议,并且非常看重"领导"这一作用。在《红旗周报》发表的文章中,有些文章标题就直接以"领导"为题,比如思美的《加紧我们对于日常斗争的领导》(《红旗周报》1931 年第 2 期)、半轩的《应该怎样去领导群众——论群众工作中的一个问题》

---

① 中国社会科学院新闻研究所编:《中国共产党新闻工作文件汇编》下卷,新华出版社 1980年版,第 21 - 22 页。

（《红旗周报》1931 年第 2 期）、禅难的《反帝运动的领导》（《红旗周报》1931 年第 3 期）、华岗的《加紧领导灾民的斗争》（《红旗周报》1931 年第 17 期）、洛夫的《怎样去领导"上海民众反日救国联合会"？》（《红旗》第 26 期附刊）、拓天的《我们怎样领导农民分粮食的斗争？》（《红旗周报》1931 年第 27 期）、洛甫的《关于新的领导方式——再谈学习领导群众的艺术》（《红旗》1933 年第 62 期）等。这些文章的标题直奔"领导"主题，问题意识极强，能够极大地吸引读者的关注和兴趣。它们可以说是《红旗周报》发挥其领导作用最直接的一种方式。

除了利用文章标题外，文章内容和文章形式也是《红旗周报》充分利用的两种手段。《红旗周报》刊登的文章，在内容上非常注重具体性和实际性。而这也是党报指导组织工作的关键之处。它们或实际介绍工人运动、农民斗争、学生运动的发展状况与经验教训，或广泛宣传军事、政治、经济、文化等各种斗争的实践经验，或具体阐述中央苏区及各地苏区苏维埃建设包括政权建设、经济建设、文化教育建设等种种问题，或详细诠释中共中央发布的各种决议、宣言、通电、训令，或辩证分析各地各省乃至全中国的政治经济发展状况，或严厉批评国民党的内外政策与卖国行为，或同步介绍国际上发生的一系列重大事件，或具体考察各国的外交政策以及对中国的行为，或适时纠正中共各级地方党部在具体执行中央政策方面出现的些许失误，等等。在时评、社论、论文、随感录、通讯等众多文章形式中，《红旗周报》更偏重于时评和论文，因为时评既能够贴近现实又能够借此发表评论引导舆论领导民众，而论文则更注重对事件、现象、事物和政策的分析，能够保持一个比较理性的态度，更加正确地影响各级党部干部和广大工农群众，尤其是那些党内重要领导同志撰写的署名论文，其影响更加深远，其指导更有力度，更能凸显党报的领导作用。

从《红旗周报》撰稿人员看，其中有不少是中共党内重要领导人、中共地方省委各部负责人、中央苏区及各地苏区重要负责人。他们分别是博古、周恩来、卢福坦、张闻天、华岗、沈泽民、毛泽东、刘少奇、杨尚昆、于琨、凯丰、康生、王稼祥、应修人、潘汉年、吴亮平、瞿秋白、陈昌浩等。这一现象在《实话》《红旗日报》等中共以往党报上是不常见的，据洪易称："《实话》已经出版十期，红旗日报已经出版很久，中央负责同志只写了两三篇文章，日报的社论更是一篇也没有，其他各级党部负责同志更是没有做过一篇文章。"①《红旗周报》撰稿人这一现象也凸显了中共党内领导同志对它的重视。一定程度上可以说，《红旗周报》比《红旗日报》《实话》

---

① 洪易：《列宁主义与党报》，《实话》1931 年 2 月 7 日第 3 版。

等过去中共党报更好地落实了"全党办报"这一方针,这对加强党报领导工作来说是相当重要的。

二、重视报刊宣传艺术

在阶级斗争激烈的战争年代,报刊的宣传和发行对于一个政党而言是至关重要的。对此,身居其中的《红旗周报》更是深有体会。为此,它发表了大量有关报刊发行、宣传策略、宣传内容、宣传立场、宣传艺术等方面的文章和决议。

其中,《论发行工作》一文,强调了报刊发行在政治斗争中宣传党的革命纲领、批判敌对势力的重要作用。它指出:"我们应该切实的(地)了解:如何才能使布尔什维克的党亲密的(地)团聚起来像一个人一样,绝不疲倦地进行斗争,如何才能强固党扩大党成为无产阶级强的有力的领袖,那我们必须有计划的(地)有系统的(地)传达党的正确政治路线与无产阶级作战的战术与战略。而这一传达工作之经常有效的执行,乃是发行工作严重任务之一。假使不能建立起有系统与有计划的发行工作,则将很难完成完整的布尔什维克党。我们要强固党,要使党能在党外的斗争中表示布尔什维克的坚定性与顽强性,加强党的发行工作,是刻不容缓的百二十万分的必需。"①此外,该文还提出了做好报刊发行工作的具体意见,认为建立全国发行网、健全发行制度是当务之急,特别要加强红色区域内的宣传发行工作,通过发行网给红色区域传达各种信息,打破敌人的封锁。②

石帆(杨尚昆的笔名)的文章《怎样转变我们的宣传鼓动工作?》,则论述了党在宣传鼓动方面存在的一些缺点,例如"没有真正把一般政治口号与部份(分)的群众切身利益要求切实联结起来并及时的(地)转变他们";"以工厂支部为基础的宣传鼓动工作,还没有真正建立起来";"对外宣传与对内教育也应该有很好的配合,对于同志工作的分配,不应当只是命令他去做,而应当训练同志,使同志懂得为什么要如此和怎样去做。对于党的政策和策略应该尽可能的(地)使一般同志有参加讨论的机会,自然这种讨论不应该成为清谈,而应使之与实际工作相连(联)结,得出具体工作的结论,尤其是在支部中应该真正建立起这种布尔塞维克党的生活,以不断提高我党的战斗力量。特别是实际斗争经验的教育更应该加倍的注意,每一个怠工罢工和示威及其他群众革命斗争,都应该抓住作我们分析的对象,得出重要的经验与教训。"文章还强调:"在现时条件之下,党的中央和地方

---

① 《论发行工作》,《红旗周报》1931年第8期。
② 参见《论发行工作》,《红旗周报》1931年第8期。

刊物的作用异常的(地)增长起来,要严厉的(地)克服各种忽视党报工作的错误倾向,党报的内容要有更决定的转变,文章要大大增加具体性,同时要采取一切最有效的办法,来建立并改进党的发行工作。"①

而华岗的《规定口号的艺术》一文,则介绍了"口号"在群众斗争尤其政治斗争中的重要作用以及在规定口号时应注意的一些问题。文章称:"一种口号的提出与规定,对于群众斗争的胜败,显然是极大的关键。口号一有错误或不及时转变,往往会使群众失去斗争目标或混淆斗争的内容,使斗争发生危险,或竟因此成为致命之伤。因此,规定口号的艺术,实可说是我们领导群众艺术之主要前提。"随之,文章列举了在规定口号方面需要注意的五个问题:"第一、口号对于群众斗争既然有如此重大的作用,所以我们要定出口号来,必定要很谨慎的(地)研究总的形势,很明确的(地)估计当时的职任及目的,否则,如果只凭我们主观的想像(象)或根据一些不尽不实之报告,便冒冒失失来规定各种口号,结果往往闹成笑话,犹其余事,有时甚至因此造成种种恶果,不但不能动员群众,而且脱离群众,断送群众斗争。""第二、我们的党是无产阶级的政党,因此,我们提出与规定各种口号,不仅要谨慎的(地)研究客观形势,而且处处要从无产阶级的观点出发。""第三、具体的口号必须在具体的环境中提出来,而不应死死守着一些空洞的原则。""第四、口号不但应当明显,应当是指示职任的集中的整个儿的标语,而且应当要在适当的时机发出。""第五、口号的性质有宣传的口号,吹(鼓)动的口号,行动的口号,最后就变成指令。"②

以上这些文章和决议,一方面是《红旗周报》指导各地党部干部、广大民众以及相关新闻工作者与领导者如何在党中央决议下做好宣传工作的向导,另一方面也是《红旗周报》借此学习宣传策略、改善宣传艺术、注重发行质量的榜样,以及提高自己工作效率、坚定自己政治立场、避免自己犯错误和衡量自己工作能力的标尺。

三、开启党内讨论先河

1932 年 5 月 2 日,《红旗周报》第 39 期刊登了刘少奇以仲篪的名义发表的一篇题为《苏区阶级工会的会员成份(分)》的文章。在文末,编者称该文"是一篇讨论的文章",由此展开了党内对"苏区阶级工会会员成份(分)"这一问题的讨论。

---

① 石帆:《怎样转变我们的宣传鼓动工作?》,《红旗周报》1931 年第 25 期。
② 华岗:《规定口号的艺术》,《红旗周报》1932 年第 31 期。

刘少奇在文章中阐述了他提出"苏区阶级工会会员成份(分)"问题的原因,称:"'建立阶级工会'这一口号,在各苏区都提出来了。但是执行这一口号,首先就要确定加入阶级工会的会员成份(分)。必需(须)是工会的组成份(分)子,尤其是他的领导成份(分),都是真正的无产阶级成份(分),然后才能保证工会的阶级路线的执行。现在各苏区的工会,都发生了这一个问题:那(哪)些人是应该吸收入工会的? 那(哪)些人是应该从工会中洗清出去的? 因为中国乡村中间的复杂情形,和乡村中间许多半无产阶级的成份(分),及苏区土地革命后的情形的变动,把苏区许多同志们的脑筋弄糊涂了,各个苏区的工会对于这个问题的决定不一致。这里我们必须采取严格的态度,来辨别乡村和小的城市中的劳动者那(哪)些是阶级工会的会员成份(分)。"

对此,刘少奇认为:"凡属'以出卖自己劳动力为生活的主要来源'的工人,职员,雇农,苦力,都是阶级工会的会员成份(分),都应加入工会;不管他出卖劳动力的形式怎样(整年整月的卖,或者一天一天一刻钟一刻钟的卖;卖给工厂作坊固定的主人,或者是零碎卖给其他的个人;很多人集体的出卖,或者是散在乡村中个人的出卖。),或者还有很少的自己的工具,作为他出卖劳动力的必需的条件(他有自己的工具,不是为着经营独立的生产,而是为着便于出卖自己的劳动力。因为他没有资本,没有原料,没有地方出卖商品,单有自己很少的工具,还是不能从事独立的生产)。"

他还强调:"清洗一切非无产阶级的成份(分)出工会,这在苏区工会是绝对必需(须)的。但这不是官僚式的决议案所能做到的,这是需要发动广大群众的阶级斗争,彻底去改良工人生活的,深入到群众中去了解各种复杂的情形,进行坚决的两条战线上的斗争,才能够建立真正的阶级工会。从消极方面去清洗,从积极方面来发动群众斗争,是必需(须)相互联系的。而且这是目前苏区工会的经常的工作,在苏区应提出积极的建立手工业者联合会等口号来。清洗小手工业者等出工会的口号,和驱逐 AB 团,富农,老板等反革命份(分)子出工会的口号,是不能摆在一起的。"①

刘少奇的文章发表一个月,一位署名锹的同志就在《红旗周报》第 44 期发表《关于"苏区阶级工会的会员成份(分)"的讨论》一文,点名与刘少奇进行商榷。锹同志在文章中对刘少奇关于"职员也是同样的'以出卖自己劳动力为生活的主要来源',也是阶级工会的会员成份(分),'应加入工会'"、"手工业者联合会"、

---

① 仲簏:《苏区阶级工会的会员成份》,《红旗周报》1932 年第 39 期。

"师父"、"分了土地的雇农"和"中农工人"、"富农工人"以及"小贩联合会"等问题逐一进行了反驳。在"职员"问题上,他认为:"职员不做工只是吃了资本家的饭专门替资本家压迫工人","是工人的死对头","在苏区,资本家经营的厂,职员加入工会,也必然成为资本家的奸细。因为职员大都是资本家的亲信,而且是'先生',地位接近于资本家,思想也必然倾向于资产阶级。他和工人不是一路的人。当然,没收了来的厂,职员不是资本家雇的,而是工厂委员会雇的,那时当然也要组织在工会以内。"

关于"手工业者联合会",他指出:"这里面真正的组成分子就是剥削学徒助手(就是工人)的'独立生产的小手工业者',换句话说就是木匠店老板,裁缝店老板,小规模纺织业老板……等等的联合会。"在"驱逐师父出工会"问题上,他主张不仅要驱逐还要斗争、教育"师父"。对于"分了土地的雇农",他认为有"蜕化成富农,走进了资产阶级的营垒中去"的可能。在"中农工人""富农工人"问题上,他主张:"应该驱逐这些富农而兼手工业主和一般的手工业老板,包工头等剥削者和非无产阶级份(分)子出工会!"而对于"小贩联合会",锹同志则认为其"将要成为富农凭藉(借)着来反对来破坏合作社事业的一个武器"。①

对于锹同志的观点,刘少奇专门在 11 月 1 日《红旗周报》第 51 期发表文章《再论苏区工会的会员成份(分)并驳锹同志》进行了进一步的论述、辩驳和申明,称:"锹同志在这篇文章上从对于中国革命的性质、动力以至具体的策略,都犯了系统的托洛斯(茨)基主义的错误。""锹同志的文章发表后是有影响的。某同志在起草苏区工会组织纲领时,就采取了他许多观点。所以非清楚的(地)将这些错误揭发不可。"②

在刘少奇文章结束的末尾,《红旗周报》编者作了注解,称:"关于这一问题的讨论,下次将登载全总常委所通过的'为工会会员问题给各苏区工会信'作为结论。仲篪同志在这里对于锹同志文章的批评一般是正确的。锹同志偷运托洛斯(茨)基主义的文章,在我们的刊物上就是作为讨论的文章登载也是不应该的。编者没有详细审查,而即给它发表,这是错误的。"③11 月 15 日,《红旗周报》第 52 期刊登全总常委的《为工会会员问题给各苏区工会信》,对"苏区阶级工会会员问题"作了总结和规定。它指出:"必须撤消(销)一切限制工人来加入工会的条件,

---

① 锹:《关于"苏区阶级工会的会员成份"的讨论》,《红旗周报》1932 年第 44 期。
② 仲篪:《再论苏区工会的会员成份并驳锹同志》,《红旗周报》1932 年第 51 期。
③ 《编者注》,《红旗周报》1932 年第 51 期。

一切需要阶级团结的工人任凭他们来加入工会广大的吸收工人,雇农,苦力,雇员及手艺工人的绝大多数来加入工会,对于分得土地的农村工人,有小块土地的雇佣工人及主要以出卖劳动力为生活的半无产阶级的分子,都必须吸收他们加入工会。同时又去组织季候工人,家庭工人临时工和失业工人,并将学徒组织成特别的小组。必须洗刷地主残余,富农,老板,及剥削工人学徒的工头包工头等出工会,不使他们有任何机会混入工会。非雇佣工人的劳动农民也必须退出工会。工会并应积极的(地)参加贫民团,在贫民团内团结一切的贫农。必须反对强迫工人加入工会,加入工会实行完全的自愿制。必须撤消(销)加入工会一切的官僚手续,取消入会金,使工人能够完全不费力的来加入工会。最后,工会必须在领导工人的经济斗争中,拥护工人的切身利益和满足工人一切日常需要的工作中,提高工人觉悟程度与文化水平的工作中,来实现组织工人阶级大多数的任务,使工会成为苏维埃政权最主要的坚强的群众柱石。"①

某种程度上说,《红旗周报》组织的这次党内讨论还是比较成功的。它不仅使党内同志对讨论主题产生了浓厚的兴趣,而且使讨论的思路得到进一步拓宽,讨论的程度得到进一步深化。虽然当时《红旗周报》是在没有认清锹同志政治立场的情况之下登载其讨论文章的,但是《红旗周报》讨论问题的目的却是达到了。《红旗周报》这种讨论问题的方式,与党内民主讨论可谓是异曲同工,其意义是不可抹杀的。

在上海时期,张闻天除了主编《红旗周报》外,还主编了一份中共中央机关刊物《斗争》,作为《红旗周报》的附刊,其目的就是让这两份刊物相得益彰,更好地贯彻和执行党的宣传任务。他不仅亲自为《斗争》撰写文章,还对《斗争》的编辑内容和编辑方向作出过指示,并就某一问题在《斗争》上展开过讨论。1932年2月12日,针对中共临时中央政治局常委会具体讨论的内容,张闻天在会上提出,《斗争》要专门编发一期,"将国际指示具体化放上去","对于兵士、义勇军、罢工、民反、农村等工作都应有几篇文章来反映在《斗争》上。"②张闻天的这一发言基本上明确了《斗争》的编辑内容和以后的编辑方向。10月13日,在张闻天的主持下,《斗争》从第28期起开展了一次关于"反对日本帝国主义承认'满洲国'"这一口号的讨论,其中涉及的文章有曾重的《与同志们来讨论反抗日本帝国主义承认

---

① 《为工会会员问题给各苏区工会信》,《红旗周报》1932年第52期。

② 张培森主编:《张闻天年谱》(修订版)上卷,中共党史出版社2000年版(2010年修订),第108页。

"满洲国"的问题》、《真话报》委员会的《中心口号与空心口号》、郭鹤的《我们要怎样来回答日本帝国主义承认"满洲国"?》、编者的《关于"反对日本帝国主义承认满洲国"的口号的讨论(结论)》等。此次讨论可以说是继《红旗周报》讨论"苏区工会成员成份(分)"后的又一次讨论。它不但使读者认识到"反对日本帝国主义承认'满洲国'"口号的正确性和重要性,尤其是口号对中共动员和团结群众的至关重要性,而且也让读者了解到这一口号的缺点,即明确性不足,没有指明为什么反对。它在很大程度上凸显了口号艺术在宣传、推动和组织群众斗争中的重要性。

1932 年 10 月,随着中共临时中央在上海的处境越来越危险,张闻天在上海的工作也变得越来越艰难,以致无法继续进行地下工作。为此,张闻天提出希望到苏区去工作。张闻天的要求得到共产国际的重视。随之,共产国际作出指示,要求"整个中央首脑机关迁入江西中央苏区"。① 在共产国际的指示下,张闻天踏上了江西瑞金这片红色区域,开启了他在苏区整顿中共机关报刊的工作历程,同时也结束了他在上海主编《红旗周报》和《斗争》的编辑生涯。

---

① 程中原:《张闻天传》(修订版),当代中国出版社 2006 年第 2 版(2007 年重印),第 106 页。

第四章

整顿机关报刊

　　1933 年 1 月,到达苏区后的张闻天,继续担任中共中央常委同时兼任中央宣传部长与中央党报委员会书记。工作期间,张闻天对苏区中央机关报刊进行了整顿和改组,使其更好地发挥党报党刊的领导作用。他将苏区原来出版的《实话》与《党的建设》两份刊物合并,改名为《斗争》(即苏区《斗争》),还将中华苏维埃共和国临时中央政府机关报《红色中华》改组为党团、政府与工会合办的中央机关报,由周刊改为三日刊。张闻天的这一整顿和改组,使中共苏区党报党刊无论从形式还是从内容上都发生了相当大的变化。它不仅是张闻天新闻实践活动的一次重大成果,也是中共党报党刊改革史上的一次重要探索。

第一节　出版苏区《斗争》

　　1933 年 2 月 4 日,中共苏区中央机关刊物《斗争》在江西瑞金正式出版,张闻天担任主编。苏区《斗争》(以下简称《斗争》)从出刊到 1934 年 9 月 30 日因长征而被迫停刊,历时 1 年零 8 个月,共出 73 期。《斗争》的出刊是张闻天在苏区新闻实践活动的主要内容之一。在主编《斗争》期间,张闻天除了将自己在上海编辑党报党刊的经验运用其中之外,还充分借鉴苏区党中央以前办报刊的经验与教训,努力使《斗争》在形式和内容上能够焕然一新,以便更好地发挥其作为党刊的领导作用。

一、苏区《斗争》出刊原因

　　1933 年 2 月 4 日,苏区《斗争》正式出刊,而且一次就出刊了两期。在第 1 期刊头,《斗争》明确标注其为"中国共产党苏区中央局机关报"。而第 1 期头版刊登的《党报委员会的通知》(以下简称《通知》),则向读者介绍了《斗争》出刊的原因。《通知》称:"过去苏区党中央局曾经出版《实话》与《党的建设》两种刊物,但均不能按期出版,而且内容方面还有很多缺点,致不能完成党的机关报的领导作用,现在党中央局决定把这两种刊物并为一种,改名为《斗争》,在内容方面亦力求改良。希望全党同志给与(予)这一刊物以各种帮助。"①从《通知》的内容不难看出,苏区《斗争》的出版主要是为了更好地发挥党刊的领导作用,更好地宣传和执行党的政策、路线和方针,更好地组织和开展党的各项具体工作。这与张闻天在上海期间创办《红旗周报》时的目的是一样的。从某种程度上说,张闻天是凭借他上海办党报党刊的经验,以《红旗周报》和上海版《斗争》为模板来改造苏区党报党刊的。

除了刊登党报委员会的通知外,在同时出版的第 2 期上,《斗争》还发表了中央党报委员会的两则指示和启事。在《把好的模范拿来!》的指示中,党报委员会强调:"中共兴国赣县胜利公略瑞金上杭各县委同志! 我们党报以后不但要批评我们工作的缺点与错误,而且要赞扬我们工作的优点与指出我们工作的成绩。在党中央局紧急动员的号召中,你们在各方面都取得了极大的成绩。我们希望你们很快的(地)把你们在这一时期中的工作经验写出来,告诉全苏区的同志,作为他们工作的模范!"②在《党报启事》中,党报委员会进一步指出:"要使我们的党报变为真正党的领导的机关报,那不但需要党的领导者经常的(地)写些指示文章,而且需要能够真实的(地)反映党的下层的实际情形,也只有各级党部经常把实际的材料,和我们工作的缺点与经验告诉党报,党报才能更具体的(地)起它的领导作用。因此党报希望省委县委区委支部以及全党同志能够经常写成文章做通讯,按(搜)集资料,来供给党报,同党报建立经常的关系。如若在工作中有什么困难时,也可写信给党报,党报一定负责答复。"③党报委员会的这两则指示和启事,不仅规定了党报党刊以后出刊的具体内容和大体方向,而且还向全党同志提出要求,即要为党报党刊多写文章,尤其是多写一些反映基层实际情形的文章,而所有这一切都是基于同一个目的,就是尽最大可能发挥党报党刊具体的、实际的领导作用。

为了发挥党刊的具体领导作用,《斗争》从第 2 期开始到第 10 期,专门推出"自我批评"栏目,发表了一系列批评性的文章,切实地发挥了它的监督功能。在

---

① 《党报委员会的通知》,《斗争》1933 年第 1 期。
② 《把好的模范拿来!》,《斗争》1933 年第 2 期。
③ 《党报启事》,《斗争》1933 年第 2 期。

第 2 期,《斗争》发表了 3 篇署名"炳"的同志写的批评短文:《没有下文的空洞计划》《必须澈(彻)底改造的党的组织的一个例子》和《何等客气的要求!》。它们分别对福建军区政治部的训令、福建新泉县委的报告和福建军区指挥部关于扩红问题等方面进行了评述,提出了一些批评性的意见。在《没有下文的空洞计划》一文中,作者批评道:①

看到去年十月二十七日福建军区政治部发的四号训令,上面曾经说到在三个月内"不但要实现七千红军,而且要超过计划一万五千人",但是一直到现在,我们没有听到下文。

在同一训令上还说到"立即准备半年战费六十万元,以便取得战争的完全胜利把握",而且"分配了十二军等十五万,七师十万等等数目字",但是一直到现在我们没有听到下文。

许多动人的伟大的数目字是决定了,写在训令上计划上了。然而工作也就从此没有下文了。这种空洞的不预备兑现的计划请问有什么用处呢!

然而这样的"伟大"计划,现在竟是经常通行。因为横直这是不预备实现的!

在文章《必须澈(彻)底改造(的)党的组织的一个例子》中,作者首先向读者介绍了福建新泉县委写给闽粤赣省委的报告,指出报告虽然提到新泉县委在发展党员的数量和方式、党员成分、党的组织生活、党的建设等方面存在很多缺点,但是写报告的人"没有提出任何具体的办法"。作者还指出:"党的组织遭到这样,但是县委同志却没有一个人在家,我不知道这些同志到底忙些什么,这种领导方式应该宣告破产了吧!""但我们还不知道省委接到这一报告后,采取了什么具体改造新泉党的步骤,这倒是我们很想知道的。"②而文章《何等客气的要求!》则批评福建军区指挥部在扩大红军方面要求太过宽松,并以反问的语气质问道:"我们要转变我们的一切工作猛烈扩大我们的红军与地方武装,而福建军区的指挥部只要逃兵归队,使游击队单位不要太多!这种指示能动员新泉县委与上杭中心县委为了党的决定而斗争吗?"③

之后,署名"炳"的作者又多次在《斗争》"自我批评"专栏撰写文章,比如《把一切责任放到支部同志身上》(《斗争》1933 年第 3 期)、《硬化的千篇一律的工作报告》(《斗争》1933 年第 4 期)、《吊在空中的两条战线》(《斗争》1933 年第 4 期)、

---

① 炳:《没有下文的空洞计划》,《斗争》1933 年第 2 期。
② 炳:《必须澈(彻)底改造(的)党的组织的一个例子》,《斗争》1933 年第 2 期。
③ 炳:《何等客气的要求!》,《斗争》1933 年第 2 期。

《具体领导在哪里?》(《斗争》1933 年第 8 期)等,俨然将《斗争》当作了督促党的工作和完善党刊具体领导作用的阵地。在《把一切责任放到支部同志身上》一文中,作者炳批评了永定县委领导的工作方式,称:"工作做不通,就说支部同志或群众不好,这原来是自己不负责任的最好办法。但如若上级党部不去想出种种具体办法去动员同志,动员群众,具体告诉同志告诉群众应该如何去进行工作,用种种方法教育他们,说服他们,鼓动他们,却想拿一些命令主义的官僚主义的架子去对付他们,那不但现在的工作做不通,就是忙碌一世也同样做不通的。""在边区一部份(分)党员同志以及群众中失败情绪的存在,这是不成问题的。但党的领导者不是投降这种失败情绪,而是用一切方法鼓励他们,发动他们的积极性,领导他们的斗争,帮助他们解决他们所不能解决的困难,这样来克服这种失败情绪,提高群众斗争的情绪与决心。"作者还强调:"不是每一个支部同志都是十分坚定的布尔塞维克。党的领导者是在教育他们成为布尔什维克,而不是在谩骂他们。骂人是世界上最容易的事,每一个官僚主义者都能在这里表现他们的'天才'!"①

而在文章《硬化的千篇一律的工作报告》中,作者炳批评当下的很多工作报告不仅前后自相矛盾,而且内容大多空洞无物,毫无实际价值。他说:"我想我们要求的是活的报告,不是这类死报告。一切党内外的情形,党必须站在领导者的立场上说话。比如独立团内一个月有二十个人开小差。党就应该告诉我们开小差的原因,党采取了怎样的步骤同这些现象做斗争,斗争之后有了什么成绩,有了什么经验,以后更预备怎样去反对开小差的斗争。只有这样的报告对于我们才有意义。"②

对于如何开展两条战线的斗争,作者炳在《吊在空中的两条战线》一文中,也进行了评述,指出:"喊上几千几万遍的'加紧两条战线的斗争',如若我们不能拿住每一种具体的右的或'左'的机会主义倾向,而与之斗争,指出这种倾向的危险性在何处,它的发展有走到那(哪)里,那有什么用处呢? 空喊两条战线的斗争并不能使这一斗争开展出去,也没有法子教育全党同志真正为党的路线而斗争到底。""'两条战线的斗争'不是什么张天师的符咒,只要你口中念念有词,一切机会主义者的魔鬼就会望风而逃,机会主义者究竟不是魔鬼,而且他比张天师还要聪明些。他一方面也会重复的(地)念着'两条战线的斗争',但同时他又会发表着他的机会主义思想,进行他的机会主义工作。"他强调:"抓住每一具体机会主义

①　炳:《把一切责任放到支部同志身上》,《斗争》1933 年第 3 期。
②　炳:《硬化的千篇一律的工作报告》,《斗争》1933 年第 4 期。

的表现,指出具体的机会主义者,具体的机会主义的内容,而与之斗争,这才是真正的开展了两条战线的斗争。""布尔什维克要真正能够活捉一切机会主义的魔鬼,把他们放在布尔什维克的思想斗争的太阳光底下,使他们原形毕露,而无处藏身。这才是布尔什维克的两条战线的斗争。"①

对于党在领导过程中存在的官僚主义作风,作者炳在《具体领导在哪里?》一文中也进行了揭露。他在批评江西省委给建宁中心县委指示信的基础上,指出:"在这一指示信上什么都有,但同时又是什么都没有。这样的指示信可以油印好之后,发到江西任何一县。这真是官僚主义式的一般的领导的标本。可惜这样的指示信,我们所看到的不止一封!"②

1933 年 5 月 1 日,《斗争》第 10 期以凯丰的《平均主义是具体领导最凶恶的敌人》、小超的《克服锦标主义的革命竞赛》和《好模范!》3 篇文章结束了"自我批评"专栏。凯丰在文章中批评了党在工作领导中所犯的马克思主义庸俗化倾向,指出:"对于具体领导的最凶恶的敌人(这)就是平均主义,有些人不知道每个问题的特殊性,不知道每个人群中每人的需要","这种毫无内容的皮相的形式主义,这种毫无益处的革命的空话,是不能去担负着这样的任务,如像史达(斯大)林同志所说'领导的艺术在于动员和组织尽可能的更广大的群众去执行一定的任务'。"凯丰还强调:"我们的报纸刊物的作用'不但限于散布思想政治教育以吸引政治上的同情者,报纸不但是一个集体的宣传者,并且也是一个集体的组织者。'(列宁)要到达这一目的必须使我们的报纸刊物去适合于群众的需要,铲除皮相的和无内容的形式主义与革命的'空话'。"③

小超在文章《克服锦标主义的革命竞赛》中,强调:"为了加速党的工作,加紧争取战争胜利的动员,在各地运用与开展着革命竞赛的方法,但我们尚没有充分了解其意义,尚没有正确的(地)去运用,相反的,在某些地方或某次竞赛中,陷入了锦标主义的泥坑,完全离开了正确的立场。"那么,正确的立场应该是怎样呢?作者小超认为应该坚持布尔什维克革命立场,指出:"布尔什维克的革命竞赛是怎样?他和庸俗的锦标主义绝对没有相同的地方。布尔什维克的革命竞赛,应该在为迅速执行党的决议和工作的基础出发的,应该保证在每个党员的发动与发展积极性的基础上,应该建立在全支部同志的为党工作及一切给于(予)战争的热忱的

---

① 炳:《吊在空中的两条战线》,《斗争》1933 年第 4 期。
② 炳:《具体领导在哪里?》,《斗争》1933 年第 8 期。
③ 凯丰:《平均主义是具体领导最凶恶的敌人》,《斗争》1933 年第 10 期。

提高上,应该是先进的教育落后的,落后的学习先进的,警惕着自己的落后而更求进步,绝不是为了竞赛而'竞赛'呵!"①

同期,在"自我批评"专栏作者小超还发表了一篇题为《好模范!》的文章,与以往专栏文章不同,此文是一篇正面的典型性文章,是一篇号召向模范学习的榜样文章。文章写道:"全党的同志们! 来学习中央造币厂的支部同志呵,学习他们在群众中的领导。国家企业中的全体工友们! 来学习造币厂的工友呵! 学习他们的劳动热忱,为了供给战争的需要,充分的(地)作(做)了义务劳动,把生产量提到了最高度。"它指出:"每个党的支部,只有学习造币厂支部的样子,真正建立对群众的领导,只有(把)党的决议与任务成为群众的实际行动的时候,才是真正健全的支部,才是今天最需要的领导,(才)真是战胜敌人的真正力量。"最后,文章号召道:"同志们! 把国家企业中的工友的劳动热忱更发展与组织起来,把正在田野间自发着的广大农民的春耕的热情,更发展与组织起来,向着经济的和生产的战线上突击冲锋呵! 配合着党的积极进攻路线的各方面,粉碎敌人大举进攻的胜利就在面前。"②

对于"自我批评"专栏文章涉及的问题,《斗争》编辑称:"我们要求在这里各级被批评到的党的组织,能很快的(地)给我们以确切的回答,到底它们对于所批评到的问题采取了什么具体的办法去纠正了。因为自我批评的目的不是为了自我批评,而是为了党的工作的澈(彻)底转变。"③由此可见,《斗争》设立"自我批评"这一专栏,其目的一方面是为了监督各级党部领导的具体实际工作,另一方面则是为了更好地发挥党刊的领导作用。而这一专栏的设立,可以说既是中共党报党刊改革的一次尝试,也是张闻天新闻实践活动的一次探索。

二、苏区《斗争》特色

与以往中共党报党刊尤其是中共苏区党报党刊相比,苏区《斗争》呈现出了自己独有的特点。

第一,注重对马克思列宁主义的宣传。1933 年 3 月 5 日,《斗争》第 4 期发表尚昆(杨尚昆)的文章《马克思逝世五十周年纪念》,正式拉开了宣传马克思列宁主义的序幕。该文是一篇专门介绍马克思、列宁生平事迹及其思想理论的文章,

① 小超:《克服锦标主义的革命竞赛》,《斗争》1933 年第 10 期。
② 小超:《好模范!》,《斗争》1933 年第 10 期。
③ 《编者》,《斗争》1933 年第 2 期。

对马克思主义和列宁主义的思想内容和重要地位进行了详细的论述,还督促苏区领导多学一些马克思列宁主义思想理论,以便提高自己的思想水平和理论修养。

文章称:"马克思是全世界无产阶级革命的导师,是科学社会主义理论的鼻祖,是第一国际的创始人,他号召全世界无产阶级,坚决一致的向资本主义作残酷的阶级斗争,他指示了全人类最后解放的大道——共产主义社会!""共产党宣言是马克思主义主要原则第一次有系统的叙述,是第一个共产党的党纲,马克思在共产党宣言中指出,经济发展促成了人类社会阶级的分化,一为统治的阶级,一为被统治阶级,而在这两个阶级中,发生经常不断的争斗,所以'一切过去的历史,都是阶级斗争的历史'。""列宁是马克思主义的继承者和向前开展者。列宁主义是帝国主义和无产阶级革命时代的马克思主义。更确切的(地)说:列宁主义是无产阶级革命的理论和策略,特别是无产阶级专政的理论和策略。"所以"研究和学习马克思列宁主义,以马克思列宁主义来武装自己,是全世界各国共产党员的战斗任务,对于马克思列宁主义缺乏彻底的了解,要成为真正的布尔塞维克是很困难的。"

另外,文章还指出:"过去苏区的党内一部份(分)同志,对于理论研究的忽视,这是非常错误的,列宁同志不止一次的(地)说:'没有革命的理论,就不能够有革命的行动','只有受前进理论指导的党,才能够执行他所负的前进战士的任务'。斯大林同志也说:'实行家鄙薄理论的倾向,是违反整个列宁主义精神的,并包含有妨害工作之大的危险'。恰好,布尔塞维克的马克思列宁主义的理论,正为我们队伍中有些'实行家'所鄙视,他们时常用来自夸的,正是他们的'实际工作',以为研究理论,学习理论不是自己的任务,而是'书呆子''学究'的工作,同时还有很少的同志专门研究理论,脱离了实际,很明显这都是违反整个列宁主义的精神,对实际工作确有绝大的危险。我们的理论不仅与实际工作不能分离,而且有极密切的关系。……革命理论之供实际使用,也正是在理论应该答覆(复)实际所提出的各种问题。"最后,文章号召:"每一个党员都必需(须)加紧对马克思列宁主义的学习!我们要以这一锐利的武器去粉碎敌人,粉碎一切对马克思列宁主义的修改和曲解,高举着我们马克思列宁主义的旗帜,为着苏维埃的中国奋斗到底!"①

杨尚昆的这篇文章可以说是《斗争》专门为号召苏区干部学习马克思列宁主义理论而刊载的。之后,《斗争》刊登了大量马克思、恩格斯、列宁和斯大林尤其是列宁的有关文献资料,作为各级地方党部领导干部学习的材料,其内容涉及多个

---

① 尚昆:《马克思逝世五十周年纪念》,《斗争》1933 年第 4 期。

方面,包括党内派别斗争、土地革命、工人运动、民众运动、党的组织建设、革命军队、武装斗争、共产青年团任务、共产主义任务、共产主义道德、科学社会主义理论、红军胜利的条件、扩大红军力量、粮食问题、苏维埃法律与法令、苏维埃政权建设、争取农民群众、游击战争、革命战争方式、革命复杂性、中国革命与欧洲革命的关系等问题。

对于上述文献,《斗争》还配以"编者注",或对文献内容进行解释,或标明登载文献的目的,以加深读者对文献资料的理解和运用。比如,《斗争》第 7 期在发表《斯达(大)林同志给阿勒哈罗维奇与阿里使多夫两同志的覆(复)信——关于给〈无产阶级革命〉杂志编辑部论〈布尔什维克主义历史的几个问题〉的信》的同时,编者作了注解,称:"斯达(大)林同志这两封信给了我们党内关于派别问题的争论,以极明了的解答,斯达(大)林同志给《无产阶级》杂志的信,曾经登载在中央出版局的《为列宁主义的胜利与党的布尔什维克化而斗争》的小册子内,请读者参考。"①

1933 年 12 月 19 日,《斗争》第 39 期刊登《列宁论人民委员会与劳站委员会的工作》一文,介绍了列宁关于苏维埃工作建设思想。在篇首,《斗争》特意邀请吴亮平为其作了注解,称:"下面登载的是列宁致当时人民委员会副主席(当时列宁为正主席)邹罗柏的信。这信恰恰指出我们现在苏维埃机关的工作的主要缺点,所以这信对于我们苏维埃工作的改善,是有极端重要的意义的。"接着吴亮平列举了中华苏维埃共和国临时中央政府机关工作存在的四个方面的缺点:"首先是我们苏维埃领导机关中的'纸上空谈',确实不少";"其次是我们苏维埃机关某些负责人员的事务主义,我们苏维埃机关的好些负责人常常喊'抓不开'";"第三,纸上空谈与事务主义常常与官僚主义不能分开的。因为某些苏维埃机关负责人,忙于空谈与事务,所以对于整个工作的领导与具体工作的检阅,就不能不忽视";"最后关于会议问题。我们苏维埃的某些负责人,常以为会议越多越好,一天到晚开会,以至把自己的中心工作忽视了。"随后,他强调:"总之我们苏维埃的负责人,应该集中自己力量来检查实际工作的执行,倾听群众的意见,以充裕的时间来详细思索主要的工作,而加以切实的(地)领导。这是纠正我们苏维埃机关中官僚主义工作方式的有效方法。"最后,他说道:"我们把列宁这篇文章发表,希望苏维埃工作的负责同志,能加以切实的(地)考虑与执行。"②

---

① 《编者注》,《斗争》1933 年第 7 期。
② 《列宁论人民委员会与劳站委员会的工作》,《斗争》1933 年第 39 期。

　　另外,《斗争》还将列宁、斯大林的某些重要言论、观点以摘编的形式登载在报纸上,用图框圈起以示其重要性。1933年9月5日,《斗争》第25期分别以这种形式摘录了斯大林在马克思主义农业学院演说中的一句话和列宁在《革命军队与革命政府》一文中关于"革命军队任务"的观点。斯大林说:"理论活动不仅仅是跟着实际活动跑,更应该超过实际活动,并且利用理论使为社会主义建设的我们的实践武装起来。"①斯大林的这句话指出了理论与实践之间的关系,即理论来源于实践,是对实践的总结和升华,对实践具有指导作用。而列宁的文章则指出:"革命军队的任务,便是宣布武装暴动,给群众以军事上的领导(这种领导是进行国内战争以及其他战争所必须(需)的)。□□□开的全民斗争的要隘,使暴动波及到邻近区域,保证完全的自由——起先在国家的很小的一块领土上——对日趋腐化的专制制度要开始革命的改造,最广阔的(地)发展下层人民群众的创造力。只有觉悟到了这些新任务,将他们很勇敢地广阔地提出来——只有如此,革命军的队伍才能取得很完满的胜利,成为革命政府的柱石。"②列宁的这段话揭示了革命军、人民群众与革命政府之间的关系,对于当时中国革命具有相当的指导意义。

　　第二,关注地方基层。这是《斗争》的另一主要特点。据不完全统计,《斗争》在其存在期间共发表有关地方基层的文章共46篇,其范围波及全国各省、中共各苏区、地方各县、各地方党支部等。从文章形式上看,既有大量关于地方基层活动的报告、报道和通讯类文章,又有大量中共主要领导人总结地方工作经验与教训的指导性文章以及中共苏区中央相关指示。前者有利于中共中央更好地加深对于地方基层工作的认识和了解,后者则有利于地方各级领导在执行工作时有更多的实际经验可以借鉴,有更多的模范典型可以学习,有更多的工作弊病可以避免。

　　从文章内容上看,文章涉及地方党代表大会、各县代表大会、各县革命工作竞赛、工作报告、扩大红军、支部生活、肃反工作、工人斗争、游击运动、反法西斯运动、活动分子会议、反帝反战代表大会、合作社工作、归队运动、流动训练班工作、苏维埃工作、新区边区工作、工人罢工、春耕运动、职工运动、查田运动等方面,其中既有正面典型报道文章,又有反面批评文章;既有对经验的推广,又有对教训的总结。比如滴八在文章《长汀最近扩大红军所得的经验》中,就介绍了长汀县在扩大红军方面所获得的七点经验:"深入政治宣传,有组织的动员";"党团员领导的积极,妇女有力的突击";"抓紧扩大红军工作中间一切错误作无情的斗争";"充

---

① 《史(斯)大林在马克思主义农业学院演说》,《斗争》1933年第25期。

② 列宁:《革命军队与革命政府》,《斗争》1933年第25期。

分的(地)执行优待红军工作,热烈的(地)慰劳红军";"执行全部的进攻路线来扩大红军";"归队运动更便利于扩大红军";"发扬好的成绩提高革命竞赛精神"。①

李富春在《江西党目前工作的几个中心问题》一文中,指出江西党在工作转变和进步中存在着的主要弱点与缺点就是"非常缺乏群众性,没有学会领导群众的艺术"。他称:"由于我们的工作非常缺乏群众性,使得我们的党还不能真实的(地)具体的(地)了解各地的群众情形,解决群众问题,让党与广大群众密切的联系起来,因此我们的工作,愈到区乡愈是接近群众,愈发生强迫命令群众的现象!"②罗迈在文章《五次"围剿"决战前面江西省的代表大会》中,强调:"四次'围剿'决战中江西党的工作的最薄弱的一环,便是巩固新区边区和发展游击战争的工作大大落后于革命战争的发展。"③谢名仁在《兴国扩大红军的模范》一文中,不仅总结了兴国在扩红方面能够取得成功的原因,而且还分析了兴国在扩红动员中存在的一些弱点。④ 吴亮平在文章《合作社怎样工作——壬田区消费合作分社工作的检阅》中,更是将壬田区合作社工作的经验与教训向读者展示,⑤成为一篇指导地方合作社如何工作的典型文章。

可见,以上《斗争》所刊文章不仅是《斗争》指导、领导和督促地方实际工作的指南,而且也是中共中央各级领导同志了解地方实际情况、制定相关具体政策的途径,更是地方各级党员干部领导和群众学习模范典型的榜样,以及反省自己错误的参照和参与讨论的平台。

另外,对于一些特殊性的文章,例如具有指导性的文章、尚未成熟需要进一步完善的讨论性文章或者重要的地方通讯、报告或决议,《斗争》都会特意编加"编者注""对读者的要求"等,表达其用意和目的,以便引起地方各级领导干部的重视和关注。

1933 年 3 月 15 日,《斗争》第 5 期在发表通讯《闽粤赣省临时代表大会上的革命竞赛条约》之后,加了一个"编者注",称:"我们要求订约的各方面在最短期内把他们竞赛的情形告诉我们。同时我们认为省委必须用极大力量检查,监督,与

---

① 滴八:《长汀最近扩大红军所得的经验》,《斗争》1933 年第 7 期。
② 富春:《江西党目前工作的几个中心问题》,《斗争》1933 年第 27 期。
③ 罗迈:《五次"围剿"决战前面江西省的代表大会》,《斗争》1933 年第 31 期。
④ 参见谢名仁:《兴国扩大红军的模范》,《斗争》1933 年第 32 期。
⑤ 参见亮平:《合作社怎样工作——壬田区消费合作分社工作的检阅》,《斗争》1933 年第 34期。

领导这些条约的完全实现。党报对于竞赛的优胜者亦将给与(予)光荣的奖励!"①很明显,该"编者注"是对此通讯内容后续工作的一个延伸,并对闽粤赣各省委领导在督促革命工作竞赛方面提出了要求。

4月25日,《斗争》第9期发表了罗迈的一篇讨论性文章《健全支部生活的几个中心问题》,并在第13期和第14期将其续完,其内容包括"教育党员""训练干部""支部组织""支部各种会议的内容和开会的方法""支部领导机关应当怎样工作""加紧党员的教育与巩固党的铁的纪律""区委应该怎样指导支部工作"等。为了加大对该问题的讨论力度,《斗争》特刊"对读者的要求",指出:"为得给支部工作的转变定下方向,并供给一些方法,中央局组织部准备以这篇文章作(做)基础来写成一本支部工作的小册子。为得要使这本小册子能真正满足上述的需要,我们要求本文的读者特别是作(做)党的工作的读者,能对这篇文章提出内容上,结构上的批评,并提出修改的意见。所有批评和意见,请寄中央局交罗迈同志收。"②

9月25日,《斗争》第27期在刊登上海通讯《法西斯蒂在中国》的同时附加"编者注",向读者指出该通讯的缺点和研究价值。③ 10月21日,《斗争》第31期在为上海通讯《国际反帝反战代表大会的成功与经过》所加的"编者注"中强调:"各级党部看到这个反帝反战大会经过的材料后,应当立即传达到下层去,发动支部,动员各群众明确——尤其反帝拥苏与互济会等组织,深入群众,做广泛的宣传鼓动,与粉碎五次'围剿'的动员,联系起来。"④12月12日,《斗争》第38期在刊登《云集区归队运动的经验——一个突击队的报告》的同时再次附加"编者注",称:"这是《红星》十八期发来的一个报告。这个报告我们认为确能把工作中的经验仔细写出来。这是值得我们称赞的。希望其他同志能学习这种报告的内容与方式。"⑤12月19日,《斗争》第39期在刊载陈寿昌的通讯文章《万泰工作的转变在哪里?》后又特别加了"编者注",称:"我们认为江西省的边区工作,虽已经有了一些转变,但这种转变直到现在,还是微弱。希望江西省委对于这一通讯有具体的回答。"⑥

---

① 《闽粤赣省临时代表大会上的革命竞赛条约》,《斗争》1933年第5期。
② 《健全支部生活的几个中心问题》,《斗争》1933年第14期。
③ 参见《法西斯蒂在中国》,《斗争》1933年第27期。
④ 《国际反帝反战代表大会的成功与经过》,《斗争》1933年第31期。
⑤ 《云集区归队运动的经验——一个突击队的报告》,《斗争》1933年第38期。
⑥ 陈寿昌:《万泰工作的转变在哪里?》,《斗争》1933年第39期。

　　从上述《斗争》为文章所加的"编者注"内容看,《斗争》或督促领导干部加大工作力度,或鼓励党建工作者开展对文章内容的讨论,或期望有关同志加深对文章内容的研究,或要求各级党部做好对文章的宣传鼓动工作,或希望地方通讯员、报刊作者学习文章的内容与写作方式,或希望有关领导对文章涉及的问题给予答复等,可以说在很大程度上沟通了中央与地方基层之间的联系,加深了两者之间的交流力度。

　　第三,注重宣传苏联经验,传达共产国际的指示。这是《斗争》与过去苏区党报党刊相区别的又一个主要特点。《斗争》的这一特点与主编张闻天的个人留学经历和当时中共中央领导集体理念有很大的关系。在莫斯科留学期间,张闻天就深受苏联模式和共产国际的影响,回国后在思维上面难免存在定势的局限,加上当时从上海迁到苏区的中共中央领导集体对苏联和共产国际的意见也相当重视。所以,作为中共苏区中央机关刊物的《斗争》加大了对苏联革命、建设经验和共产国际相关指示的宣传力度。虽然其宣传的内容和指示,在相当程度上犯了"左"的错误,有些认识和见解并不适合当时中国革命的实际情况,但是其中还是有一些正确的观点和令人鼓舞、振奋人心的事情的,比如苏联社会主义建设的伟大成绩,苏联党的工作方式和领导方式,俄国十月革命经验,党的干部问题,妇女工作的重要性以及共产国际对法西斯主义本质的认识等。它们在加强中共党员、积极分子和人民群众对社会主义和马克思列宁主义的信心,改善地方各级领导干部的工作方式,了解妇女在革命中的地位和作用,增强人民反对法西斯的决心等方面起了相当的引导作用。

　　1933 年 2 月 4 日,《斗争》在其创刊号上发表了杨尚昆的一篇题为《苏联社会主义建设的胜利》的文章。杨尚昆在文章中向读者介绍了苏联第一个五年计划在工业、农业、文化、教育等方面所取得的伟大成就,并分析了其成功的经验。[①] 该文在当时的战争年代很大程度上鼓舞了红军的战斗士气以及为社会主义而奋斗的决心。7 月 25 日,《斗争》第 19 期发表斯大林 1 月 8 日所作的演讲《在不断胜利中前进的苏联》。在演说中,斯大林进一步总结了苏联社会主义建设的成功经验与成功意义。[②]

　　之后,《斗争》又陆续发表了莫斯科通讯《苏联无产阶级新的胜利》(《斗争》1933 年第 32 期)、莫洛托夫的演说《第二个五年计划的任务》(《斗争》1933 年第

----

① 参见尚昆:《苏联社会主义建设的胜利》,《斗争》1933 年第 1 期。
② 参见《在不断胜利中前进的苏联》,《斗争》1933 年第 19 期。

33 期)、莫斯科通讯《苏联文化建设伟大的成功》(《斗争》1933 年第 35 期)、向阳译的《真理报》社论《苏联第二个五年计划第一年上半年计划执行的总结》(《斗争》1933 年第 40 期)、国际通讯《苏联第二五年计划第一年的伟大成绩》(《斗争》1934 年第 53 期)等文章,一定程度上加大了对苏联建设经验的宣传。

对于俄国十月革命的经验,《斗争》也有所涉及。1933 年 10 月 7 日、14 日,《斗争》第 29、30 期接连刊登了张闻天的文章《俄国十月革命的研究》,称:"这是洛甫同志在一九三一年九月为中央宣传部写的《十月革命十四周年纪念提纲》的一部份(分),现在虽是相隔两年,但这一部份(分)依然可用,故特在十月革命十六周年纪念节再发表一次,作为同志们研究十月革命的经验的参考。"①在文章中,张闻天介绍了俄国十月革命成功的经验,包括如何将战争转变为革命,"十月革命与两条战线的斗争""十月革命中多政党的策略"等,并论述了俄国十月革命的三大特点:"列宁无产阶级革命理论的实际应用""革命的转变的胜利"以及"工农联合的特殊形式的无产阶级专政",指出:"十月革命这些特点对于中国的布尔塞维克尤为重要。"②1934 年 8 月 16 日,《斗争》第 70 期转载了 1933 年十月革命纪念节《真理报》社论《群众创造历史》。该社论是一篇论述人民群众在阶级斗争和经济建设中的作用的文章,是对俄国革命经验和苏联建设经验的一次完美总结。它对中共各级领导最大的启示,就是要充分重视人民群众的力量,以身作则密切联系群众,搞好干群关系。

对于苏共在工作方法和领导方式方面的经验,《斗争》也相当重视。1933 年 3 月 5 日,《斗争》第 4 期转载了《真理报》的一篇社论《布尔塞维克的工作方法》。该社论是一篇专门论述苏联共产党具体工作方法与实际领导方式的文章。为凸显该社论的重要性,《斗争》特加"编者注",称:"《真理报》这篇论文可为我们一切组织的工作之指南,我们希望全党同志,首先是负领导工作的同志仔细研究这篇文章,把苏联布尔塞维克的工作方式,领导方式,适当的(地)应用到我们的斗争环境中来,以执行中央早已提出的关于具体领导和转变一切工作的决定,来开展和转变我们的工作,完成摆在我们面前的任务。"③

除了刊登有关苏联经验的文章外,《斗争》还发表了大量共产国际的相关指示、共产国际负责人的文章以及共产国际机关刊物《国际通讯》、《共产国际》上的

---

① 洛甫:《俄国十月革命的研究》,《斗争》1933 年第 29 期。

② 洛甫:《俄国十月革命的研究》(续),《斗争》1933 年第 30 期。

③ 《布尔塞维克的工作方法》,《斗争》1933 年第 4 期。

有关文章,传达了共产国际关于培养干部、宣传工作、建立统一战线、反对法西斯统治、党委会工作、妇女工作、党委员会工作等方面的指示和观点,其中有一些比较"左"的观点,对中国革命和中共党的工作产生了不好的影响,也有一些比较中肯的意见,为中共指明了前进的方向。

在共产国际相关提纲、决议和指示方面,1933 年 5 月 30 日,《斗争》第 13 期发表《关于共产国际及其各支部的宣传活动提纲》一文,对"共产主义宣传的目的与任务""在宣传方面的一般的组织办法""在宣传工作方面,个别支部的组织任务"等内容进行了详细的论述。对于该提纲,《斗争》编者称:"这是一九二四年共产国际五次大会所通过的提纲。虽然近年来共产国际及各支部在宣传工作上比这个提纲中所说的有更大的进步与发展,然而这个提纲的一般指示至今仍然保存其正确性与适时性,因此我们把这个提纲译出来作为我们在宣传工作中的指示。我们希望全党同志研究和执行本提纲中的一切指示,并把它和后来国际和我们党关于宣传决定联系起来。"①8 月 15 日,《斗争》第 22 期刊登了共产国际执委的两项决议《为建立反对法西斯蒂的统一战线告各国工人》和《论德国目前的形势》。

1933 年 12 月,共产国际执委在莫斯科举行第十三次全会。对此,从第 54 期开始,《斗争》进行了详细的报道和论述。1934 年 4 月 7 日,《斗争》第 54 期公布了《反对白色恐怖——共产国际执委会第十三次全会宣言》,并在第 55 期整期报道了该会议的概况及其通过的报告提纲和各项决定,其中包括《共产国际执委十三次全会关于共产国际执委十三次会的通知》、共产国际报告提纲《法西主义,战争危险与各国共产党底(的)任务》、《共产国际执委十三次全会关于召集共产国际第七次世界大会的决定》、《共产国际执委十三次全会关于共产国际执委财政报告的决定》。4 月 21 日,《斗争》第 56 期发表社论《国际十三次全会与中国革命》,从"关于目前形势的估计""关于法西斯蒂和反法西斯蒂的斗争""关于帝国主义新的世界大战""关于实际的革命工作"四个方面论述了共产国际执委十三次全会与中国革命之间的关系。② 同期,《斗争》还刊登了《关于国际十三次全会提纲的决定》。

在刊登共产国际负责人文章方面,1933 年 8 月 15 日,《斗争》第 22 期刊登了共产国际东方部负责人米夫的一篇关于中国革命的文章《中国革命危机的新阶段》,阐述了"国民党统治区域中的工人阶级运动""国民党统治区域中的农民运

---

① 《关于共产国际及其各支部的宣传活动提纲》,《斗争》1933 年第 13 期。
② 参见社论:《国际十三次全会与中国革命》,《斗争》1934 年第 56 期。

动""反帝运动"以及"中国的苏维埃运动"等问题。对此,《斗争》编者在第 23 期续完米夫文章后称:"米夫同志这篇文章发表于一九三三年四月份的《共产国际杂志》,是在我们完全粉碎敌人四次'围剿'以前。米夫同志是共产国际东方部的负责同志,他这篇文章中所指出的许多基本问题,是值得我们党严重注意的!"①

10 月 14 日,《斗争》第 30 期发表了意大利共产党驻共产国际的代表哀尔柯里的文章《论法西主义》。文章论述了意大利法西斯与德国法西斯之间的区别。由于该文的重要性,《斗争》在篇首特加"编者注",称:"本文是意大利共产党驻共产国际的代表哀尔柯里同志在去年国际十二次全会上的演说。在演说中,对于法西主义的实质,法西主义在各国的产生与发展以及反法西主义斗争的经验和教训,都有确切的阐明。现在中国的许多反动派别,首先是蒋介石刽子手的蓝衣社及其机关报,如《晨报》、《社会新闻》等,都加紧宣传法西主义,奉它为中国地主资产阶级反动统治的'救星',极力拿法西主义来愚弄群众,以准备在中国实行更残酷的法西斯蒂的血腥统治。因此,反法西主义的斗争是我们目前的一个战斗任务。哀尔柯里同志的演说,给我们反法西主义斗争一个有力的思想武器。希望我们一切同志仔细研究这篇演说和国际关于法西主义的见解,以开展反法西斯蒂的战斗!"②

1934 年 2 月 9 日,《斗争》第 46 期刊载了共产国际主要负责人曼奴依斯基的文章《改善妇女中的工作!》,称:"这是共产国际主要负责同志曼奴依斯基为去年三八节做的文章。虽然是去年的,但对于今年的三八节仍没有失去它的意义。相反的,由于世界经济危机的深刻化,帝国主义战争危险,特别是反苏联的战争危险的更加露骨,增加了妇女工作的重要性。对于正在革命战争火焰中的中国,尤其重要。所以特为译出发表。"③

对于共产国际刊物上刊登的一些重要文章,《斗争》也经常将其译出发表,用于指导党的工作,帮助党员干部和人民群众认清形势、发现问题和解决问题。早在 1933 年 3 月 25 日,《斗争》第 6 期就发表了一篇译自共产国际机关刊物《国际通讯》的文章《党的干部问题》,讨论了党应该如何培养积极干部分子,如何巩固领导机关的力量,如何加强干部教育等问题。④ 这对于中共来说具有相当的借鉴意义。

---

① 米夫:《中国革命危机的新阶段》,《斗争》1933 年第 23 期。
② 《论法西主义》,《斗争》1933 年第 30 期。
③ 曼奴依斯基:《改善妇女中的工作!》,《斗争》1934 年第 46 期。
④ 参见《党的干部问题》,《斗争》1933 年第 6 期。

1934年1月26日,《斗争》第44期转载《共产国际》杂志文章《拥护苏维埃的中国反对帝国主义的干涉》。文章强调:"共产党应该把中华苏维埃共和国所提出来的口号散布到最广泛的群众中去。共产党应不仅进行鼓动而且要组织积极行动来反对运输军火到中国,开展反英,日,美各帝国主义者干涉的斗争。""工人们要以自己的联盟来对抗全世界资本主义的强盗联盟,把中华苏维埃共和国从中国民众的压迫者和剥削者的手中及把自己从本国的压迫者和剥削者救拔出来,拥护中国苏维埃的事业是拥护世界无产阶级革命的事业。"①该文带有相当的"左"倾关门主义思想。2月2日,《斗争》第45期发表的《国际通讯》文章《关于党委员会的工作》,则指出:"一个活泼与具体的领导,必须以党委员会中正确的分工,和党支部(工厂支部和街道支部)的正确建立方法,为不可少的条件。"②该文在一定程度上为中国共产党在处理中央与地方之间的关系方面指明了方向。

第四,刊登大量中共重要领导人的文章。《斗争》发表的当时中共重要领导人的文章数量之多是以往中共党报党刊所不具有的。《斗争》几乎每期都会刊登一两位乃至三四位中共领导人的重量级文章,作为指导实际工作的行动纲领和方向标。据笔者不完全统计,《斗争》刊登的中共领导人的文章大约有154篇,占全部文章的45%。《斗争》涉及的中共领导人先后有吴亮平、张闻天、杨尚昆、邓颖超、博古、任弼时、罗迈(李维汉)、陈云、顾作霖、凯丰、陈寿昌、李富春、邓发、周恩来、毛泽东、潘汉年、王稼祥、刘晓、毛泽覃、刘伯承、曾洪易、张爱萍、陆定一、刘少奇、董必武、王观澜、瞿秋白、王首道、陈潭秋等人,其中既有掌控全局的党中央主要领导同志,又有负责中央各个部门的领导同志。

在内容方面,《斗争》发表的中共重要领导人文章包括政治、经济、文化、教育、军事等各个方面,具体涉及反对日帝国主义侵略、反对自由主义、反对机会主义、党的具体领导方式、党的宣传鼓动工作、党的组织工作、苏维埃经济文化教育政策、支部生活、红军建设、工人经济斗争、阶级斗争、肃反工作、工会工作、扩红运动、春耕夏耕运动、土地政策、反法西斯、查田运动、检举运动、优待红军家属工作等。

这些党的领导人发表的文章,绝大多数是对自己所负责工作的经验总结和心得体会,也有些是对某一问题发表的看法和见解。它们对党的工作具有相当的指导作用和借鉴意义。比如《斗争》第1期发表的邓颖超的文章《实际为巩固与加强

---

① 《拥护苏维埃的中国反对帝国主义的干涉》,《斗争》1934年第44期。

② 《关于党委员会的工作》,《斗争》1934年第45期。

无产阶级领导权而斗争的检讨》,就明确阐述了中共应该如何巩固无产阶级领导权这一问题。文章称:"我们怎样从实际来为巩固与加强无产阶级领导权而斗争?(一)先决必要的条件,是应残酷无情的(地)打击与肃清忽视无产阶级领导权的观念,向着对职工运动的机会主义,反工人倾向开展无情的斗争。这一斗争,应深入到支部,同时,必须使全党正确深刻的(地)认识巩固与加强无产阶级领导权的重要性,以及如何使他成为实际的斗争。更要教育广大的工农群众,特别是农民只有无产阶级的领导之下,才能保障苏维埃革命的澈(彻)底胜利,才能保障农民的澈(彻)底解放与已得土地革命的利益。""(二)更要从党的发展上,坚决的(地)向工人雇农开门,大胆的(地)引进工人雇农干部并耐心的(地)教育这些干部,使他们真能担任起领导工作,反对形式的引进,各级党部要加强对职运的领导,特别是建立各级工会的工作与成立产业的工会,坚决领导工人的斗争。研究斗争的策略与方式,记着每次斗争的经验,从斗争中,广大的进行文化教育中,兴奋起工人群众的斗争性积极性,把这不断踊起的工人中的积极份(分)子引进到党,苏维埃中来与供给红军。""(三)巩固与加强无产阶级领导权的任务,必须从各方面去执行要具体化与实际化。"①

杨尚昆发表在《斗争》第2期的文章《转变我们的宣传鼓动工作》则是一篇指导党的宣传工作的文章。杨尚昆在文章中首先论述了宣传鼓动对于中共的重要性,称:"宣传鼓动工作,在党的整个工作中,占着极重要的位置。没有深入和普遍的群众宣传,不能在广大群众中鼓舞起热烈兴奋的情绪,要切实动员群众,完成党所提出的任务,是不可能的。"接着他指出苏区中共在宣传鼓动工作方面存在的一系列缺点,称:"过去苏区党的宣传鼓动工作,非常不能令人满意。严格说来,真正的宣传鼓动工作,在苏区内还没有建立起来。""首先摆在我们面前的是宣传鼓动工作的组织系统都还未确立。""至于宣传品的内容,更应引起我们严重的注意,根据我们已经看见的宣传品来说,差不多都是'千篇一律'、'刻板式'的大文章!在这些宣传品里面,我们看不出地方性和它的特殊性,更没有抓住具体事变的中心,提出新的任务和新的口号。……我们的宣传品多是'说教式'的印板(版)文章,完全缺乏活泼而有生气的实际内容。""宣传鼓动工作是需要用各种方式去进行的,我们在苏区内所采用的方式,实在是太简单太狭窄了,而且偏重在文字上的宣传,宣言,传单,宣传大纲,口号,差不多就是工作的全部。活动的宣传,口号的宣传是很少进行的。""对于党所提出的每一个具体口号缺乏具体明白,为每个群众

---

① 颖超:《实际为巩固与加强无产阶级领导权而斗争的检讨》,《斗争》1933年第1期。

所能了解的解释,各级党部大都是'一尘(成)不变'的照例喊喊,群众是否懂得,发生了什么影响,这是根本不管的。"

鉴于上述苏区中共在宣传方面的种种缺点,杨尚昆提出:"这样的宣传鼓动工作,应该立刻澈(彻)底的转变。要经过现有的宣传鼓动工作来动员广大的群众,是十分困难的。关于宣传鼓动工作中许多具体问题,需要作专门的讨论。"为此,杨尚昆指出:"首先,为了要使我们的宣传鼓动工作,经常的(地),有系统的(地)进行,免掉过去'办纪念'发寒热病的现象,各级党部立刻应将宣传鼓动工作的系统建立起来。""宣传品的内容,应该澈(彻)底的改善,千篇一律的宣传品,实际上只是浪费纸头。我们的宣传品必需(须)简单,明了,为广大群众所了解,把握着群众脉息的跳动,鼓励和提高他们的革命情绪。每一种宣传品,都必需(须)有时间性,地方性和充分的鼓动力量。""口头的,活动的宣传鼓动方式应该很广泛的(地)采用起来。宣传鼓动队,要成为经常的组织,它不只是在纪念节应该动员,而且要有计划的(地)在广大群众中进行经常的工作(集体的,个别的)。对于宣传鼓动员应该加以经常的训练,召集宣传鼓动员的会议。把党的一切决议,经过他们深入到广大群众中去。"①

任弼时在《斗争》第 5 期发表的文章《目前党组织上的中心工作》,从"改造和健强支部组织与工作""健强地方党部的组织与领导""群众组织与政府工作"三个方面讨论了党组织如何更好地完善自我、指导地方支部工作与群众工作。② 陈云在其《关于苏区工人的经济斗争》一文中,对党与工会在领导、组织苏区工人经济斗争方面提出了要求,指出:"党与工会必须在工人群众中,详细解释,工人阶级一方面要争取改善自己的生活,另一方面必须把发展苏区的经济,巩固工农经济联盟,巩固苏维埃政权看成工人自己根本解放的任务,要使工人了解不澈(彻)底推翻资产阶级的统治,工人不能解放自己。使争取日常利益的斗争,最密切的(地)与争取革命完全胜利的斗争联系起来。""职工运动中忽视工人经济斗争,忽视改善工人生活的要求与阻止工人积极性的发展的右倾机会主义和经济斗争中的妨碍苏区经济发展的工团主义的倾向,都是与党在苏维埃运动中正确的路线,不能并立。党必须清楚的(地)估计到工人经济斗争中'左'右机会主义是对于巩固与发展苏维埃的莫大的危险。正确的(地)领导工人的经济斗争,在每个斗争中去教育工人,提高工人的阶级觉悟,发展工人参加苏维埃国家建设与革命战争,使

---

① 尚昆:《转变我们的宣传鼓动工作》,《斗争》1933 年第 2 期。
② 参见任弼时:《目前党组织上的中心工作》,《斗争》1933 年第 5 期。

每个工人经济斗争为了巩固工农的联合与无产阶级在这一联合中的领导权,为了苏维埃政权的发展与巩固。"①

吴亮平在文章《纪念五一论红军建设中当前的几个重要问题》中,则主要讨论了中共在红军建设中应该注意的四个问题:"怎样从自愿军役制转变到义务军役制""提高军事技术""对于俘虏兵的工作""干部问题",并认为:"上述问题的很好的解决和'扩大百万铁的红军'(五,六,七,三月即须扩大二万二千)的任务的胜利的实现,是与土地问题的正确的解决,阶级斗争深入的发动,与优待红军条例的澈(彻)底执行密切相联(连)的。所有这些只有在坚决执行党的布尔什维克的进攻路线的条件之下,才能完全的(地)很好的(地)得到实现。"②

从以上文章的内容,不难看出它们在一定程度上对党中央和各级地方党的具体工作起了指导作用,但由于受当时"左"倾路线的影响,文章也存在一些比较"左"的观点和见解,产生了不好的影响。当然,类似的文章在《斗争》上还有许多,在此不再一一列举。《斗争》之所以花如此多的篇幅登载中共重要领导人的文章,一方面是想借这些重要文章来指导党中央和地方各级党部的具体实际工作,发挥党刊的领导作用,另一个方面也是想借此凸显中共领导人对党刊的重视,以及为党刊写文章的积极性。

三、张闻天与苏区《斗争》

作为苏区《斗争》的主编,张闻天为苏区《斗争》的发展作出了相当的努力和探索。从上述苏区《斗争》的出刊原因和特点看,主编张闻天是在努力将苏区《斗争》打造成苏区干部学习马列理论的阵地,监督和激励各级地方党部工作的场所,传达共产国际指示和中共中央各种决议、指示、文献的媒介,总之就是沿着他为《斗争》指定的办刊方向(即发挥党刊的领导作用)发展的。

而张闻天还以身作则,充分利用自己的编辑才能和马列理论知识,在《斗争》上发表了大量论文,以期能够在指导中央及地方工作方面作出自己应有的贡献。据统计,张闻天在《斗争》上共发表文章27篇,内容涉及革命与战争、中共领导方式、土地政策、反对右倾机会主义、反对极左主义、苏维埃经济、苏维埃阶级斗争、苏维埃文化教育、苏维埃民主、苏区改选运动、工农检举等方面,其中既有对时局的分析,又有对中共政策的解释;既有对具体工作的指导,又有对经验教训的

---

① 陈云:《关于苏区工人的经济斗争》,《斗争》1933年第9期。
② 亮平:《纪念五一论红军建设中当前的几个重要问题》,《斗争》1933年第10期。

总结。

在《斗争》第 2、5、20、28 期,张闻天连续以《关于新的领导方式》为题,论述了党各级机关在转变领导方式方面应该注意的问题,以及实行新的领导方式的目的、主要内容和具体表现。张闻天的这篇专题系列文章在相当程度上成为中央及地方各级党部领导机关执行具体工作的向导。张闻天在文章中指出:"新的领导方式,决(绝)不是取消领导,而是在加强领导。要加强领导首先必须把领导的机关健全起来,必须有一个领导的集体,必须把一切重要的问题在这个集体内讨论,决定,然后负责执行。只有这种集体的领导,才能同包办主义,命令主义,事务主义做有力的斗争。"①并强调:"使一般的空洞的领导变为具体的切实的领导,应该是我们党完成目前紧急任务的必要条件。""具体的领导首先要求领导机关更充分的(地)了解下面情形。我们要充分利用我们巡视委员会,工作团,组织团或宣传鼓动队。党必须使这些巡视员与工作同志不是走马看花一般的(地)打听消息,或是找些数目字,而是切实的(地)去了解下面的情形,耐心的(地)倾听下面同志的意见,使党的指示具体化,具体的(地)帮助下面同志执行党的指示。""为了能够充分的(地)了解下面的情形,党的领导机关必须经常的(地)听下级党部的报告。"②

关于新的领导方式的目的和内容,张闻天指出:"新的领导方式的目的,是在加强党的领导,使党真正能够具体的(地)实际的(地)领导下级党部,领导机关内的分工与集体,建立各部工作与巡视制度等等,不过是新的领导方式的'必要的基础'与前提,而并不是目的。""新的领导方式的最主要的表现,不是去看这个县委的书记是不是在家,各部工作人员是多是少,有无开会的议事日程等等,而是要看党在群众中的领导作用,要看党是否能灵敏的(地)反映下面的群众情形,很迅速的(地)解决群众的迫切问题,动员与组织群众来响应党的每一号召。简单的说,新的领导方式的目的,是在使党的支部在群众中能够起它的核心作用,是在使党变成领导最广大群众的党。所以说到新的领导方式,必然包函(含)有党与群众的关系与党怎样领导群众的问题。这是新的领导方式的基本内容。"并称:"细心的(地),耐烦的(地)去说服群众,正确的(地)去代表群众的意识,负责的(地)谨慎的(地)去领导群众:这就是我们新的领导方式的主要内容。"③

---

① 洛甫:《关于新的领导方式(一)》,《斗争》1933 年第 2 期。
② 洛甫:《关于新的领导方式(二)》,《斗争》1933 年第 5 期。
③ 洛甫:《关于新的领导方式(三)》,《斗争》1933 年第 20 期。

关于党应该如何领导群众这一问题,张闻天提到:"没有群众的宣传鼓动,我们就没有法子去说服群众,没有法子说服群众,那结果还是只有强迫命令之一法。""要说服群众,除了群众的宣传鼓动之外,还应当在实际上来解决群众中所发生许多困难问题。""在每一宣传鼓动之后,在说服群众的过程中,我们必须善于组织群众。""为了要能够很好动员群众,我们必须利用每一个过去的经验,研究这些经验,把这些经验来普遍的应用。"最后,他强调:"把每一新的经验,每一具体的动员群众的办法告诉同志,发挥同志们的积极性与创造性,开展布尔什维克的自我批评是我们学习领导群众艺术的主要方法之一。"①

1933年3月15日,张闻天以洛甫的名义在《斗争》第5期上发表文章《热河的失守与蒋介石的北上》。该文是一篇分析当前国内时局与国民党举动的论文,称:"蒋介石的北上绝不会放松他对于中央苏区的大举进攻。对于帝国主义的投降出卖与对于苏维埃红军的积极进攻,是地主资产阶级的国民党不能分离的任务。蒋介石北上的卖国勾当正是为得要取得帝国主义的帮助,消灭抗日的民族革命战争,以便更有力的(地)来进攻苏区与红军。另一方面蒋介石的北上,也是宁粤协作计划的具体实现。依照广东福建国民党军阀所提出的'长江计划',即是蒋介石北上抗日,而广东与福建军阀则共同担任消灭苏区与红军的任务。"②

之后,6月15日,张闻天又在《斗争》第15期发表了一篇时事评论性文章《华北停战协定签订之后》。文章宣称:"华北停战协定的订立,不过是国民党'一面抵抗,一面交涉'的卖国政策初步的结论,是国民党中央一贯来的'已定方针'!""华北停战协定的签订,决(绝)不是说日本帝国主义将停止它对于中国的军事行动。""华北协定的签订,更告诉我们,英日联合共同瓜分中国的计划已得到了更进一步的实现,平津的成为缓冲地带与中立区,是在英国直接调停之下成功的。""华北停战协定的签订,引起了全中国民众,东北义勇军与抗日士兵的最大的愤怒。""华北停战协定的签订,不但不能巩固国民党的统治,而且使国民党的统治更加动摇起来了。"

文章最后总结道:"自华北停战协定订立之后,国民党的统治是更为动摇了,他对于苏维埃与红军的进攻也更加困难了。这一形势的变动是有利于我们的。但是国民党正在拼死的(地)挣扎着,而且自华北停战协定签订之后,帝国主义在华的势力,无疑的是加强了,他对于中国革命的危险,也更其增大了,在这一形势

---

① 洛甫:《关于新的领导方式(四)》,《斗争》1933年第28期。
② 洛甫:《热河的失守与蒋介石的北上》,《斗争》1933年第5期。

之下,我们党的任务,是在更有力量开展反对帝国主义的斗争,在反对日本帝国主义并吞华北,反对卖国的华北停战协定,反对帝国主义瓜分中国,保卫中国领土的完整的口号之下,经过最广泛的群众下层统一战线,动员全中国的民众,为中国民族的独立解放而斗争。"①

而在《斗争》第10期,张闻天发表的文章《五一节与劳动法执行的检阅》,则是对苏区中央政府劳动法执行情况的一次经验总结。文章称:"自从中华苏维埃共和国中央政府颁布劳动法以来,差不多快要一年半了。在这一年半内,由于劳动法的部份(分)的执行,工人的生活是部份(分)的(地)改善了,工人的积极性是大大的(地)提高了。然而这一年半的经验同时告诉我们,这一为了大都市大生产所订立的劳动法,在经济上比较落后的苏维埃区域内,是不能完全机械执行的。一年半的经验,要求我们的党与苏维埃政府用十分审慎的态度来解决我们在执行劳动法中所遇到的各种困难问题,使劳动法的执行更能够适合于我们目前的环境与需要。"并指出:"劳动法的执行,决(绝)不能与整个苏维埃政权的利益相抵触。""劳动法的执行决(绝)不能使我们苏区的经济衰落,发展我们苏区的经济是目前的中心任务。""在劳动合作社内,劳动法的执行,更不能不有变通的办法。"最后,文章强调:"一年半来在为劳动法的斗争中,使我们得到了不少的经验,使我们更能够根据于实际情形修改与补充我们的劳动法,使劳动法更能顺利的执行。在乡村中农业工人应该有农业工人专门的劳动法,对于沿门卖工者的学徒,应该有单独的学徒保护法令。劳动法本身也应该有很多的修改,这种新的劳动补充法令的订立与旧的劳动法的修改,不但不会引起工人的不满意,而且更能够引起工人对于党,工会与苏维埃的信仰。"②

1933年8月12日,《斗争》第21期再次发表张闻天的文章《二次苏大会的改选运动与苏维埃的德谟克拉西》。该文是一篇专门论述苏维埃政权民主建设的文章,其中涉及如何引导、说服与教育群众使用自己的权利,怎样反对官僚主义作风,如何辩证地看待民主与专政之间的关系等内容,对当时苏区政权建设起了相当的指导作用。文章指出:"我们的苏维埃政权,是在无产阶级先锋共产党领导之下的工农民主专政,因此苏维埃的德谟克拉西的中心任务,是在吸收最广大的工农群众参加政权,教育他们自己管理自己的国家。""苏维埃政府中的领导者,大多数是我们的同志,那种对于群众的强迫命令的工作作风,对于苏维埃德谟克拉西

---

① 洛甫:《华北停战协定签订之后》,《斗争》1933年第15期。

② 洛甫:《五一节与劳动法执行的检阅》,《斗争》1933年第10期。

的发展,实是最大的妨碍。苏维埃的领导者对于群众的工作方法,主要的还是引导,说服与教育。我们决(绝)不能使苏维埃同群众隔绝或对立起来。在每一具体工作中,苏维埃的领导者必须表示出他是群众的导师与先锋队。"并强调:"要不怕麻烦的在各种会议上,在群众大会上,把一个问题解释得十分清楚明了,使每一个普通的工农都懂得。而且在工作的过程中,不断把事变的经过给群众解释,使群众更能从实际经验中了解党与苏维埃政府所提出的问题的正确。只有这样,我们才能吸收最广大的群众参加苏维埃的工作,才能说无产阶级的先锋队经过了苏维埃在群众中起了领导的作用。"

文章还指出:"我们在反对官僚主义的斗争中,首先必须利用一切官僚主义的事实向群众解释官僚主义的罪恶,告诉他们官僚主义同苏维埃政权是根本不相容的,使群众了解什么是官僚主义,使他们参加反对官僚主义的斗争,并且积极的(地)来参加苏维埃工作。""在反对官僚主义(反对贪污腐化也是如此)的斗争中,苏维埃的领导者必须使苏维埃的公民学习使用他们的召回权与改选权。"并称:"苏维埃的权力的使用与德谟克拉西的发展,是密切的互相联系着的,是不能分离的整体。在对于地主资本家富农以及一切反革命分子,他特别明显的(地)表现了他的权力的一面,对于最广大的工农群众,则是最大限度的(地)发展德谟克拉西,但即使在使用权力时,它决(绝)不放弃德谟克拉西,在发展德谟克拉西时,也决(绝)不放弃权力的使用。因为只有这样,才能使群众热烈的(地)参加政权,使苏维埃政权变为最广大的群众的政权,最坚固的不可动摇的政权。"①

9月15日,《斗争》第26期又刊登了张闻天一篇题为《论苏维埃政权的文化教育政策》的文章。在文章中,张闻天论述了苏维埃文化教育政策与国民党文化教育政策的区别,文化教育对于苏维埃社会建设的重要性,以及培养知识分子的必要性。他说:"同国民党政权的文化教育政策完全相反,苏维埃政权的文化教育政策,是在使每个苏维埃公民受到苏维埃的教育。这种教育不是在愚弄民众为剥削阶级服务,而是在启发民众,使民众为自身的解放而斗争。这种教育决(绝)不是封建时代的教育,不是资产阶级的教育,而只能是无产阶级的教育,即是马克思与列宁主义的教育,即共产主义的教育。因为只有马克思列宁主义,才能武装我们的头脑,使我们为中国工农民众的最后解放而斗争,并且使我们的斗争能够得到胜利。"

他还提到:"不站在马克思列宁主义的立场上来提高工农群众的文化程度与

---

① 洛甫:《二次苏大会的改选运动与苏维埃的德谟克拉西》,《斗争》1933 年第 21 期。

政治水平,使他们能够运用各种科学、技术及管理的工具,苏维埃社会的建设是不可能的。""在我们苏维埃国家内,文化教育的发展是为了工农群众更好的(地)管理自己的国家,建立苏维埃的新社会。"并认为:"以共产主义的教育去广泛的(地)教育苏区内成千成万的工农劳苦群众,是革命战争的胜利,苏维埃政权的发展与巩固的必要的保障。同时必须在这种普通教育的基础之上,创造工农,尤其是工人阶级自己的政治上的,军事上的,经济上的以及文化教育上的较高的专门人材(才),以供给革命战争以及苏维埃的各方面建设的需要。我们必须毫不迟疑的(地)说:革命战争的开展,以及苏维埃各方面的建设,要求我们造成我们自己的知识分子,尤其是工人知识分子。"①

张闻天的上述文章对于当时中共苏区中央、苏区地方各级党部领导在转变领导方式、掌握领导艺术、了解时局看清斗争方向、执行中央具体政策、重视苏维埃政权民主建设和文化教育建设等方面起了相当大的指导作用。但由于受当时"左"倾路线的影响,张闻天发表在《斗争》上的某些文章也加深了中共中央"左"的错误,比如《在革命与战争的前面》(《斗争》1933 年第 1 期)、《什么是罗明同志的机会主义路线?》(《斗争》1933 年第 3 期)、《罗明路线在江西》(《斗争》1933 年第 8 期)、《火力向着右倾机会主义》(《斗争》1933 年第 17 期)等。不过,1934 年 4 月,广昌战役的失败,加上张闻天与博古之间矛盾的逐步激化,使张闻天对"左"倾冒险主义错误的认识进一步加深和觉醒。7 月 10 日,《斗争》第 67 期发表的张闻天的文章《反对小资产阶级的极左主义》就是张闻天开始摆脱"左"倾束缚的标志。

综上所述,《斗争》在一定程度上可以说既是张闻天凭借自己所长宣传理论知识、解释政策方针的平台,又是他指导地方基层党部机关执行工作的阵地,也是他传播自己建设经验、总结斗争教训的场所,还是他从陷入"左"倾泥淖到逐步摆脱"左"倾束缚的见证和记录。

第二节 改版《红色中华》

到达苏区的张闻天,除了主持创办苏区《斗争》外,还主持改组了已在苏区出版一年多的《红色中华》,将其性质由中华苏维埃共和国临时中央政府机关报改为

---

① 洛甫:《论苏维埃政权的文化教育政策》,《斗争》1933 年第 26 期。

中央苏区中央局、中国共产青年团苏区中央局、中华苏维埃共和国中央政府、中华全国总工会苏区执行局合办的中央机关报,由七日刊改为三日刊,内容和形式也发生了变化,使其能够更好地发挥领导苏区苏维埃运动、宣传中央政府政策方针、指导革命根据地建设、组织民众革命运动、动员农民支援前线等职能。

一、改版原因

1933 年 2 月 4 日,《红色中华》第 49 期刊登了中共苏区中央局、少共苏区中央局、中华苏维埃中央政府和全总苏区执行局于 1 月 27 日联合颁布的《特别通知——关于红色中华的通讯员问题》(以下简称《通知》)。《通知》明确指出《红色中华》改版的原因、内容和要求。《通知》称:①

为着适应目前日益开展的革命战争的需要,为着加紧对全国苏维埃运动的指导,尤其是在粉碎敌人的四次"围剿"与大举进攻的紧急动员中,为着更扩大与深入政治动员,我们认为健全我们的机关报——红色中华——是极端必要的,我们决定:

一、改红色中华为党团政府与工会合办的中央机关报

二、改红色中华为三日刊

三、改善红色中华的内容与形式

为了使这次红色中华的改造得到实际的成果,为了使今后的红色中华真真能成为苏维埃运动的(指)南针,并加强其在战争动员中的领导作用,除红色中华本身内部的改造外,必须建立良好的通讯网与发行网,因此,首先我们责成省与县一级的地方党团政府与工会及红军总政治部与各军区政治部,各选定一个同志为红色中华的通讯员,他的主要任务是:

一,搜集各种实际工作材料与消息(如战争胜利,扩大红军,揭发官僚主义,苏维埃建设,工人运动等)

二,经常把搜得的材料消息做成通讯稿寄来。

三,组织与教育在他领导下的工农通讯员,发展通讯网到下层群众中去。

四,帮助报纸的推销,建立代派处与推销处。

五,建立读报小组,争取广大的读者。

这一通讯员,须是实际的,而不是挂名的。选定之后,应立即进行工作与红色中华社立刻建立直接通讯关系(请寄瑞金叶坪红色中华社沙可夫)

---

① 《特别通知——关于红色中华的通讯员问题》,《红色中华》1933 年 2 月 4 日第 4 版。

从《通知》的内容,我们不难看出《红色中华》改版的原因主要是出于革命战争和政治动员的需要。当时正值蒋介石国民党政府开始向中央苏区红军发动第四次"围剿",对于中共苏区中央局而言,战争迫在眉睫,反"围剿"成为必然。要想取得战争的胜利,除了做好军事斗争外,战争动员与战时舆论宣传也非常重要。而战争动员和战时舆论宣传的好坏,则取决于中共中央机关报是否尽责,是否充分认识到自己的这一职能。为了帮助《红色中华》尽快担负起它的职责,中共苏区中央决定改组《红色中华》。

另外,从《通知》中,我们也可以看到,为了使机关报《红色中华》更好地发挥其在战争动员、苏维埃运动中的领导作用,使它的改版达到预期的效果,《通知》不仅标明了《红色中华》改版后的性质、内容与形式,而且还强调了建立通讯网与发行网的必要性,并对通讯员的工作提出了具体要求,指出他们所要承担的任务。

作为当时中共苏区中央常委、中央宣传部长和中央党报委员会书记,张闻天对《红色中华》的改版相当重视,有关改版的事宜基本上都是在他的主持之下进行的。同苏区《斗争》的出版一样,《红色中华》的改版是张闻天贯彻自己关于加强党报领导作用这一新闻思想和列宁党报思想的又一次尝试。张闻天希望通过这次改版,能够使《红色中华》更好地发挥其宣传者和组织者的作用。改版后的《红色中华》,先后由杨尚昆、沙可夫、谢然之、瞿秋白等人担任主编,而他们都是直接在张闻天的领导之下工作的。

二、改版后的特点

改版后的《红色中华》,无论从性质、宗旨、形式还是内容上看都发生了一定的改变,让人耳目一新。从性质上看,《红色中华》由原来的中央政府机关报改组为党团政府与工会的联合机关报,其归属部门由一个变为多个。《红色中华》性质的改变有利于党政团工四个部门领导干部加大对它的重视力度,有利于《红色中华》在开展工作方面能够得到更多部门的支持,在编辑、报道、出版、发行、稿件来源等方面能够变得更加顺利,能够更好地执行其组织、领导作用。

从宗旨上看,针对当时的革命环境,改版后的《红色中华》进一步明确了其战争动员这一宗旨。与创刊时的宗旨相比,该宗旨更加贴近实际情况,更加符合《红色中华》当时的责任。1931年12月11日,《红色中华》正式创刊。在其创刊号上,《红色中华》刊登了它的《发刊词》,标明其发刊的宗旨。《发刊词》称:"它的任务是要发挥中央政府对于中国苏维埃运动的积极领导作用,达到建立巩固而广大的苏维埃根据地,创造大规模的红军,组织大规模的革命战争,以推翻帝国主义国民党的统治,使革命在一省或几省首先胜利,以达到全国的胜利",其具体工作有:"组织苏区广大工农劳苦群众积极参加苏维埃政权"、"指导各级苏维埃的实际工作,纠正各级苏维埃在工作中的缺点与错误"、"尽量揭破帝国主义与国民党军阀及一切反动政治派别进攻革命欺骗工农的阴谋,与反动统治的内部冲突崩溃,及一切政治内幕,介绍苏区非苏区红军斗争,工农革命运动的消息,使工农劳苦群众,懂得国际国内的政治形势,与必要采取的斗争的方法,而成为扩大苏维埃运动的勇敢的战士"。①

从《发刊词》的内容,可以看出《红色中华》创刊时的宗旨主要有三个:领导苏维埃运动、指导苏维埃政权建设和揭露反动势力的政治阴谋。1933年2月4日,《红色中华》决定改版。在其第49期发表的《特别通知——关于红色中华的通讯员问题》中,它在肯定自己创刊时宗旨的基础上重新更新了宗旨的内容,即增加了"加强其在战争动员中的领导作用"②这一点。

从出刊时间上看,改版后的《红色中华》由周刊变为三日刊,从1934年2月12日第148期起又变为二日刊,报纸的发行周期大大缩短,接近于日报性质,这有利于苏区广大干部和群众能够更加及时了解国内外重要事件,迅速掌握党中央政府颁布的政策、方针和决议。

从栏目设置上看,改版后的《红色中华》也有所调整。与前49期的栏目相比,《红色中华》保留了社论、专载、专电、要闻、中央苏区消息、临时中央政府文告、苏维埃建设、苏维埃法庭、来件、红板、特约工农通讯等原有的栏目,增加了铁棍、铁锤、无产阶级的铁锤、漫画、插画、红角、党的生活、赤色战士通讯、小常识、时事小志、警钟、红色小辞典等新的特色栏目。

其中,"铁棍""铁锤""无产阶级的铁锤"栏目,主要刊登一些批评性的小短文,批评对象涉及中央、地方各级党政部门领导同志、广大群众士兵和反革命势力,内容包括批评苏区地方政府机关某些领导的官僚习气、贪污浪费、玩忽职守等不良作风和不法行为,监督工农兵群众中个别存在的怕死、畏惧战争、临阵脱逃等不好的现象,揭露反革命分子的破坏活动;"漫画"与"插画"的内容也相当丰富,包括国内外重要时事、红军胜利的成绩、日军侵华活动、帝国主义对中国的瓜分和奴役、国民党的白色恐怖活动、国民党的卖国政策、法西斯罪行、战争与失业、扩红运动、春耕秋收运动、苏维埃选举运动、反对贪污浪费、优待红军家属、粮食突击运

---

① 《发刊词》,《红色中华》1931年12月11日第1版。
② 《特别通知——关于红色中华的通讯员问题》,《红色中华》1933年2月4日第4版。

动、检举阶级异己分子等;"红角"栏目,则主要"登载各种短篇文字,如文艺小品(讽刺,警句,小诗等)和某种事件或名词的说明以及识字课等";①"党的生活"栏目,则"专载各地共产党的活动——领导,组织和鼓动群众参加革命战争的实际工作情形",刊登"一切关于党的发展,工作方式支(部)生活及党内重要任务在下层的反映";②"赤色战士通讯"则主要报道前线红军的战斗状况、红军的英雄事迹、前线战役纪实"战争环境中的查田运动""在革命与战争的环境中国民经济部的中心工作""瑞金经济动员的检阅""红军扩大新战士"等内容;"小常识"栏目则向读者介绍一些日常的宣传、公共建设、医学知识,比如"不要用颜料写标语""修路和灌溉事业""天花预防法""预防脑膜炎""土红与毛边纸可做覆(复)写纸";"红色小辞典"栏目则向苏区群众解释一些国家名称、城市名称、货币名称、地理概念、会议名称、条约协定名称等,以此来开阔苏区人民的视野,增加他们的知识量。以上这些新增的特色栏目,改变了以前《红色中华》严肃、呆板的形象,让它变得更加通俗、生动和多样,很大程度上提高了读者阅读的兴趣和《红色中华》的发行量。

从内容上看,改版后的《红色中华》在紧急战争动员、培养通讯员、注重吸取读者建议方面有了相当大的改进。在紧急战争动员方面,面对国民党政府第四次和第五次的"围剿"行动,《红色中华》发表了大量的社论文章,其中包括精神动员、政治动员、思想动员、军事动员与经济动员,内容涉及动员民众参军、支援前线,揭露国民党政府的反动统治,宣扬红军的胜利成果,阐述中央进攻路线的正确性,号召扩大红军、加强地方武装力量,批评所谓的"右倾机会主义的逃跑路线",要求加紧肃反工作,鼓动征集粮食、供给红军,加快春耕夏耕秋收的进程等。

在培养通讯员与通信员方面,《红色中华》发表大量文章、通知、启事,指导中共各级党组织如何培养通讯员,确定通讯员的具体工作任务,督促地方党部尽快完成指派通讯员任务,指导各级通讯员如何写好通讯,批评通讯员工作中出现的缺点,征求通讯员踊跃参与实习,动员通讯员积极向报社投稿,号召每个区广泛征收工农通信员,教导通信员如何工作,如何处理与编辑之间的关系,等等。

在注重吸取读者建议方面,改版后的《红色中华》也有了相当大的进步。在《红色中华》决定改版前一期(即第48期),《红色中华》在通讯专栏发表了一篇署名"斗人"的读者写来的一封信,信中提到《红色中华》应该办一个副刊。它说:"红中应该有个副刊他的主要任务:(一)应用革命的艺术,文艺力量,作(做)宣

---

① 《读者注意》,《红色中华》1933年4月17日第4版。
② 《编者后记》,《红色中华》1933年7月23日第5版。

传,鼓动,(二)提高工农群众的艺术与兴趣,创造苏区工农文艺,开始培植真正无产阶级艺术的干部,(三)成为苏区所有艺术组织(如工农剧社等)的理编(论)上的领导者和批判者。他的内容:(一)短评(政治的艺术的批评)(二)文艺(短篇小说,戏剧诗歌,生活片段……等等)——这个不是平淡、开心的玩意儿,应该是鼓动群众斗争决战,如苏联的《十月》那样的作品,(三)通信讨论,突击图画等的游击队,地方斗争,和战场上找材料,一定办得好。"①

对于"斗人"读者的这一建议,改版后的《红色中华》相当重视。1933 年 3 月 3 日,《红色中华》第一次刊出副刊,即"三八特刊",与第 57 期一起出版发行。该副刊以"三八"妇女节为主题,发表了 2 篇诗歌:时英的《纪念"三八"》和月林的《欢送红色战士去前方》,1 则活报剧本:沙可夫的《三八纪念》,1 篇论文:然之的《苏联的新女性》,3 幅绘画:《工农妇女起来参加革命战争!》《充分经济动员起来!》和《反对封建压迫》。该副刊在一定程度上说还不够成熟,总共只有两个版面,也没有明确的刊名,只能算是《红色中华》文艺副刊的雏形。

为此,4 月 23 日,伴随着《红色中华》第 72 期的出刊,《红色中华》社正式刊出它的文艺副刊,并将其命名为《赤焰》。它在《写在前面》中向读者介绍了红色中华社出版副刊的经过、缘由和要求,指出其出版副刊《赤焰》,目的就是为了繁荣苏区文化,调动工农群众创作文艺的积极性,用文艺鼓动工农大众参与革命运动,以便更好地为战争动员工作、为苏维埃运动服务。②《赤焰》第 1 期以五一劳动节为主题,发表了诗歌《到处是赤焰——纪念今年的"五一"》,沙可夫的剧本《我们自己的事》,歌曲《"五一"斗争曲》,然之的韵文《怒吼呵,劳动大众——上海"五一"示威游行曲》,并配以 3 幅插画:《失却的只是锁链》、《全世界无产阶级联合起来》和《上海"五一"示威游行曲》。

之后,《红色中华》又于 1933 年 5 月 30 日与 8 月 1 日推出两期《赤焰》,分别为"五卅"纪念专号与"八一"纪念专号,此后再没出版,也就是说《红色中华》共出刊过 4 期副刊,其中副刊《赤焰》3 期。在"五卅"纪念专号,《赤焰》发表了思凡的诗《八年间》,冥冥的剧本《"抗日"喜剧》和津岛的小说《兄弟不打兄弟》。在"八一"纪念专号,《赤焰》刊登了识云的诗《我们的斗争日》,韩进的独幕剧《揭破鬼脸》,歌曲《"八一"歌》,许雷的诗《回南昌》,以及津岛的小说《伟大的开始》。

---

① 《通讯》,《红色中华》1933 年 1 月 28 日第 8 版。
② 参见红中编委:《写在前面》,《红色中华副刊》1933 年 4 月 23 日第 1 版。

三、改版后的成效与不足

改版后的《红色中华》在内容、形式、编辑与发行等方面有了很大的改观,取得了相当的成效,但同时也存在一些不足之处,仍然有相当大的提升空间。对此,当时的中共中央有关领导作了一定的阐述,在肯定《红色中华》改版成效的基础上,也指出《红色中华》需要改进的地方。

关于改版后《红色中华》的成绩,张闻天在文章《关于我们的报纸》中从内容、编辑与发行等方面进行了阐述,称:"我们的报纸,比如拿我们的《红色中华》来说吧,自从改组之后,已经得到了一些进步。它开始组织了一些通讯员在它的周围,登载了各地方各种动员的消息,相当地发扬了群众的积极性与各种工作上起了部份(分)的推动作用。在编辑方面也起了部份(分)的推动作用。在编辑方面也比较更活泼有生气。因此报纸读者的数量有了很大的增加,报纸的销路从不到一万增加到了四万。"①

李富春在《"红中"百期的战斗纪念》一文中对《红色中华》一年来的进步尤其是改版后的变化给予了充分的肯定。他说:"要清楚的(地)估计'红中'一年的奋斗成绩,我们应肯定的(地)说,'红中'是随着党和苏维埃工作的进步而进步的!""它最近半年来不但在篇幅上编印的形式上,特别是在内容上表现了它伟大的显著的进步。""它建立了通讯网和发行网,它能反映全苏区群众斗争情绪,它能发散到苏区版图内的任何地方,为群众争先恐后的(地)阅读,它已成为苏区千百万群众斗争积极性发扬的广播台,而得到广大群众所拥护!""它根据党和苏维埃所提出的中心任务和口号(,)更具体的(地)宣传和号召广大群众为实现这些任务而斗争,得到了千千万万群众的有力回答,退还公债,节省经济,扩大红军等等战斗任务的具体号召,已收获了伟大的果实,它成为党和苏维埃的政策口号的宣传者和组织者!成为党和苏维埃动员群众组织群众领导革命战争的有力助手!'无产阶级的铁锤'粉碎了许许多多官僚主义者,和机会主义者,发扬了党和苏维埃反机会主义、反官僚主义的火力,另一方面它又表扬了鼓励了党和苏维埃工作中的模范人物,发扬了党内党外群众的创造性!""总之,它已经成为苏维埃运动中一个最有力的战士!"②

同样,博古和邓颖超在纪念《红色中华》百期时也对其做了评价。博古提道:

① 洛甫:《关于我们的报纸》,《斗争》1933 年第 38 期。
② 李富春:《"红中"百期的战斗纪念》,《红色中华》1933 年 8 月 10 日第 3 版。

"虽然,'红中'还只有百期的历史,但是它在文化上、政治上、经济动员、战争动员上的功勋,我们大家都知道与记得的。经济战线上的退还八十万公债节省三十万的胜利号召;扩大红军的经验与光荣例子的传播;瞬息万变的国际及国内的政治状况报告与分析;在各个战线上为着党的总路线而坚决斗争,严格的自我批评,揭露我们工作中的弱点错误,藉(借)以帮助党和苏维埃的工作人员去克服它,以及无情的(地)打击一切官僚腐化及潜入苏维埃机关的敌对阶级的奸细等等,这一切,都是不可磨灭的成绩。红色中华是苏区千百万群众的喉舌,是我们一切群众的集体宣传者与组织者。"①

邓颖超在文章中强调:"'红中'是从苏维埃与红军的胜利发展中,生长壮大起来的。从创刊号到百期刊的过程中,它是在逐渐的(地)改善向前发展进步着。它的编辑比前活泼,它的内容比前丰富,它的出版,由半月刊,周刊而进到三日刊,它的发行,由几百几千而突破了三万,走向着四万,是一个群众化而得到群众爱护的报纸。它在中国共产党和中央苏维埃政府的领导与号召之下,最近在经济战线上的动员,得到伟大的成绩,在扩大一百万铁的红军的动员上,亦起了相当的宣传与组织的作用。它正在为着中共中央和中央苏维埃政府的一切战斗的号召努力着!"②

对于《红色中华》改版后仍然存在的不足之处,张闻天指出,《红色中华》存在"只有空洞的议论呐喊,缺乏具体的事实记载"的缺点。他说道:"我从《红色中华》一百〇六期,翻到一百二八期,似乎只有两个关于官僚主义的事实的新闻,而且这些新闻都登在最不重要的地位,这些新闻都是拿旁观者的笔调随便写来充充报纸的篇幅的。除了空喊反对官僚主义而外,我们很难找到真正的有名有姓的官僚主义者,他的官僚主义的具体表现与他的官僚主义在群众中所发生的恶果的记载。""我们的《红色中华》曾经做过了很大的节省运动,但是在它的篇幅上,对于不能容忍的浪费,贪污腐化的具体斗争却是没有。"③他还批评《红色中华》缺乏对通讯员的领导与组织,指出:"我们的《红色中华》听说现在有了四百名通讯员,这当然是很好的,但是我们对于通讯员的领导与组织作用却是极端的薄弱,因此这些通讯员的通讯也是千篇一律,不能起很大的作用。对于通讯员的教育,我们也常常拿难懂的空洞的名词(如'唯物辩证法'、'归纳法'、'统计法'、'演绎法'等,

---

① 博古:《愿红色中华成为集体的宣传者和组织者》,《红色中华》1933 年 8 月 10 日第 1 版。
② 邓颖超:《把"红中"活跃飞舞到全中国》,《红色中华》1933 年 8 月 10 日第 3 版。
③ 洛甫:《关于我们的报纸》,《斗争》1933 年第 38 期。

见《红中》《工农通讯员》第四期），来代替了具体的通俗的实际的教育。具体告诉他们应该怎样进行通讯员的工作。"①

邓颖超认为："'红中'还没能成为白区与苏区反帝运动的沟通与配合的桥梁，对苏区的反帝运动，还没能给以应有的号召与推动，对各级苏维埃的建设与活跃，对开展着的查田运动的争斗与烈焰，更缺乏有系统的反映与介绍，在编辑的内容上，多为事实的记载与描写，尚缺乏领导与指示性，对于义务军役制的宣传还没有开始。这些缺点的充实与消灭，须（需）要我们极大的注意和努力。"②凯丰指出，《红色中华》在内容上"到今天还使我们不能满意的是：苏维埃工作的反映，苏维埃的活动的缺乏，这是一方面，另一方面却登载了许多苏维埃的命令通告，有的甚至占着极大的篇幅"。③

瞿秋白更是以狄康之名撰写文章《关于〈红色中华〉报的意见》，罗列了改版后《红色中华》存在的一些缺点。在文章中，瞿秋白先是肯定了《红色中华》所发挥的领导作用以及它的战斗性。他说："《红色中华》报（从第一号起到七十二号——中间缺少十四号到三十几号）的确能够反映中央苏区的各方面的生活，并且发生政治上的领导作用。这里，我们看见苏维埃政府和民众之间的联系日益密切起来——虽然还是非常不够，我们看见工农群众的热烈斗争的各种运动，看见土地分配问题，司法和肃反问题，经济政策问题，反富农和反投机商的斗争的开展和种种进步。最主要的是：《红色中华》，一般的（地）说来，的确是一个斗争的机关报。在赞助红军和革命战争的发展方面，这个报虽然还不能够充分的（地）执行自己的任务，然而总路线是没有错误的。"④

接着，瞿秋白罗列了《红色中华》在栏目设置、内容安排、消息编辑、社论与论文指导以及通讯编纂等方面存在的缺陷。他指出："报上所反映的党部在一切政策和群众之中的领导作用是非常之模糊的。""'自我批评'的发展在这报上也已经有相当的发展，但是，还不够。""必须使当前最主要的事实和运动（不论是战线上的新闻，还是春耕或秋耕运动的进展，或是退还公债的运动等等），都有明晰的叙述，一期一期的（地）继续下去，给读者以极清楚明了的概念，使他们认识革命的各种战线上的具体情形。""社论和一般论文的指导作用，还应当加强反对命令主

---

① 洛甫：《关于我们的报纸》，《斗争》1933 年第 38 期。
② 邓颖超：《把"红中"活跃飞舞到全中国》，《红色中华》1933 年 8 月 10 日第 3 版。
③ 凯丰：《给"红色中华"百期纪念》，《红色中华》1933 年 8 月 10 日第 1 版。
④ 中国社会科学院新闻研究所编：《中国共产党新闻工作文件汇编》下卷，新华出版社 1980 年版，第 162 页。

义的倾向。""我们以为工农兵通讯运动对于这中央机关报以及一切军营、城市、作坊的小报,可以有很大的帮助,可以使苏维埃的新闻事业发展到更高的一个阶段。"①

从上述内容看,瞿秋白可谓是一针见血地指出了《红色中华》所存在的一系列缺点,比如改版后的性质没有充分体现出来,有关成绩的表述具体性不足,对问题的解决情况缺乏后续报道,消息编辑缺乏连续性,社论与论文针对性、解释性、说服性、指导性不足,通讯的质量、价值与影响需要进一步提高、提升与扩大等,而且分析得比较透彻明了,对某些问题还提出了中肯的意见,这为《红色中华》的进一步改造和完善奠定了基础。

而针对改版后《红色中华》仍存在的不足之处,李一氓、李富春、邓颖超、魏挺群等中共苏区领导人也相应地提出了一些建设性建议,对《红色中华》提出了希望,并指出了《红色中华》应承担的责任与肩负的任务。

李一氓在文章《论目前"红中"的任务》中主张,《红色中华》应该加强组织战争动员和经济动员工作。他称:"我们的苏维埃的报纸——红色中华,应该成为组织战争和经济的动员的报纸,这是第一等任务。因为我们处在战争与革命的当中,我们要胜利的(地)解决历史给我们的课题——'帝国主义殖民地?还是苏维埃中国?'依靠于革命战争的开展与经济建设的保证我们的胜利才能达到。把报纸的中心摆在这个问题上,'红色中华'是有了新的进步,但正缺乏有计划有力量的(地)去加强这个组织工作。胜利消息的传播是不够的,要有扩大红军,归队运动,开展游击战争的运动上的指示和号召,和号召退还八十万公债节省经济一样。同时慰劳红军的工作的组织,'红中'亦可以号召和进行。在经济的动员上,'红中'的成绩是比较的大,但还没有成为'工作',而仅止于号召,如公债票的退还,'红中'尽可以代收,按期宣布数目,按期转交财政部。"

他还认为《红色中华》应该加强对地方报纸的领导,培养自己的通讯员,建立自己的通讯网。他提到:"虽然中央苏维埃在中国还是一小部份(分)区域,'红中'虽是中央机关报纸,可是还免不了地方报纸的性质,但对于更小的地方报纸,如江西福建的地方报纸,不管他是石印油印的,'红中'应该有力量的(地)来领导他们,要使他们不要变成官僚主义的'公报',而是能够真正反映那个地方的群众斗争的报纸;以及和红色中华一致的(地)为着组织战争与经济的动员而斗争的报

---

① 中国社会科学院新闻研究所编:《中国共产党新闻工作文件汇编》下卷,新华出版社1980年版,第162 - 164页。

纸。"并认为:"办报纸不一定是知识分子包办的事,因此从工农出身的新闻干部的培养,是红色中华'天然'的责任。现在经过党和政府去指派来的通讯员是不会有好大作用的,'红中'应建立自己能够指挥和训练的通讯员,及自己整个的通讯网。从农村中从工厂和作坊中,从街道上,再可从各种机关中,渐次的(地)寻觅着自己的通讯员,要他们经常有稿子寄来,同时做发行工作。"①

李富春在文章中则提出了他对《红色中华》的希望:"第一,'红中'目前在组织者的责任上说还赶不上宣传者的作用大,我以为'红中'今后不但要经过通讯员来扩大订阅组织读者,更要有系统的(地)介绍各种群众性组织(如突击队、耕田队等)的作用和工作(以)及其经验,在一定的党的任务和苏维埃具体的号召中,同时提出完成这些号召的方式和组织的方法!""第二,对于各地斗争情形的登载,我以为不仅要有新闻,还希望经常有介绍斗争经过、斗争经验的有系统的通讯发表,抓紧推广模范事例和模范人物,以便更有力的(地)号召全部动员。""第三,'红中'对一切反革命派、对苏区内外敌人的罪恶及其无能的揭发,以及反革命面目的撕破做得还不够,这里特别表现在对暗藏在苏区里面的敌人,我以为此后在'红中'上适时的(地)将这些无情的(地)充分的(地)揭发出来是必要的。""第四,因此'红中'在进一步改善发行的条件下,应当向着准备成为日报而努力,现在应当扩大篇幅每期两大张发行应当力求迅速!""最后在文字上我还有点小的意见,就是应当适应目前苏区群众文化水平,比如'拿马温'这个名字,在现在的'红中'上尽可不用。"②

邓颖超也提出:"'红中'应成为反帝国主义,开展民族革命战争,深入开展苏区的阶级斗争,扩大一百万铁的红军,发展与巩固苏维埃的最尖锐的武器!""'红中'应成为中共和苏维埃中央的每一个战斗号召首先响应者,最积极努力的宣传者与组织者! 成为全国革命运动的宣传者与组织者! 把'红色中华'活跃飞舞到全中国去!""立刻检查和整顿'红中'的发行工作,扩大发行网,组织叫卖队,建立代售处,经过各种的群众团体,俱乐部,列宁室,经过每个通讯员,每个读者,利用一切的关系和交通的可能,把'红中'活跃到各苏区,活跃到各边区,活跃到环绕着苏区的白区,活跃到中心城市,活跃飞舞到全中国工农劳苦群众中去! 扩大'红中'的发行,扩大红军与苏维埃的影响,扩大苏维埃运动,组织全国革命运动的配合与汇合!""同时不可分离的(地),要经常的(地)有计划的(地)进行读者与通讯

---

① 珉:《论目前"红中"的任务》,《红色中华》1933年8月10日第4版。
② 李富春:《"红中"百期的战斗纪念》,《红色中华》1933年8月10日第3版。

员,发行员中的组织与教育工作,团结他们在'红中'的周围,训练他们成为扩大与发展'红中'的前哨尖兵,成为最有力而活跃的战士! 这是'红中'的任务,这是'红中'的每个读者,每个拥护者的任务!"①

宣传部副部长魏挺群以笔名阿伪在《苏维埃的新闻事业》一文中强调:"在目前来说,红色中华要不仅解释战争的口号,启发群众的政治觉悟,还要组织群众的积极性为着战争。""红色中华应该有最广泛的通讯网,这个通讯网包含着许多下层的工农同志,用他们最通俗的词句像群众心中吐露出来的说话似的,反映出各地群众的实际生活及其斗争状况,用最大的篇幅,来登载群众的积极性和创造性,同时经过工农群众通讯员制度,来提高群众的政治文化水平,对于通讯员,须注意培养教育。""红色中华应该充分地登载苏维埃建设的带有具体指导性的论述和实际工作经验的整理,能够给各地实际工作的同志,以具体的指示,把工作结晶献给全体,最好这些论述和本期的消息有关的,成为这些消息的归纳。""无论如何须尽量的(地)减少登载翻印的文件通告,而多注意各地的实际工作的反映,务使每个同志都有极大的兴趣去读它。"②

上述中共领导人所指出的《红色中华》的成绩与缺点,既是对《红色中华》的激励,又是对《红色中华》的鞭策,它们对于《红色中华》的发展起了一定的指导作用。1934 年 10 月,中共中央因为第五次反"围剿"失败而被迫撤离苏区,开始战略转移,进行长征。长征期间,瞿秋白留在苏区,坚持战斗并继续主编《红色中华》,"把《红色中华》报办到了最后一期,即 1935 年 1 月 21 日出版的第 264 期"。③ 该时期的《红色中华》,一般被称为瑞金版《红色中华》。1935 年 11 月 25 日,《红色中华》在陕北复刊,刊号为第 241 期,是接着长征之前它出版的最后一期(即第 240 期)续刊的,并没有延续长征期间瞿秋白主编的《红色中华》最后一期(即第 264 期)。1937 年 1 月 10 日,张闻天跟随中共中央机关从保安迁往延安,开启了他新闻生涯的另一个篇章——重视理论刊物。

---

① 邓颖超:《把"红中"活跃飞舞到全中国》,《红色中华》1933 年 8 月 10 日第 3 版。
② 阿伪:《苏维埃的新闻事业》,《红色中华》1933 年 8 月 10 日第 4 版。
③ 张秋实:《瞿秋白创办、主编党报党刊的主要活动》,《出版科学》2004 年第 3 期。

第五章

重视理论刊物

1937年1月10日,张闻天跟随中共中央机关到达延安。延安期间,张闻天在主持中共中央常务工作的同时仍然非常重视中共的新闻宣传工作,尤其到1938年中共六届六中全会之后,其工作重心转移到宣传教育时,更是将自己的大量精力投入到了新闻活动中。他不仅兼任了中共中央机关理论刊物《解放》周刊主编和党内理论刊物《共产党人》杂志编辑,对其负总责,还主持创办了学术刊物《中国文化》和外文刊物《中国通讯》,主编了党内刊物《参考资料》,并对《新中华报》的改组与在延安复刊的《中国青年》给予了指导和关注。这些刊物的出版和编辑将张闻天新闻活动推向了高峰。

第一节　主编《解放》

1937年4月24日,《解放》在延安创刊,由张闻天担任主编。《解放》初为周刊,后"因无法保证每周按期出版,遂改名为《解放》",出版周期"大体上是十天或半月出一期,间隔长的一个月,最短的只有四天"。①《解放》是中共在抗战时期公开发行的刊物之一,铅印,16开,设有"时事短评""论著""翻译""通讯""文艺""来件专载""创作""木刻""文学报告""党内教育""讲座"等栏目,在当时全国具有一定的影响力。1941年3月26日,中共决定扩大《解放》编委,成员由张闻天、博古、吴亮平、陈伯达、杨松、赵毅敏、胡乔木、蒋南翔等人组成,"仍由洛甫负总责,

---

① 方克主编:《中共中央党刊史稿》上卷,红旗出版社1999年版,第364页。

亮平为编辑主任"。① 8 月 31 日,《解放》出至 134 期宣布停刊。

一、张闻天与《解放》

作为《解放》的总负责人,张闻天不仅确定了它为抗日民族统一战线服务的编辑方向,而且还努力打造它的理论特色,充分利用它公开、合法的身份来向全国宣传中共有关抗战、根据地民主建设、军队建设等方面的政策方针,并极力将它塑造成知识青年的精神归宿和党员干部教育基地。对于抗日民族统一战线的必要性、可能性与重要性,张闻天有相当的认识,这使他在主编《解放》时能够很好地掌握正确的办刊方针与编辑方向。

1936 年 12 月 12 日,西安事变爆发。对于如何解决西安事变以及如何应对之后的新状况,张闻天在 12 月 13 日召开的中共中央政治局常委扩大会议上作了发言。在发言中,他首先分析了当时的形势,称:"〔第一,〕政治形势很紧张,不断发生全国性的政治问题,在抗日问题〔上〕表现最大的问题就是民族妥协派问题,在这一问题上总要发生一种突变。〔第二,〕张学良这次行动是开始揭破民族妥协派的行动,向着全国性的抗日方向发展。我们到西安就开始组织这一行动。第三,我们党要转到合法的(地)登上政治舞台。第四,群众抗日更发展。第五,民族资产阶级内部更分化,在这阶段中不是斗争的减少,而是斗争更尖锐化。"在这里,张闻天提到了西安事变后蒋介石集团内部要发生变化、抗日向着全国性发展、中共将会合法化、抗日热情日增等现象,并认为鉴于这些新的状况,中共也要改变自己的策略方针尤其是对蒋介石及其国民党执政政府的策略。

他说:"对妥协派应尽量争取,与分化、孤立,我们不采取与南京对立方针。不组织与南京对立方式(实际是政权形式)。把西安抓得很紧,发动群众威逼南京。改组南京政府口号并不坏。尽量争取南京政府正统,联合非蒋系队伍。在军事上采取防御,政治上采取进攻。"并强调,对于西安事变的后续,"我们应领导走到顺利的方向,不要急躁,自己造成自己的困难。我们的方针:把局部的抗日统一战线,转到全国性的抗日统一战线。"②

在 12 月 19 日中共中央政治局扩大会议上,针对西安事变,张闻天再次强调:"我们的方针应确定〔为〕争取成为全国性的抗日,坚持停止内战、一致抗日的方

---

① 中国社会科学院新闻研究所编:《中国共产党新闻工作文件汇编》上卷,新华出版社 1980 年版,第 96 页。

② 中央党史研究室张闻天选集传记组编:《张闻天文集》第 2 卷,中共党史出版社 1993 年版 (2012 年修订),第 134 页。

针,更高的组织反对内战、一致抗日的方针","不站在反蒋的立场,不站〔在〕恢复反蒋的立场","我们应尽量争取时间,进行和平调解。"①12 月 27 日,他在一次中央政治局会议上又指出:"随着全国群众运动的开展,我们活动的范围应更大。应办几个大的学校。对于监狱中出来的知识分子应给以重新训练。应办我们自己的报纸。在宣传方面尽量扩大对抗日援绥的宣传,反对汉奸卖国贼。"②在此,张闻天提到了中共应该创办一份报纸专门来宣传抗日这一问题,一定程度上为后来《解放》的出刊打下了思想基础。

针对回到南京后的蒋介石在抗日方面表现不够积极,并有扣押张学良、出兵西安等举动,张闻天在 1937 年 1 月 2 日召开的中央政治局扩大会议上重申"争取蒋介石"这一方针。他说:"蒋的态度仍是在动摇中,我们的方针还是要争取他。对西安问题的主要关键是团结内部,站在防御的动员更为有利,争取更多的同盟者。南京要进行大的内战目前在舆论上是很难动员的,他主要还是一方面以武力来威胁,一(方)面来分化西北。""我们主要方针是巩固内部,与动员援助西安,反对内战。要蒋脱离右派转向抗日,是要经过很多的困难的,主要要依靠斗争与活动。"③在 1 月 5 日致谢嵩、博古、高岗等同志的电报中,张闻天明确指出:"西安事变是逼蒋抗日,抗日反蒋的口号早已取消。党目前的方针是联合抗日派、左派,争取中派、蒋派,打击亲日派。"④在 1 月 25 日给刘少奇的电报中,张闻天指示:"大力策动各方和平解决西安问题,此是目前时局中心关键。"⑤

西安事变最终在多方共同努力下取得和平解决,其意义是重大的。对此,张闻天在 2 月 11 日中央政治局扩大会议作总结发言时称:"西安事变的两个前途,现在一般的(地)得到了解决。这一胜利在历史上意义是很大的。红军和党的影响与作用更加表现了出来。因为我们已用实际行动表示出来。中国革命确实开始了一个新的阶段,其内容是和平统一,团结御侮。以后的斗争还会有,但方式是不同的。因此,我们的基本方针是对的。"他还指出:"现在所有工作要开始准备新的转变。至于我们的基本工作,还是应着重于保障和平。其中曲折是会有的,但

---

① 中央党史研究室张闻天选集传记组编:《张闻天文集》第 2 卷,中共党史出版社 1993 年版(2012 年修订),第 136 页。

② 同上书,第 140 页。

③ 同上书,第 141 页。

④ 同上书,第 142 页。

⑤ 同上书,第 143 页。

总的方针应是坚决为和平而奋斗。"①

2月15日,国民党五届三中全会在南京召开。对于全会的决议内容和会后国民党政府的所作所为,张闻天进行了详细的解读和分析。他说:"它在对内政策上是主张和平统一的,而和平统一的目标是集中全力以抵御外侮。一般的(地)说来,它主张对国内问题不用武力手段解决,而采取政治解决的途径。对于西安事变,也认为以和平解决为适当。""在民主问题上,决定要修改国民大会的选举法。同时,蒋介石在他发表的谈话中对于开发言论,释放政治犯,也有相当表示。""在对日政策方面,《宣言》中说到,如果'蒙受损害,超过忍耐之限度',只有'决然出于抗战'之一途。'抗战'二字,在国民党文件中这是第一次出现。""对于同我们党的关系问题,三中全会的根绝'赤祸'决议虽然在前面阿Q式的(地)说了一大套话,把这些责任推到我们身上,但是最后提出了四个条件,表示在这四个条件下可与共产党谈判。"可见,"国民党三中全会不论在对内、对外、对民主、对群众方面,都表示国民党政策开始了转变。"

关于三中全会后国民党政府的作为,张闻天指出:"南京政府部分改组,张群的外交部长由王宠惠接替,交通部长换上了俞飞鹏等,都多少对抗日派有利,对于亲日派给了一些打击。传说熊式辉、驻日本大使许世英等也要调动,最近孔祥熙又去英国,这些都具有相当的意义。对于绥远抗战阵亡将士的追悼,以及孙科最近对中日外交的谈话,都表示对日态度比较强化。西北问题一般的(地)已得到和平解决,对红军在前线上没有进攻的布置。与我党还是继续谈判,所谓'剿匪'基本上是停止了。这些事实,都说明南京国民党方面正在朝着抗日方向前进。虽然它的前进很慢、很慢,在决议中缺乏具体的明确性,但不可否认是在前进。""所以我们应该说,三中全会后国民党的政策基本上开始结束了动摇,开始向抗日方面走。"②

对于三中全会后国民党政府政策的转变所带来的新形势,张闻天也有充分的认识。他说:"因为国内外形势变动,迫得国民党不得不改变自己政策。同时,国民党政策的开始转变,又影响了国内和国外形势的变化。在国内则使内战停止后,团结御侮能更快实现。在国外则更加强和平阵线而打击侵略阵线;加强太平洋的集体安全制度,而使日德防共更形孤立。"③

---

① 中央党史研究室张闻天选集传记组编:《张闻天文集》第2卷,中共党史出版社1993年版(2012年修订),第148-149页。
② 同上书,第150-151页。
③ 同上书,第158-159页。

面对新形势,中共的工作方式、策略方针与任务也随之有了新的变化。对此,张闻天指出:"有人以为和平统一后,我们的事情好做,恰恰相反,正是和平统一后,我们的事情更多,更复杂,更麻烦,而任务更繁重。我们由局部转向前〈全〉面,由武器的批评转到批评的武器,由秘密的转向公开,由对立的转向合作的。因此我们的任务更加繁重了。"

那么,中共党的任务有哪些呢,张闻天说:"目前党的基本任务:1.坚持抗日统一战线的政策,坚持抗日的救国的方针,对于民主权利的实现与人民生活的改善,都是要环绕在抗日的问题上。2.坚持共产党的独立性,利用批评的武器,善用一切适当的斗争方法,提出自己的正确的主张,批评朋友的每一个动摇,使广大群众团结在党的周围。3.建立全国范围的工作,培养每个地区的坚强的,独立的干部。4.重新教育干部,使他们了解新策略和新的工作方式。5.发展党内的民主,提高党员干部的积极性、自动性、警觉性。6.加强党内的思想斗争,反对'左'倾,因为这种倾向将使党离开群众,因为他客观上是帮助敌人来破坏抗日民族统一战线。"①

从以上张闻天的会议发言、电报指示、研究报告的内容,不难看出其在和平解决西安事变、促成抗日民族统一战线方面所做的努力,以及对于国共合作后中共面临的新情况、新问题和新任务的认识。正是基于对抗日民族统一战线必要性与重要性的正确认识,才使得张闻天在主编《解放》期间充分发挥了《解放》在坚持、巩固和发展抗日民族统一战线方面的舆论宣传作用。而张闻天在报告中提到的新形势下中国共产党的任务,在一定程度上也成为机关刊物《解放》所担负和需要完成的任务。

出版后的《解放》在主编张闻天确定的编辑方针指导下,发表了大量有关抗日民族统一战线的文章,这些文章贯穿于《解放》发刊始终,其特点主要表现为初期以"鼓动""号召""争取""推动""扩大"为主,抗日进入相持阶段后以"巩固""团结"为主,皖南事变后则在批评抗议国民党的同时仍以"坚持"统一战线为主。它们充分展示了中共中央在处理抗日民族统一战线时政策的原则性与灵活性,而《解放》很好地为中共中央提供了这一平台。

张闻天不仅是《解放》的主编,对其负总责,而且还是《解放》的重要撰稿人。据统计,张闻天在《解放》上共发表文章24篇。从文章内容上看,张闻天所

---

① 中央党史研究室张闻天选集传记组编:《张闻天文集》第2卷,中共党史出版社1993年版(2012年修订),第161页。

谈及的问题基本上都是当时急需要阐明和解决的问题,比如中共对日作战的决心、中共对国共合作的态度与立场、中共对国民党的期望与要求、中共的全面抗战路线与方针、中共的历史功绩与抗日救国主张、国民党对日的战斗力、国民党对日妥协、抗日战争的持久性、中共游击战争策略的运用、中共青年的责任意识与理想追求、中共在抗日民族统一战线中应保持的立场、中共党员的做人处事原则、中国共产党在抗战中的地位与作用、中共对叛国投降者的态度、国共双方抗战方针的分歧、中共的民族立场与阶级立场、中共对三民主义的态度、中共在抗战相持阶段的路线方针与任务、中华民族新文化的内涵、中国抗战的艰巨性等。

二、《解放》的特点

《解放》不仅具有党报党刊的诸多共性,如党性、人民性、组织性等,而且还有自己独特的特点,比如为抗日民族统一战线服务、为知识青年指引方向等。《解放》独有的这些特点除了与它能够在全国公开发行,而苏维埃时期中共党报党刊只能在革命根据地发行这一情况有关外,还与主编张闻天的编辑方向、编辑理念、编辑方针与编辑策略有很大的关系。下面,笔者就简要地谈一下《解放》的一系列特点。

第一,为抗日民族统一战线服务。

1937 年 4 月 24 日,《解放》创刊。它的出版具有相当的时代背景,那就是西安事变的和平解决,抗日民族统一战线的初步形成,国共双方开始由原来对抗的关系变为合作的关系。这一背景一定程度上决定了《解放》所要肩负的时代使命,即为抗日民族统一战线服务。

《解放》一出刊,就在其创刊号刊登了张闻天的文章《迎接对日直接抗战的伟大时期的到来》,号召应该鼓动人民大众积极加入到民族统一战线中来,敦促国民党政府的抗战决心。文章指出:"只有在创立全民族统一战线,以打倒日本帝国主义的总方针下,坚持的(地)艰苦的(地)去发动千千万万群众参加到民族阵线中来,不动摇的(地)用一切方法去推动国民党南京政府走上最后决心抗战的道路、才能使全民族的抗战得以发动与胜利。"①

---

① 洛甫:《迎接对日直接抗战的伟大时期的到来》,《解放》1937 年第 1 期。

　　之后,《解放》发表了大量动员全民参加抗战的文章,①来为扩充抗日民族统一战线队伍做鼓动宣传。对于国民党政府在抗日民族统一战线中的作用和责任,《解放》在其发表的文章中也有明确的要求。1937 年 7 月 26 日,《解放》第 12 期发表朱德的文章《实行对日抗战》,明确指出:"时候再不等候我们了,中央政府与我们全国同胞应该在这短促而紧张的时间里勇敢而更勇敢地执行抗日的民族统一战线的新政策,由政府领导者在全国范围内发扬民主的精神,给民众以充分救国的自由,实现更广泛更坚强的上下一致的团结,动员民众,武装民众,扩大人民对日抗战的力量! 这样,只有这样才能给日本帝国主义的野蛮的侵略以重大的回击,才能挽救华北的垂危的命运,才能进一步地收复一切失地实现真正民族解放的神圣任务!"②

　　另外,初期《解放》还对抗日民族统一战线进行了详细的解释和说明,以期民众和国民党政府能够准确地了解统一战线的性质、内容以及发展状况。1937 年 10 月 2 日,《解放》第 18 期刊载毛泽东的文章《国共两党统一战线成立之后中国革命的迫切任务》。在文章中,毛泽东阐述了抗日民族统一战线的范围、作用、发展以及应该注意的问题。他指出,抗日民族统一战线"是全民族的统一战线,两个党仅是这个统一战线中的一部分","抗日民族统一战线是各党各派各界各军的统一战线,是工农兵学商一切爱国同胞的统一战线。现在的统一战线事实上还停止在两个党的范围之内,广大的工人、农民、兵士、城市小资产阶级及其他许多爱国同胞还没有被唤起,还没有被发动,还没有组织起来和武装起来。这是目前的最严重的情形。它的严重性,就是影响到前线不能打胜仗。"而且"今天的抗日统一战线,还没有一个为两党所共同承认和正式公布的政治纲领,去代替国民党的统制政策。"为此,他强调:"抗日需要一个充实的统一战线,这就要把全国人民都动员起来加入到统一战线中去。抗日需要一个坚固的统一战线,这就需要一个共同纲领。共同纲领是这个统一战线的行动方针,同时也就是这个统一战线的一种约束,它像一条绳索,把各党各派各界各军一切加入统一战线的团体和个人都紧紧

---

①　相关文章有:振农的《组织广大的群众到抗日战线上来》(《解放》1937 年第 12 期)、农的《动员起来组织起来》(《解放》1937 年第 14 期)、李富春的《怎样争取全国抗战的胜利》(《解放》1937 年第 14 期)和《全国人民武装起来!》(《解放》1937 年第 17 期)、仲的《发挥民众的力量》(《解放》1937 年第 15 期)、凯丰的《一切为着争取抗日战争的胜利》(《解放》1937 年第 15 期)和《论全面的全民族抗战》(《解放》1937 年第 16 期)等。

②　朱德:《实行对日抗战》,《解放》1937 年第 12 期。

地约束起来。这才能说得上坚固的团结。"①

就此,抗日民族统一战线经由毛泽东的诠释和说明后,其"巩固"、"扩大"、"充实"与"发展"的必要性和重要性被提上日程。此后,《解放》发表的有关抗日民族统一战线的文章多数都以此为基调。比如,张闻天发表在《解放》第28期上的文章《巩固国共合作争取抗战胜利》在讨论"关于两党关系的问题"时,就提到:"我们两党在合作的过程中,不但不是要互相抵消,互相削弱,而正是要'互相帮助,互相发展'。我们相信只有这样的合作,才能扩大与巩固国共两党的力量,因此,也就可以扩大与巩固抗日民族统一战线,因此也就能战胜日寇。"②署名华的作者在时事短评《是谁在故意挑拨摩擦?》中,则指出:"争取伟大抗战最后胜利的最中心的环节,是以国共两党合作为基础的抗日民族统一战线的巩固、扩大与发展。"③

抗战进入相持阶段后,日本改变了其对华政策,采取"以华制华"的诱降政策,这对中国抗日民族统一战线无疑产生了不利的影响。针对这一新情况,《解放》发表的统一战线文章多以"团结"为基调,即在反对妥协投降的同时,力主加强统一战线内部的团结,尤其是国共两党的团结。

1939年7月7日,《解放》为纪念抗战两周年,特刊出"七七"纪念特辑,发表了大量纪念文章,其中刘少奇和邓发的文章都谈到了"团结"的重要性。刘少奇在文章中说道:"只有团结,能够战胜一切,只有坚持抗战力求进步,才能有抗战的最后胜利。巩固国内的团结,粉碎敌人的阴谋,克服妥协投降的危险,坚持抗战到底,中华民族胜利万岁!"④邓发称:"当着我们抗战两周年纪念的时候,我们就不得不估计到,战争正要进入更困难的阶段,这要求我国在坚持抗日民族统一战线的意志之下,以更高度的民族团结,去克服战争的困难。……任何分裂破坏民族团结的企图,不管其主观愿望如何,其结果只有帮助日寇、汉奸,来灭亡和奴役全中国。因此,反对破坏民族团结,反对妥协投降,坚持民族团结,继续抗战,是纪念抗战两周年的实际任务。"⑤

1940年5月15日,《解放》第106、107期发表社论《坚持团结抗战反对分裂阴谋》,称:"民族团结,首先是国共合作,乃坚持抗战到最后胜利之中心关键。非坚

---

① 毛泽东:《国共两党统一战线成立之后中国革命的迫切任务》,《解放》1937年第18期。
② 洛甫:《巩固国共合作争取抗战胜利》,《解放》1938年第28期。
③ 华:《是谁在故意挑拨摩擦?》,《解放》1938年第50期。
④ 刘少奇:《巩固团结粉碎敌人的阴谋》,《解放》1939年第75、76期。
⑤ 邓发:《坚持团结才能获得最后胜利》,《解放》1939年第75、76期。

持民族团结,坚持向前进步,无以致抗战于最后胜利,同时,非坚持抗战到底,亦无以使团结有必要基础。"①7 月 10 日,《解放》第 111 期刊载毛泽东的文章《团结到底》。毛泽东在文章中提到了团结抗战的重要性、团结的对象以及团结时应注意的问题。②

8 月 1 日,《解放》第 112 期再次发表社论《坚持团结克服困难争取抗战最后胜利》,明确指出:"放在全民族面前的第一个问题,就是坚持抗战、克服投降危险的问题。""克服投降危险的中心关键是在于全国的加紧团结。"而"要加紧团结,就必须取消现在存在着的'反共'、'防共'、'限共'、'溶共'的政策。"社论称:"我们共产党人,深信国民党的最大多数党员是愿意团结的。至于少数过去曾执行有害团结抗战的反共政策的国民党员,那末(么)我们认为在蒋介石先生的告诫之下,在接受国人公正批评的条件之下,他们也是应当转到团结抗战方面来的。我们共产党人,对于一切愿意团结的人士,都是愿意做朋友的。"③

1941 年 1 月,国民党顽固派制造了震惊中外的"皖南事变",掀起了反共高潮。这是国民党集团对抗日民族统一战线的一次公开破坏。对此,中共中央进行了严厉的批评和有理有利有节的斗争。此后,《解放》对抗日民族统一战线的宣传也开始转向以"批评"与"捍卫"为主。2 月 1 日,《解放》第 124 期发表社论《抗议无法无天之罪行》,严厉批评国民党内部亲日派与反共顽固分子"制造内战破坏抗战、制造分裂破坏团结之滔天罪行",指出:"此等人今日之所为,非仅关他们个人的道德信誉问题,而实关整个国家民族命运问题。他们以分裂代团结之阴谋,以内战代抗战之罪行,实为帮助敌伪和为害民众之大不□! 对此辈此等无法无天之罪行,不仅我们共产党八路军及新四军绝不能容忍,即全国爱真理公道之大多数军民同胞亦绝不能坐视"。④

4 月 30 日,《解放》第 127 期刊登叶剑英的文章《批评国民党两面政策——抗日反共》。在文章中,叶剑英剖析了国民党抗日反共政策的实质,以及如何坚持抗日民族统一战线等问题。⑤ 8 月 31 日,《解放》第 134 期发表聂荣臻的《我们坚决的方针与不可动摇的政策》一文,重申了中共在面对投降分裂时仍然坚持抗日民族统一战线的立场与方针。他说:"敌寇内奸正在加紧其欺骗与挑拨的造谣煽惑

---

① 社论:《坚持团结抗战反对分裂阴谋》,《解放》1940 年第 106、107 期。
② 参见毛泽东:《团结到底》,《解放》1940 年第 111 期。
③ 社论:《坚持团结克服困难争取抗战最后胜利》,《解放》1940 年第 112 期。
④ 社论:《抗议无法无天之罪行》,《解放》1941 年第 124 期。
⑤ 参见叶剑英:《批评国民党两面政策——抗日反共》,《解放》1941 年第 127 期。

人心,企图达到其破坏我抗日民族统一战线的目的,特别是对中共与八路军的无耻诬蔑中伤与陷害日益变本加厉无所不用其极,但是中国广大觉醒了的人民的眼睛却已经看透了这一切惯于欺骗和造谣者,是怎样□臭和无耻的东西。我们曾经不止一次的(地)指出过,我们坚持抗日民族统一战线的立场与方针,始终不变,日本帝国主义强盗还未被驱逐出中国,战争就一定继续下去,我们坚决为中华民族的独立解放而战。"①

总之,在张闻天的编辑主持下,抗战期间《解放》对抗日民族统一战线进行了大量的宣传和鼓动,不仅很好地配合了中共有关抗日民族统一战线的方针、政策,而且还动员和组织了大量民众加入到抗日民族统一战线队伍中来,可以说比较充分地完成了张闻天为其确定的为抗日民族统一战线服务这一任务。

第二,为知识青年指引方向。

《解放》创办之际,中华民族处于民族危机日益加深的境地。作为中华民族的未来希望,青年们的所感所想所为至关重要。为此,《解放》发表了大量有关青年的文章,号召青年要做好抗战的准备,要有参军保家卫国的志向,要有责任感与使命感,要加强团结、消除分歧,要有明辨是非的能力,认清谁爱国谁误国,明确抗日与民主的内在一致性,要努力学习,学习与抗战有关的一切实践与理论知识,要认清自己的优点与缺点,尽量消灭缺点,提高自己的修养,提升自己处理人际关系的能力,以便更好地为中华民族解放事业贡献力量。

1937年5月1日,《解放》第2期刊载凯丰的文章《我们所望于北方青年者》。文章首先分析了寄厚望于青年的原因,指出了青年存在的不足,希望青年们在抗日救国基础上实现团结,在民主基础上实现团结。文章强调,在日寇准备发动侵华战争形势下,青年人的责任繁多且重要,"举其大者则有(一)团结青年一致抗日;(二)宣传组织民众到抗日的运动内来;(三)加紧自身的国防教育(政治的、军事的、技术的)"。② 6月14日,《解放》第6期刊载时评文章《学生运动应该统一起来》。文章指出,在中日矛盾高于一切矛盾的形势下,知识青年应该团结起来,希望师长们"多为民族的前途着想、正确地领导学生运动、在救亡的前提下实现真正的师生合作、不要再把学生当作打手来实现自己的政治野心"。③

6月22日,《解放》第7期再次刊登凯丰的文章《寄语北方青年》。很显然,它

---

①　聂荣臻:《我们坚决的方针与不可动摇的政策》,《解放》1941年第134期。

②　凯丰:《我们所望于北方青年者》,《解放》1937年第2期。

③　周:《学生运动应该统一起来了》,《解放》1937年第6期。

是文章《我们所望于北方青年者》的续篇。在文章中，凯丰提出青年参军问题，建议"青年与军队结合""青年学习军事""使军队与民众结合"，并号召青年"在民主方面，要尽极大的努力"，要了解"中国目前所要求的民主，不仅是统一的建设的、而最基本的是抗日的、民族独立的"，所以"抓住争取真正民主的实现，这是把救亡工作推向前的一环"①。

7月19日，《解放》第11期发表了刘炳生的文章《一封公开的信》。该文以复信的方式论及了青年问题。在信中，作者坦言，"对于现代中国的青年，是抱着无限希望的"，相信青年们"能够负担起拯救中华民族的神圣义务"。他还分析了青年的优点和缺陷，并对青年提出了要求与期望。在文章结尾，他展望道："在现代中国青年的前面，展开着最有兴趣斗争的舞台场面。他们就是剧中的主人翁。他们高举着中华民族独立解放的大旗勇敢前进着。他们不怕困难，不怕牺牲，向着他们的理想前进着。他们的生活是丰富的，是紧张的，是战斗的，是有意义的。我希望现代的中国青年都过着这样的生活！"②

9月13日，《解放》第16期发表徐冰的文章《抗战中的青年学生》，在肯定青年在参与民族解放运动中积极作用的同时，谴责了日寇对中国学生的摧残。它以具体事例叙述了在日寇铁骑的践踏下，中国青年学生处于"无学可上，无书可读"的悲惨境地，号召"全国青年学生应该走出学校的研究室投入抗日战争的'学校'里，参加全面的抗日战争的工作"。至于"怎样进行抗日工作"，文章提出了一系列的具体做法，比如"为了充实青年们抗战的能力，建立政治训练班，军事训练班以及看护训练班等等"；重新整顿学生组织，"使他们能够真正建立在最广泛的学生基础之上，以民主的原则及工作方式吸引一切学生——在学的与失学的——参加进来，有计划地施以训练，有计划有组织地来进行工作与分配工作"；"各地青年应该在抗日团体的领导下组织宣传队，歌咏队，戏剧组，活报组，标语队等等在各城市各乡村进行抗日的宣传鼓动工作"；"在邻近抗战的区域或抗战已经发生的区域内，青年们应不避一切艰难，发动民众援助抗日军队作战"③等。

1938年5月21日，第39期《解放》发表了张闻天的《论青年的修养》一文。在文章中，张闻天提出青年"要有坚定的高尚的理想"，主张青年"要为实现自己的理想奋斗到底"，指出青年"要学习实现理想的办法"，并强调青年"要同群众在一

---

① 凯丰：《寄语北方青年》，《解放》1937年第7期。
② 刘炳生：《一封公开的信》，《解放》1937年第11期。
③ 徐冰：《抗战中的青年学生》，《解放》1937年第16期。

起去实现自己的理想",并告诫青年要"领导群众",就要"下决心到群众中去","要善于使群众根据自身的经验来了解我们的领导的正确","要向群众学习"。①1939年2月28日,第65期《解放》又刊载了张闻天的文章《论待人接物问题》,阐释了青年待人接物的四个具体要求:"要有伟大的胸怀与气魄";"要有'循循善诱'与'诲人不倦'的精神";"对人要有很好的态度";"要适当的(地)对付坏人"。②《解放》将张闻天的两篇文章全文发表,其影响是深远的,对后世的价值也是非常之大的。

对于青年的学习问题,《解放》第40、41期连续转载了列宁1920年10月2日在苏俄共产青年团第三次全国代表大会上所作的关于青年学习的演说。在演说中,列宁强调:"一般的青年底(的)任务,尤其是共产青年团和一切其他组织的青年底(的)任务,可以用两个字总括起来:学习。"但是"这仅仅只是'两个字'。它们并不能回答学习什么与怎样学习这两个重要的、更中心的问题。""所以我们必须详细讨论这个问题,即:我们应该拿什么去教育青年,而青年们如果真正想作(做)名符(副)其实的共产主义青年的话,那末(么)他们应该怎样学习,同时我们又应该怎样训练他们,使他们能够把我们已经开始了的事业完成,而且使之尽善尽美。"③对此列宁的回答是"学习共产主义"、"研究共产主义",随后对青年如何学习共产主义相关知识,共产主义者如何对青年"进行共产主义教育",教育方法应该具有怎样的特点等问题展开了论述。列宁的演说对于如何训练、培养与教育青年起了相当的指导作用。

此后,《解放》陆续发表了一系列与学习相关的文章,比如罗迈的《我们要学习什么? 怎样学习?》(《解放》1939年第79期)、景仁的《略谈学习马列主义的方法》(《解放》1941年第127期)、张如心的《论创造性的学习》(《解放》1941年第131、132期)、凯丰的《青年学习问题》(《解放》1941年第133期)等。它们在指引青年了解学习的重要性、学习的内容、学习的态度、学习的方法与技巧等方面所起的作用是非常显著的。此外,《解放》还特设"学习指导"专栏,专门登载一些有关马克思、恩格斯、列宁、斯大林的论述,很大程度上拓宽了青年的视野,扩大了青年的知识面。

第三,理论性强。

《解放》是抗战时期中共中央公开发行的政治理论性刊物。它出版的年代促

---

① 洛甫:《论青年的修养》,《解放》1938年第39期。

② 洛甫:《论待人接物问题》,《解放》1939年第65期。

③ 《列宁论青年的学习问题》,《解放》1938年第40期。

使它要为抗战服务,为全国人民寻找一条抗日救国、民族独立之路,而有关抗战路线、方法等一系列理论问题就成为它要解决的问题。此外,它还承担着另一种使命,即为中共党员干部提供马列主义理论知识,以提升他们的理论涵养。所以,《解放》的理论性主要体现在两个方面:解决抗战理论问题与注重马列主义理论学习。

1940年2月29日出版的第100期《解放》在其社论中曾作自我评价,认为《解放》的首要特点是"能够及时阐明中华民族中国人民解放事业的正确道路与方法",①而其中就包括大量关于民族革命战争性质、民族统一战线、抗日持久战、全面抗战方针、民族失败论、国际主义与民族主义的关系等理论问题。而这些理论问题都是当时需要面对、需要解决的问题,《解放》成为宣传、阐述与解释它们的平台。

比如1937年9月25日《解放》第17期发表的洛甫的文章《论抗日民族革命战争的持久性》,不仅向国人论述了中华民族在抗日战争中的正义性与进步性,而且还论证了抗日民族革命战争的持久性,称:"中日战争谁胜谁负的问题,是不能在短时期内最后解决的。中日两国的战争,将带有持久的性质","而中国,则必须用持久战以战胜日本。因为这种持久战对于日本非常不利,而对于中国却是有利的。中日战争愈持久,则日本国内的矛盾愈益尖锐化,日本方面的困难愈益增加。这就是造成了中国战胜日本的有利条件。"②此后,《解放》陆续发表的彭德怀的《争取持久战胜利的先决问题》(《解放》1937年第25期)、周恩来的《怎样进行持久抗战?》(《解放》1938年第30期)、毛泽东的《论持久战》(《解放》1938年第43、44期)等有关持久抗战的文章,很大程度上引导了抗战舆论,启发了国人对持久抗战的认识。

此外,对于民族革命战争的含义、无产阶级对民族革命战争应采取的立场、民族革命战争能够取得胜利的客观条件以及保障胜利的主观条件,③抗日民族统一战线的必要性、内容、范围、方法、原则,④孙中山民族革命统一战线理论的时代价

---

① 社论:《站在中华民族解放事业的前进岗位上——纪念解放报出版一百期》,《解放》1940年第100期。

② 洛甫:《论抗日民族革命战争的持久性》,《解放》1937年第17期。

③ 参见陈昌浩:《论民族革命战争》,《解放》1938年第41期。

④ 参见毛泽东:《国共两党统一战线成立之后中国革命的迫切任务》,《解放》1937年第18期。

值,①抗战时期政府与人民、军队与人民之间的关系,②民族失败主义论调的五种表现形式("弱国牺牲论""单纯军事论""镇静论""单纯防御论"和"反对统一战线论")、民族失败论的危害及其错误根源,③全面抗战的内容、意义、可行性与艰巨性,④国际主义与民族主义的辩证统一关系⑤等理论知识,《解放》都逐一进行了详细的分析和阐释,丰富和充实了抗战理论,很大程度上解决了抗战期间国共双方和全国人民需要面对和认清的问题。

除了要解决抗战理论问题外,《解放》还承担着宣传马克思主义的重担,这是它理论性的另一个表现。《解放》自认,它对问题的深刻见解和正确主张主要归功于自己"秉承着共产党所服膺的科学共产主义(即马、恩、列、斯学说)的正确理论",⑥所以它非常看重对马克思列宁主义的宣传以及中共党人对马克思列宁主义的学习。

从创刊尤其是中共六届六中全会后到停刊,《解放》刊登了大量有关马克思列宁主义理论的文章。从文章形式看,既有译作,又有研究性论文,还有读书笔记、学习心得。从文章内容看,既有对马克思列宁学说的整体论述与评价,又有对马克思列宁主义相关理论的专门阐述,还有对如何学习和研究好马列主义的经验之谈。而且有很多文章是作为中共党人学习材料发表的。

《解放》发表的关于马克思列宁主义学说的理论文章,内容涉及马克思学说的形成与发展历程、马克思学说的时代意义,⑦马克思列宁主义对社会主义革命和社会主义建设的贡献、马克思列宁主义的本质、马克思列宁主义认识世界的方法,⑧马克思列宁主义宣传的高度与方法⑨等内容。其中陈伯达的文章《关于马克思学说的若干辩(辨)正——读书杂记》(《解放》1939年第70期)和宝甫的文章《掌握创造性的马克思主义——为纪念列宁逝世十七周年而作》(《解放》1941年

---

① 参见陈伯达:《孙中山先生关于民族革命统一战线思想的发展》,《解放》1938年第33期。

② 参见洛甫:《论抗日民族革命战争的持久性》,《解放》1937年第17期。

③ 参见黎平:《争取抗战伟大胜利反对民族失败主义》,《解放》1937年第15期。

④ 参见凯丰:《论全面的全民族抗战》,《解放》1937年第16期。

⑤ 参见博古:《国际主义和革命的民族主义》,《解放》1938年第36期。

⑥ 社论:《站在中华民族解放事业的前进岗位上——纪念解放报出版一百期》,《解放》1940年第100期。

⑦ 参见列宁:《马克思学说的历史命运》,《解放》1939年第66期。

⑧ 参见陈伯达:《十月社会主义革命与马克思列宁主义》,《解放》1939年第89期。

⑨ 参见景林译:《论共产国际各支部内〈联共(布)党史简明教程〉底(的)传布与研究以及马克思列宁主义底(的)宣传》,《解放》1940年第105期。

第 123 期)最为出彩。

陈伯达在文章中陈述了当前马克思主义面临的种种诽谤与诬蔑,国人对马克思主义的误解等问题,并讨论了真正的马克思主义者看待问题的方式以及国人对待马克思主义应持的态度。① 宝甫在文章中则主要阐述了马克思主义中国化这一问题。他告诫读者要分清楚两种马克思主义,"一种是口头上的、书本上的、教条式的;另一种是革命的、实践的、创造性的",并概述了中共将马列主义运用到中国具体情况上的五种表现:"第一是关于建立民族统一战线问题";"第二是关于革命底(的)武装力量问题";"第三是关于革命的军事战略和战术问题";"第四是关于资产阶级民主革命中底(的)政权问题",并总结道:"现在中国共产党底(的)马列主义的理论水准,比较以前已经巨大地提高了,马列主义的修养,比较以前已大有进步了。可是这还是不够的。当前还有好多重大的理论问题,需要加以深刻的马列主义的研究与分析。因此,学习列宁、斯大林底(的)榜样,精通创造性的马列主义,把马列主义的革命理论应用分析中国具体环境和社会特点,一句话,使马列主义中国化。这是摆在中国马列主义者面前底(的)一个主要任务。"②

陈伯达和宝甫所讨论的上述问题对于当时中共乃至全国人民来说都是非常重要的,前者对端正国人对马克思主义的认识,了解马克思主义的实质内涵,改变反共人士散布的那种认为"坚持马克思主义就是反三民主义"的论调,维护抗日民族统一战线等方面起了重要作用,后者则让中共党员干部了解到马克思主义必须与中国具体情况相结合这一命题,认识到马克思主义中国化的必要性与重要性。

除了论述马克思主义理论整体情况外,《解放》还介绍了大量马克思主义的相关理论,内容涉及马克思主义基本原理、民族殖民地系列问题、共产党党建问题、科学共产主义基本原理等方面。《解放》发表的这些文章有利于提高读者的马列理论水平,进而逐步学会发现、认识与解决问题的正确方法。

对于民族殖民地问题,《解放》也非常关注。为此,它专门设置民族殖民地问题讲座,由编辑杨松负责撰文,接连在《解放》第 47、48、49、50、52、52 期发表。杨松关于民族问题的讲座,共分三讲:《论民族》《论资本主义时代的民族运动与民族问题》与《论帝国主义时代民族运动与民族问题》。在文章《论民族》中,杨松首先谈到了近代民族形成的历史,民族的定义,每个民族所必须具备的特征等一系

---

① 参见陈伯达:《关于马克思学说的若干辩(辨)正——读书杂记》,《解放》1939 年第 70 期。

② 宝甫:《掌握创造性的马克思主义——为纪念列宁逝世十七周年而作》,《解放》1941 年第 123 期。

列理论知识,进而利用它们驳斥了日本法西斯关于"中国人不是一个民族,中国不是一个有组织的国家,而是一个地理概念"的无耻论调,并指出:"中国人与日本人不是一个民族,中日也不'同文'","中日也不同种"。① 杨松撰写该文的目的非常明确,就是帮助国人从理论上进而从实际上认清日本侵略者所宣扬的"日本大和民族是高等种族""中国人是低等种族""中国人非民族""中国非国家""中日同文同种"等论调的实质就是为侵略中国、征服中华民族制造舆论、迷惑大众。该文凸显了马列理论与现实之间的密切联系。

在《论帝国主义时代民族运动与民族问题》一文中,杨松明确了马列主义理论中"民族自决"的真实含义,并非是"提倡民族的分散,建立许多小国家"。他说:"马列主义者所以提倡民族自决的原因,正是因为只有首先经过民族的自由分离以后,才能走向民族间自愿的、自由的联合。只有各民族站在完全平等自愿之上的自由联合,而不带丝毫强迫的强奸的性质,才能产生各民族间的相互信任与友爱。也只有站在这个原则的基础上,才能建立起联邦式的统一的民主集中制的多民族国家。"在该理论的指引之下,杨松认为在帝国主义时代不仅有必要为争取民族自决权而斗争,而且还有实现的可能性。他指出:"无论从历史、理论、目前客观事实等等方面来看,都是证明:在帝国主义时代,为民族自决权而斗争,或说为建立独立的民族国家而斗争,这不仅是十二分必要的,并且是可能实现的。这也正是从历史与理论上证明:我国同胞为民族独立、民主自由及民生幸福的新式中华民国而斗争,既是必要的,也是可能实现的。这也正是在理论上更加加强我国同胞抗战必胜、建国必成之坚决信心,鼓励我国前方将士及后方各界同胞,坚持神圣的抗日民族革命战争,坚持抗日民族统一战线,去为争取中华民族自决权而斗争,去为中华民国的领土完整及行政主权统一而斗争,去为独立、自由、幸福的新中国而斗争。"②该文从理论上论证了中华民族实现独立、实现民族自决、抗战取得胜利的必要性与可能性,对鼓舞国共双方士气、增强抗战信心起了相当的作用。

此外,《解放》还刊发了大量有关共产党党建、科学社会主义、共产主义等理论的文章。它们对于中共党员干部了解苏联共产党的历史,知晓苏共党建的经验教训,加强中共党的自身建设,加深对社会主义、共产主义的认识,提高对社会主义、共产主义信仰的信心度,认清共产主义与孙中山的三民主义的关系,巩固抗日民族统一战线等方面起了相当大的指导作用。

---

① 杨松:《论民族》,《解放》1938 年第 47 期。
② 杨松:《论帝国主义时代民族运动与民族问题》,《解放》1938 年第 54 期。

第二节　编辑《共产党人》

延安时期,除了主编理论刊物《解放》外,张闻天还负责编辑了一份党内理论刊物,那就是《共产党人》。1939 年 10 月 20 日,《共产党人》正式创刊,32 开,铅印,初为不定期,后为月刊,每月月底出版,共出 19 期。1941 年 8 月,《共产党人》停刊,共历时 1 年零 10 个月。虽然存在时间不长,但是《共产党人》在中共党报党刊史上的地位和对当时中共党的建设所起的作用都是不容小觑的。它在宣传中共中央的相关方针、路线与政策,加强党的政治、思想、组织与作风建设,指导中共党员干部正确理解中央旨意,提高党员马克思主义理论水平,督促党员干部加紧学习等方面起了相当的作用。

一、《共产党人》概况

1938 年 10 月,武汉、广州失守后,抗战进入了战略相持阶段。日寇调整了战略,停止了大规模的正面进攻,对国民党军队和政府采取政治诱降为主、军事打击为辅的策略,而对八路军、新四军及敌后抗日根据地则继续实行军事进攻的方针。所以,粉碎日寇的阴谋和打退日寇对抗日根据地的围攻,发展和扩大抗日根据地,为抗战积蓄力量,就成为当时中共面临的重要任务。加上抗战初期,中共党员发展迅速,许多党员突击入党,对中国共产党、马克思主义相关理论缺乏正确认识。而大部分老党员文化水平较低,农民居多,在苏维埃时期缺乏马克思主义相关知识培训,迫切需要提高文化素质、政治素质。中共虽开办了诸如马列学院、抗日军政大学、陕北公学等学校以提高党员、干部的政治素质与文化水平,但缺乏一份专门面向普通党员的党内刊物。当时,中共有《新华日报》《解放》《新中华报》《群众》《八路军军政杂志》等报刊,但它们都有自己特定的办刊宗旨、使命与任务,无法行使党内教育的职责。《共产党人》便创刊于此种背景之下。

1939 年 10 月 20 日,《共产党人》创刊。毛泽东专门为其撰写发刊词。在发刊词中,毛泽东阐述了《共产党人》出版的背景、原因以及所承担的任务。他称:①

中央很早就计划出版一个党内的刊物,现在算是实现了。为了建设一个全国范围的、广大群众性的、思想上政治上组织上完全巩固的布尔什维克化的中国共

---

① 《毛泽东选集》第 2 卷,人民出版社 1991 年版,第 602－603 页。

产党,这样一个刊物是必要的。在当前的时机中,这种必要性更加明显。当前时机中的特点,一方面,是抗日民族统一战线中的投降危险、分裂危险和倒退危险日益发展着;又一方面,是我们党已经走出了狭隘的圈子,变成了全国性的大党。而党的任务是动员群众克服投降危险、分裂危险和倒退危险,并准备对付可能的突然事变,使党和革命不在可能的突然事变中,遭受出乎意料的损失。在这种时机,这样一个党内刊物的出版,实在是十分必要的了。

这个党内刊物定名为《共产党人》。它的任务是什么呢? 它将写些什么东西呢? 它和别的党报有些什么不同呢?

它的任务就是:帮助建设一个全国范围的、广大群众性的、思想上政治上组织上完全巩固的布尔什维克化的中国共产党。为了中国革命的胜利,迫切地需要建设这样一个党,建设这样一个党的主观客观条件也已经大体具备,这件伟大的工程也正在进行之中。帮助进行这件伟大的工程,不是一般党报所能胜任的,必须有专门的党报,这就是《共产党人》出版的原因。

从毛泽东的发刊词中,不难看出《共产党人》出刊有两个大的背景:一是抗战进入相持阶段后,日本改变其对华政策,对国民党政府采取政治诱降为主,军事打击为辅,导致国民党内部出现一些动摇势力,抗日民族统一战线中出现一些投降、分裂和倒退现象,使很多中共党员干部无法正确认清这些新的变化,不知道如何对待这些变化;二是相持阶段后,随着中共势力的不断增长,尤其党组织的不断扩大和党员数量的不断增加,越来越多的新党员没有很好地接受马克思列宁主义的系统理论教育,马克思列宁主义理论知识、理论水平和理论修养严重缺乏,由此带来了中共党员内部思想不统一、小资产阶级思想抬头等一系列不好的现象。而《共产党人》的出版也正是为了解决上述的两大问题,即一方面为了帮助中共党员干部认清当前形势,理性对待新问题、新现象,解决他们的思想疑问,另一方面则为了提高中共党员干部马克思列宁主义理论水平,提高他们的理论素质与理论修养,加强党的组织建设、政治建设和思想理论建设,为将中共建设成为全国性大党提供思想平台和理论指导。

李维汉在其《回忆与研究》一书中也谈到了《共产党人》出版的情况。他说:"《共产党人》杂志是在党中央、毛泽东的直接关怀下创办的。《共产党人》的出版,不但同延安的干部教育以至整个党的干部教育密切相关,而且是我党建设中的一件大事。"①李维汉的这段话充分说明中共创办《共产党人》的另一个目的是

---

① 李维汉:《回忆与研究》上册,中共党史资料出版社1986年版,第444页。

将其打造成教育干部、培训干部与培养干部的思想阵地。

上述毛泽东的发刊词与李维汉的回忆内容，让我们了解到中共出版《共产党人》主要是为了巩固党的建设、提高党员干部理论素养、培养并教育领导干部。而《共产党人》编委会公布的投稿启事也充分证明了这一点。在启事中，《共产党人》编委会称：①

为着使《共产党人》办得好，我们竭诚期望和欢迎各个战线上的工作同志特别是负责同志多多为它写寄下列各类的稿子：

1. 党的建设事业上各种问题的文章；

2. 关于党的实际工作的总结性质的文章；

3. 学习战线上的心得、质疑、辩论；

4. 党员中足为模范或足为殷鉴的行为的介绍。

从投稿启事中所需要的文章内容来看，《共产党人》完全是遵循着中共创办《共产党人》的目的来加以编辑的。

关于《共产党人》的编委、编辑部情况，任维忠在方克主编的《中共中央党刊史稿》一书中这样描述道："所有编委成员都是党中央及中央各部门的负责人，党政军工青妇等各方人士都有"，"说到编辑部，那是再精干不过了。总负责与编辑主任都身兼多种要职。洛甫（张闻天）任政治局委员、书记处书记、中央宣传部部长、中央研究院院长、中央西北工作委员会书记。罗迈（李维汉）任中央宣传部副部长、陕北公学校长、西北工委秘书长。搞日常编辑工作的，很长时间内，只有陶希晋一人，1940年冬才调来了马洪。人虽少，但工作却很有效。他们广泛组织稿件，精心编辑，有时还帮助作者拟稿，工作效率非常高。"②

对于《共产党人》的发行范围与发行量，李维汉在其回忆录中指出，《共产党人》"不仅在延安和陕甘宁边区发行，也发行到各敌后抗日根据地，包括新四军抗日根据地，以及国民党统治区的党组织"，"发行总数在一千份以上"。③《共产党人》为党内刊物，具有特定的阅读对象，且具有一定的保密性，故"在当时也算是发行量很大的了"。④

1941年初皖南事变发生后，蒋介石停止了对中共根据地的资助，与此同时日军也加紧了对中共根据地的经济封锁。国民党与日军的联合限制导致中共在财

---

① 《本刊编委启事二则》，《共产党人》1939年第1期。

② 方克主编：《中共中央党刊史稿》上卷，红旗出版社1999年版，第431页。

③ 李维汉：《回忆与研究》上册，中共党史资料出版社1986年版，第444页。

④ 同上。

政方面出现了严重危机,中共被迫采取精兵简政的政策,而党报党刊也随之面临着精简的命运。8月,《共产党人》停刊。对于《共产党人》停刊原因,李维汉解释道:"因为陕甘宁边区发生严重经济困难,纸张供应紧张,党中央决定收缩出版工作,停止了包括《解放》、《八路军军政杂志》、《中国文化》等一批期刊的出版,《共产党人》也同时停止出版。"①

当然,除了李维汉提到的经济原因外,笔者认为主编张闻天在党内地位的下降,中共新闻事业的统一和加强以及毛泽东在意识形态领袖地位的确立也是导致《共产党人》停刊的原因。中共六届六中全会后,张闻天逐步从总书记的位子撤了下来,开始将其工作转移到宣传和干部教育上,与此同时毛泽东在党内的领导地位得到进一步强化。皖南事变发生后,中共在宣传方面又出现了一些不统一的内容,尤其是在如何对待国民党政府、如何抗日等重大原则问题上出现分歧,所以加强宣传的统一性、组织纪律性成为必然。而随着毛泽东领袖地位在党内的确立,其在意识形态方面的地位也亟待加强。以上种种原因最终导致了《共产党人》等一批党报党刊的停刊和《解放日报》的出版。

二、张闻天与《共产党人》

中共六届六中全会正式确立了毛泽东在党内的领袖地位。而张闻天的角色也有所变化,其工作重点转向宣传与干部教育。1939 年 8 月 31 日,张闻天主持召开中共中央政治局会议。会议"根据张闻天的提议决定组织党刊编辑委员会,以洛甫、稼祥、康生、陈云、李维汉为委员,以李维汉为编辑主任","会议还决定宣传部与干部教育部合并,以李维汉为副部长"。② 10 月 20 日,《共产党人》在延安正式创刊。主要负责宣传和干部教育工作的张闻天顺理成章地成为《共产党人》的主编。李维汉为《共产党人》编辑主任,实际负责《共产党人》编辑。作为《共产党人》的主编,张闻天主要负责刊物的大政方针。张闻天兢兢业业,严格保证刊物的质量。据编辑主任李维汉回忆,"洛甫是主编,每期稿件编好后,都送他审定。"③ 1941 年 3 月 26 日,中共中央决定扩大《共产党人》编委,其成员有张闻天、邓发、李维汉(即罗迈)、李富春、王首道、冯文彬、孟庆树、方强、陈正人,"由洛甫同志负总

---

① 李维汉:《回忆与研究》上册,中共党史资料出版社 1986 年版,第 444 – 445 页。
② 张培森主编:《张闻天年谱》(修订版)上卷,中共党史出版社 2000 年版(2010 年修订),第 426 页。
③ 李维汉:《回忆与研究》上册,中共党史资料出版社 1986 年版,第 444 页。

责,罗迈为编辑主任"。①

　　作为《共产党人》的负责人,张闻天对《共产党人》的编辑重心、性质定位、内容安排以及职能设定都有着充分的认知和掌握,对《共产党人》的出版、编辑与发行起着至关重要的作用。在负责主编《共产党人》的过程中,张闻天充分展示了自己的编辑才能。他坚持以党的建设作为《共产党人》办刊宗旨和编辑重心,充分利用《共产党人》的秘密性与权威性开展党的各项工作,发挥党报党刊的组织领导作用,重视《共产党人》的理论性与实际性,以图达到理论与实践的统一性,还努力打造《共产党人》的学习功能,培养党员干部的学习热情,指导他们的学习方法,提高他们的学习效率。在张闻天的不懈努力下,《共产党人》获得了长足的发展,不仅成为抗战时期中共加强党的建设的重要阵地,而且还成为中共党员干部学习的重要平台。

　　除了负责编辑《共产党人》,张闻天还亲自为其撰写了大量文章。据统计,张闻天为《共产党人》撰稿 8 篇,超过李维汉(7 篇)、毛泽东(5 篇)、陈云(4 篇)等人。其文章有《共产党员的权利与义务——"党建"笔记之一》(《共产党人》1939 年第 1 期)、《略谈党与非党员群众的关系》(《共产党人》1939 年第 2 期)、《党的工作中的一个基本问题》(《共产党人》1940 年第 4 期)、《提倡朴素与切实的工作作风》(《共产党人》1940 年第 7 期)、《更多的(地)关心群众的切身问题》(《共产党人》1940 年第 8 期)、《关于党的两种工作方式》(《共产党人》1940 年第 9 期)、《抗日民族统一战线中的"左"倾危险》(《共产党人》1940 年第 10 期)、《提高干部学习的质量——纪念五五学习节》(《共产党人》1941 年第 17 期)等。它们向中共各级领导干部及党员阐述了一系列关于党建的基本常识,比如党员应有的权利、义务,如何具体了解实际情况,如何坚持马列主义的理论与实践的统一,如何处理党员与群众之间的关系,如何加大对群众切身问题的关心与解决力度,如何游刃有余地运用"发展"与"巩固"这两种方式来指导工作,如何正确认识抗日民族统一战线,如何提高干部学习马列主义的质量等。

　　在文章《共产党员的权利与义务——"党建"笔记之一》中,张闻天在分析联邦共产党第十八次代表大会通过的新党章关于共产党权利与义务的规定的基础上,指出:"联共党关于党员的义务与权利的这些规定,应该引起中国党的极大注意。"并强调:"关于提高自己的觉悟程度及通晓马列主义基础,是每个共产党员的

---

① 中国社会科学院新闻研究所编:《中国共产党新闻工作文件汇编》上卷,新华出版社 1980 年版,第 96 页。

义务,而且是同遵守党纪执行党的决定等一样重要的义务,这一条的认识,对于中共党员有很重要的意义。""关于共产党员与群众联系这一条,其重要自不待言。一个共产党员如果脱离了群众、就不成其为共产党员,而成为一个腐朽的官僚主义者。""关于共产党员'权利'的各种规定,对于中国党也有极大益处,特别在建立党内民主的、健全的、生动的、前进的、团结的生活方面,有很大的意义。"最后,张闻天称:"关于共产党员的这些义务与权利的规定,是布尔塞维克的有力武器。将来我党第七次代表大会制定新党章时,希望能够采纳这些规定的基本内容,当然改变某些规定的条文,以适合于中国的具体情况是必要的。而且由于中国各地政治条件的不同(如陕甘宁边区与非边区,如我后方与敌后方等),由于各种工作部门的不同(如军事的、政府、民运的、党内的等),由于交通不便利等,在中国实行这些条文时,也不能到处一样。关于这些问题,希望大家来讨论。"①

在《略谈党与非党员群众的关系》一文中,张闻天指明了党与群众的关系,称:"党是群众(这里主要的指工人群众,同时也指非工人的劳动群众)中的一部份(分),而同时又是群众中先进的、觉悟的、马列主义的、有组织的一部份(分)。因此,它必须同群众有密切的联系,同群众生活在一起,处处依靠群众;同时它必须保持它(同群众不同)的特性,不溶化于群众的大海中,而成为群众的政治领袖。"为此,他认为:"党必须迁就(照顾)群众现有的政治水平(包括思想、习惯、传统、情绪等),把这个政治水平当做(作)出发点,以接近群众,而同时党必须提高这个政治水平到更高的阶段,以完成一定的革命任务。""党必须满足群众今天切身的、局部的要求,取得群众的拥护与信任,而同时党必须使群众从这种切身的、局部的要求的满足中去为了远大的理想(即全体的要求)而奋斗。""党必须善于等待与帮助群众根据自己的切身经验来了解党的指示的正确,以便能够同群众一同前进,使党在前进中取得群众的直接拥护。""党必须采取各种各样的组织形式去组织群众,参加到一切有群众的群众团体中去,而又经过这些团体去实现党的统一的领导,同时尊重这些团体的特殊性与组织上的独立性,依靠它们的主动性与积极性。""党必须善于向群众学习,总结他们实践中的一切新的经验,以便能够更好的(地)领导群众。"②

在文章《更多的(地)关心群众的切身问题》中,张闻天对党如何开展群众工作、如何解决群众实际问题作了进一步的要求。他说:"党必须大胆的(地)发展党

---

① 洛甫:《共产党员的权利与义务——"党建"笔记之一》,《共产党人》1939 年第 1 期。

② 洛甫:《略谈党与非党员群众的关系》,《共产党人》1939 年第 2 期。

内与群众中的民主作风,建立各种组织的民主制度,发扬党内党外的自我批评,以揭发与清除各种组织内所存在的这些违反群众利益的严重现象。""党必须坚持教育全党同志,要善于经常保持同群众的密切联系,同他们打成一片,迅速的(地)反映他们的要求与意见,经常关心与解决他们的切身问题。我们不但要善于向群众提出革命的要求,而且也要善于满足群众向革命提出的要求。只有这样,党才能紧紧的(地)同群众靠拢在一起,向革命最后胜利的目标前进,而成为不可战胜的力量。""党必须坚决纠正党内把动员工作当做(作)党的全部工作的片面思想与习惯。各级党部除动员工作外,必须经常讨论当时当地群众中所发生的一切问题,把解决这些问题,当作同动员工作一样重要的党的任务。"①

在文章《党的工作中的一个基本问题——了解具体情况》中,张闻天指出了"了解具体情况"在党的工作中的重要性,称:"不论是党中央也好,或是地方党部也好,根据马列主义的理论去正确的(地)了解具体情况,是它们正确的(地)决定具体任务的出发点,也是它们使这些具体任务能够实行的基础。党中央必须正确的(地)了解全国的具体情况,才能正确的(地)决定自己的政治路线。各地党部必须正确的(地)了解各地的具体情况,才能使中央的政治路线具体化,把中央的路线在各地实行起来。没有对于具体情况的正确了解,我们或是不能行动,或是行动而不能达到自己的目的。"

他还阐述了"怎样才能正确的(地)去了解具体情况"这一问题,指出:"为了了解各种具体情况,我们必须常常注意于各种具体材料(不论是口头的或文字的、物质的或精神的、现在的或过去的、实际经验的或抽象原则的、历史的或论理的、正面的或反面的材料)的搜集。要达到这一点,必须要有不怕麻烦、不怕琐碎、实事求是的探讨的精神。要到处去访问,要多找人谈话,要多看材料,要多检查工作,多注意实际经验。但了解具体情况,不就等于许多具体材料的堆积与描写。为了真能了解具体情况,我们还须依靠马列主义的理论去分析与研究这些具体材料,从这些具体材料中去把握到现实的一定的规律,再根据这些规律来定出自己的具体任务。要做到这一点,必须要有马列主义的创造的、批判的精神。要多研究、多考虑、多倾听人家的意见,多同人家交换意见,要反复思维。这里,要有打破一切成见、一切陈腐的公式的勇气。"②

在文章《提倡朴素与切实的工作作风》中,张闻天提出坚持真实对于共产党员

---

① 洛甫:《更多的(地)关心群众的切身问题》,《共产党人》1940 年第 8 期。
② 洛甫:《党的工作中的一个基本问题——了解具体情况》,《共产党人》1940 年第 4 期。

的意义。他主张:"共产党人要有面对赤裸裸的现实的勇气,要有说老实话的勇气,他不需要任何的兴奋剂与催眠剂来刺激或安慰自己。只有老老实实,我们才能把我们的思想与工作建立在确实的、坚固的、科学的基础之上。"并认为:"我们的工作要适合于实际","要根据于老老实实的认识,根据于具体情况的了解,来决定当前的具体工作","我们要反对那些讲大话、订大计划,而不肯或不会脚踏实地切实工作的空谈家。我们要在切实的点滴工作中来实现我们崇高的、远大的理想。我们要打破一切现实的障碍,在现实的基础上建立起我们理想的、自由的王国。"①

在《关于党的两种工作方式》中,张闻天论述了党的工作方式要因地制宜,要有灵活性,要适时地加以转变等问题,并分析了党的工作方式转变的原因、内容与时机。他说:"党的领导机关与领导者的任务,就在于根据全国或某一地区革命形势的变化,及时的(地)指导全党或某一地区的党从一种工作方式转变到另一种工作方式。"并指出:"革命形势的转变,常常是工作方式转变的主要原因,但即使在革命形势没有什么变化的形势之下,全国或某一地区的发展工作,达到一定程度之后,仍然需要有一个时期的巩固工作,来巩固发展中所取得的阵地,并准备巩固工作达到一定程度时,再来一时期的发展工作,没有不要巩固的发展,也没有不要发展的巩固。""所谓大量发展,仍然是质的发展。因此在大量发展中,我们仍应注意质的规定性的保持。所谓质的提高,仍然是一定量的质的提高。因此在巩固工作中,我们仍应注意质的一定量的保持。""各种工作有各种工作不同的情况,所以它们的发展与巩固的时期也不会完全一致。有的工作在今天需要巩固,而有的工作,在今天还需要发展。""各种工作有各种工作的不同的性质。因此,如何发展,如何巩固,也要依照各种工作的不同性质来决定。"在文末,他强调:"只要我们党在各种环境下,熟练于各种不同的工作方式,能够在环境转变时,及时的(地)转变工作方式,那我们就胜利了!"②

在《抗日民族统一战线中的"左"倾危险》中,张闻天考察了抗日民族统一战线中的"左"倾危险的八种表现,以此来警示党员,并希望党员能够正确处理好这些危险现象。其中他所指出的"左"倾危险的八种表现分别是"对于抗日民族统一战线政策本身的动摇";"不肯细心的(地)、审慎的(地)、深入的(地)去研究与分析统一战线的不同对象,而采取不同对策";"不愿意或不会用一切方法去接近一

---

① 洛甫:《提倡朴素与切实的工作作风》,《共产党人》1940年第7期。
② 洛甫:《关于党的两种工作方式》,《共产党人》1940年第9期。

切抗战的人们";"要求太高,求成太急";"斗争时不会利用各种矛盾,在一时一地集中力量,打击当面的最主要的坏人";"斗争时不肯认真遵守有理、有利、有节的斗争原则";"民主精神的不足与党包办一切的工作作风";"对于'阶级立场'、'党性'、'忠实可靠'、'清白纯洁'等等名词的片面的了解"。他强调:"只要我们看到这种危险,同这种危险进行不断的斗争,从斗争中去加强对我们同志的教育,那我相信这种危险是能够克服的,抗日民族统一战线的工作是能够得到更大成绩的。""只要我们彻底击破我党内历来存在着的''左'倾比右倾要好些'的错误观点,坚决的(地)进行两条战线的斗争,那抗战建国的事业就有了胜利的保证。"①

在《提高干部学习的质量》一文中,张闻天明确指出:"提高干部学习马列主义的质量,是当前干部学习中的一个中心任务。"针对当时干部在学习过程中存在的一系列不好的现象,比如"缺乏自知之明","文化水平低","只是注意于马列主义的抽象原则的学习,而对于学习马列主义所必需(须)具备的具体知识则很少注意","没有适当的中级读物与辅助读物的供应"等,他提出要完成干部学习马列主义任务,必须要解决三个问题:"关于培养干部独立阅读(也即是独立研究)的能力与习惯的问题"、"关于增加各种具体的社会知识与科学知识的问题"和"关于中级读物及辅助读物的编辑与出版问题"。②

从上述张闻天在《共产党人》发表的文章内容,不难看出他俨然是将《共产党人》看作其指导党员了解党的建设、党的工作的阵地,帮助党员认清自己的权利与义务,了解自己的行事与做人原则,解决自己思想上的疑难问题的平台。

三、《共产党人》的主要特点

作为抗战时期中共党内的一份理论刊物,《共产党人》肩负着时代和党赋予它的使命。在主编张闻天的领导之下,《共产党人》为抗战和党的建设作出了积极的贡献,在中共党报党刊史、中共党史乃至中国新闻史上都占有重要的地位。在张闻天的编辑指导下,《共产党人》办得有声有色,具有鲜明的特色。

第一,以党的建设为编辑重心。

作为党内刊物,《共产党人》一出刊就肩负着加强党的思想、政治与组织建设这一重要任务。究其原因,与当时中共面临的时代背景有相当大的关系。相持阶段后,随着中共势力的不断发展,尤其是党员数量的不断增加,加强和巩固党的建

① 洛甫:《抗日民族统一战线中的"左"倾危险》,《共产党人》1940年第10期。
② 洛甫:《提高干部学习的质量——纪念五五学习节》,《共产党人》1941年第17期。

设和领导,增强党员的向心力,加强党员干部对党建知识的了解,提升党员干部的政治素养,提高党员干部的政治理论水平和马克思列宁主义理论水平,成为中共亟待解决的问题。

对此,主编张闻天深有体会,将党的建设作为编辑《共产党人》的重心,在栏目设置、内容安排上都围绕着党的思想、政治与组织建设以及与之相关的干部教育学习培训、知识分子问题、民族问题等工作展开。在栏目设置方面,《共产党人》设有论文、专载、译文、转载、通讯等栏目,其中通讯又分为干部教育通讯、支部通讯、边区乡村工作通讯、学习通讯、支部工作通讯、通讯调查等子栏目,而论文与通讯所刊登的文章多与中共党的建设有关。在内容方面,《共产党人》发表了大量有关党的巩固、党的群众工作、党的干部政策、宣传鼓动工作、党员与非党员关系、党的组织与制度、党内教育、党的纪律、干部教育、党的秘密工作、党的工作方式、党的精干政策与隐蔽政策、农村支部工作、干部审查、妇女工作、民主制度、文化教育政策、劳动政策、支部教育工作、出版发行工作、党报问题、青年工作等与党的建设相关的文章。它们充分体现了张闻天力主以党的建设为重心编辑《共产党人》的特点。

第二,注重保密性与权威性。

在当时民族矛盾和阶级矛盾并行的抗战年代,张闻天非常注重《共产党人》在内容与发行上的保密性,以便它能够被安全及时地递送到各地党员手中。《共产党人》编委会在启事中也多次强调要保密,号召“读者保守《共产党人》的秘密”,称:“《共产党人》是党内刊物,只限于党内同志阅读。《共产党人》是非卖品,不得向党外出售。凡是读《共产党人》的每一个同志,都应当好好保护它,不得遗失”①,“本刊是党内刊物,特地重新申明,要求每个同志负责保守秘密,不能遗失,也不能未经组织上的认可而随便转借转抄。”②

为此,《共产党人》专门发表一篇题为《怎样保守〈共产党人〉的秘密》的文章,向党员干部讲述保守《共产党人》秘密的原因、必要性以及如何保守秘密等问题。文章是一个署名林耶的读者所写的,形式是一封读者来信。对于读者林耶的身份,从其文章的表述中可以看出其并非是一名普通读者,很有可能是《共产党人》编辑或通讯员。

在信中,林耶说:“因为《共产党人》既是党内刊物,那末(么)它就是党的秘密

---

① 《本刊编委启事二则》,《共产党人》1939 年第 1 期。
② 《本刊编委会启事》,《共产党人》1940 年第 11 期。

文件,每一个同志,为了保守党的秘密,必须好好的(地)爱护它,因为保守党的秘密是每个同志的天职,在入党的第一天就宣誓遵守的。""可是现在我们即会亲眼看到这样一些现象:一,有些同志把《共产党人》竟公开的(地)在群众面前阅读,就像阅读党的公开刊物《解放》似的,二,有些同志把《共产党人》随便的(地)扔在桌上,床上,任凭大家乱抓乱翻,因此经常发生遗失情事(事情),三,也有些党的机关随便把《共产党人》交给不是党员的收发员去收发,让群众任意翻阅目录和内容。……这种毫不注意《共产党人》的秘密的现象,不一而足。我想其他党的机关中也或多或少的(地)存在着。因此对于保守《共产党人》的秘密的问题,值得我们严密的注意。因为这是联系着党的秘密教育与警惕性的问题的。"①

　　《共产党人》刊登读者林耶的来信这一行为进一步证明了它所看重的保密性。那么为什么《共产党人》如此看重它的保密性呢?笔者认为,除了其党内刊物这一性质外,还因为《共产党人》确实发表了大量涉及党的机密性质的文章和中央指示,比如孔原的《关于反奸细斗争的错误认识》(《共产党人》1939年第1期)、杨清的《共产党员被捕时的处理与气节问题》(《共产党人》1939年第1期)、白村的《自首问题》(《共产党人》1939年第2期)、康生的《反对反共份(分)子的内奸政策》(《共产党人》1940年第8期)、陈云的《国民党特务机关的内奸政策》(《共产党人》1940年第8期)、德生的《略谈对付敌人的逮捕和审讯》(《共产党人》1940年第9期)、河黄的《反共特务人员破坏我党的一个具体教训》(《共产党人》1940年第9期)、林一的《一个奸细破坏我党的例子》(《共产党人》1940年第9期)、冯铉的《日本特务机关劝说自首的新方法》(《共产党人》1940年第9期)、黄霖的《关于被捕坐牢的一些经验》(《共产党人》1940年第11期)、《关于在狱同志和救济工作的指示》(《共产党人》1940年第12期)、张如心的《何忠伟的叛变给予我们的经验教训》(《共产党人》1941年第18期)等。这些文章所涉及的内容在当时的时代背景下只能在党员内部传播而不能对外公开,所以《共产党人》要求党员读者保密是必要的。

　　除了保密性,《共产党人》的权威性也是张闻天关注的另一重点,这从《共产党人》经常登载中共中央及中央各部相关决定、指示和它所发表的文章作者的级别上可以充分看出。据不完全统计,在19期《共产党人》中,其刊发的中共中央、中共中央各部有关指示、决定、决议、提纲、总结报告共35篇,内容涉及党的巩固、党部工作、吸纳知识分子入党、民族问题、干部学习、办理党校、国民教育、审查干

---

① 林耶:《怎样保守〈共产党人〉的秘密》,《共产党人》1941年第15期。

部、在职干部教育、青年工作、加强党内策略教育、救济入狱同志、健全宣传部门组织和工作、文化人团体、党支部教育、党务委员会工作、小学教育、文化教育政策、劳动政策、增强党性、调查研究、反敌伪宣传工作、报纸杂志调整、群众鼓动工作、宣传鼓动工作、干部保健等方面。而它所发表的文章作者大多数也都是重量级人物,在当时中共中央、中央各部及地方党部担任重要位置。他们有毛泽东、张闻天、朱德、刘少奇、王稼祥、陈云、李富春、徐向前、叶剑英、李维汉、董必武、杨松、艾思奇、王鹤寿、赵毅民、杨超、陶希晋、杨尚昆、任弼时、陆定一、吴德、胡耀邦、谢觉哉、莫文骅、吴亮平、师哲、黄霖、高岗、邓发、舒同、温济泽、陈正人等。《共产党人》的权威性有利于提高各级党员干部对它的重视程度,进而有利于党中央的政策更好地传达到地方各地党组织、深入到地方党员干部的头脑中。总之,在当时的大环境中《共产党人》的保密性与权威性都是必要的。

第三,注重理论与实际的统一性。

众所周知,张闻天的理论修养在党内是非常有名的,而且他个人也非常注重培养中共党员干部的理论水平与理论涵养,《共产党人》正好为他提供了一个平台。在他的主持和编辑下,《共产党人》在其出刊近两年的时间里,发表了大量有关党建的理论性和研究性文章,内容涉及党的思想、组织与教育建设理论。

在创刊号上,《共产党人》专门发表了杨超的一篇关于如何研究党建的文章:《研究党的建设的认识和方法》,鼓励和号召广大党员干部投入到党建研究的长河中,从此拉开了《共产党人》党建研究的序幕,为日后《共产党人》登载有关党建理论文章作了铺垫。在文章中,杨超介绍了"党建研究的基本认识""党建研究的基本任务""党建研究的基本精神与态度"以及"党建的学习方法"等四个方面的内容。①

之后,《共产党人》发表了大量有关党建在思想、组织与教育等方面的理论文章,内容包括马克思主义理论、马克思主义中国化、中国革命规律、策略问题、统一战线、阶级政策、群众工作、宣传工作、干部政策、政府工作、社会关系问题、建党工作、抗日根据地建设、"三三制"原则、妇女工作、财政经济政策、党性问题、理论与实践的统一、民主集中制、干部队伍建设、基层组织建设、党员队伍建设、干部教育策略与方法等。

在党的思想建设理论方面,《共产党人》第12期发表了王明的文章《论马列主义决定策略的几个基本原则》,文章明确指出:"要帮助干部能够认真懂得统一战

---

① 参见杨超:《研究党的建设的认识和方法》,《共产党人》1939年第1期。

线中的策略问题,须从马列主义关于一般策略的许多基本原则说明入手。同时,尤其重要地,要把这些原则根据中国革命的许多实际经验加以解释和证明。我们深信:如果我们同志能够懂得马列主义关于策略问题的许多的基本论点,如果他们能够体会中国革命过去和现在的许多好坏两方面经验,那末(么),对于抗日民族统一战线中的策略问题,他们便也就易于了解得多了。"①第 14 期,《共产党人》又发表了陶希晋的文章《提高我们对于党章应有的认识》。陶希晋在文章中向读者阐述了"党章是什么""党章的意义和作用""为什么要提高我们对于党章应有的认识"以及"怎样提高我们对于党章应有的认识"等问题。②

1941 年 5 月,《共产党人》第 18 期发表了马洪的文章《怎样在理论学习中考察党性》。在文章中,马洪论述了党员党性的表现尤其在理论学习上的表现。③随后,《共产党人》第 19 期再次发表了 2 篇理论文章:叶剑英的《加紧学习马克思主义的政治与军事》和张如心的《理论与实践的统一》,进一步增加了党的思想建设理论内容。其中,叶剑英向党员干部介绍了学习马列主义军事和政治理论对于军事干部的重要性。④ 张如心在其文章中则论述了理论与实践的统一对培养干部理论修养的意义、如何学习理论以及如何去实现理论与实践的一致等问题。⑤

在党的组织建设和教育理论方面,《共产党人》同样给了相当多的关注。其中最具有代表性的是李维汉的《论党的组织结构与民主集中制》和《论党内铁的纪律》、艾思奇的《共产党与知识份(分)子》、张如心的《论布尔塞维克的教育家》等文章。

李维汉在文章《论党的组织结构与民主集中制》中阐述了党组织结构的一系列基本常识,比如"支部是党的基本组织""中央是党的头脑""全国大会是党的最高机关""党经过党团领导群众组织"⑥等内容;在文章《论党内铁的纪律》中,论述了党的纪律的内容和建立巩固党纪的条件。⑦

艾思奇在《共产党与知识份(分)子》一文中讨论了党员干部队伍建设中知识分子的重要性。他说:"共产主义者所奋斗努力的事业是非常艰难伟大的。中国

---

① 王明:《论马列主义决定策略的几个基本原则》,《共产党人》1940 年第 12 期。
② 参见陶希晋:《提高我们对于党章应有的认识》,《共产党人》1941 年第 14 期。
③ 参见马洪:《怎样在理论学习中考察党性》,《共产党人》1941 年第 18 期。
④ 参见叶剑英:《加紧学习马克思主义的政治与军事》,《共产党人》1941 年第 19 期。
⑤ 参见张如心:《理论与实践的统一》,《共产党人》1941 年第 19 期。
⑥ 罗迈(李维汉):《论党的组织结构与民主集中制》,《共产党人》1939 年第 2 期。
⑦ 参见罗迈:《论党内铁的纪律》,《共产党人》1940 年第 4 期。

的共产党不单只要努力争取抗战的最后胜利,三民主义新中国的彻底实现,而且要努力准备使中国走向社会主义、共产主义的前途。""要完成那样艰难伟大的事业,共产党还要能够把握各方面的技术经验和文化知识,倘若共产党没有科学、艺术、教育、行政管理……等等方面的知识和技术,要想在斗争中克服一切困难,以达到自己努力的目标,是难于想象的。""要能够把握各方面的技术经验和文化知识,就必须要有一大批熟悉这些技术经验和文化知识的干部,也就是要有一大批知识份(分)子。必须要有这样的一些知识份(分)子参加工作,共产党才能够组织伟大的革命力量,才能组织千百万工农群众,发展革命文化运动与统一战线,才能够完成争取抗战胜利及建设新中国的事业,才能够使革命胜利。"①

张如心在其文章中阐述了中共中央所需要的教育人才类型,称:"我们党的教育人材(才)应该是或者将应是列宁式的、斯大林式的、毛泽东式的教育干部。"他强调:"首先,这种人材(才)是忠实于列宁、斯大林的思想,忠实于毛泽东同志的思想,忠实于列宁、斯大林、毛泽东的事业……我们的教育人材(才)应该是列宁、斯大林、毛泽东忠实的门生。""其次,我们党的教育人材(才)应该是绝对忠实于党的宣传教育事业,并在自己工作中行动中体现出来。""再其次,我们的教育人材(才)应该是创造性的马列主义者的信徒,而不是教条性的马克思主义者。""还有,我们的教育人材(才)应该学习掌握马列主义这一锐利的武器,去坚决地保卫真理,保卫我们党与我们的革命,去无情地灵活地对付各种反革命的思想。""最后,我们的教育人材(才)应该逐渐的(地)学会如何把比较抽象的(理论是经验的综合,因此多少免不了抽象性)比较深奥的马列主义理论原则,用通俗、简洁、生动的形式表现出来,这一点也是异常重要的。"②

此外,党的建设实践也是张闻天编辑《共产党人》时关注的内容。它很大程度上凸显了《共产党人》实际性这一特点。而它在《共产党人》刊物上的体现就是《共产党人》登载的大量相关通讯文章。它们的内容涉及支部工作、党内教育、支部教育、干部学习、边区人民生活、边区乡村工作、妇女工作、学生群众斗争、工人斗争等方面。与理论文章相比,通讯文章更侧重于对具体事件的描述,更加注重实际,注重调查研究。

1939年11月25日,《共产党人》第2期首次刊登支部工作通讯,为此编委特加注,称:"我们的党已经发展成为全国性的大党,党的基本组织,党在群众中的核

---

① 艾思奇:《共产党与知识份(分)子》,《共产党人》1940年第3期。
② 张如心:《论布尔塞维克的教育家》,《共产党人》1941年第16期。

心——支部,其数量是很广大的。但是,大多数支部还是很年幼的,他们还多半没有学会做好自己的工作。为了帮助支部工作起见,特在本刊上经常登载支部工作的通讯,希望同志们给我们寄来这种通讯。"关于"通讯的体裁和内容",编委指出两点:"(一)模范支部的介绍。要是各方面真能作(做)模范的,要是真实的描写。""(二)关于支部工作经验的介绍。注重支部工作中实际经验的总结。"①在此,《共产党人》编委强调了通讯文章的具体性、实际性与真实性。

同期,《共产党人》发表张鼎丞的通讯文章《介绍新四军的一个模范支部》。在文章中,张鼎丞介绍了六连支部转变为模范支部的过程及其表现。他说:"护团六连在开赴江南京□□与敌寇作战的开始一个时期中,虽然获得一些胜利,可是由于当时党的支部工作和部队中政治工作的不健全,致使支部和部队都表现着不少的缺点。如支部不能按时开会,会议中党员没有什么话说,很久的时间中没有发展一个党员,以及老战士和新战士关系不密切等等,这是去年十一月以前的情形。后来经过政治部的指示、帮助和六连干部、党员的努力,六连的支部很快的(地)转变过来,并且在以后的四个月中继续进步成为模范的支部。"

接着,他罗列了模范支部六连的一系列变化,比如,在"支部工作的转变"方面,"支部做到了按时开会,且有适当的内容和讨论的材料","在发展党的组织上也获得极大成绩","支部对党员的教育工作,也很认真","其他如按时的(地)自动缴纳党费,提高党员对于党的组织的观念,发扬自我批评,开展反倾向斗争等等,在支部中也是抓得很紧的";在"军事政治的学习"方面,"首长所规定的教育计划和进度表能按期完成","全连指战员的教育和学习的精神,非常积极";在"巩固部队的工作"方面,"全连在四个月中没有发生过逃跑,对于个别混进新战士中的不良份(分)子,能够认真的(地)检举出来并及时的(地)给以洗刷";在"扩大部队的工作"方面,"创造了不少新的办法","完成并超过每个月的扩大部队的工作计划";"对于居民的政治工作,也很积极进行";"对于改善士兵生活和节约的工作,有极大成绩";"对于内务和卫生工作,也是很注重";"在战斗中的工作,也曾获得成绩"等。

最后,他总结道:"种种现象,都能令人可爱可喜的。所以,六连的支部,可说是一个光荣的模范的支部。"②该通讯文章用具体事例阐述了一个模范支部的成长过程,并将其树立为典型加以宣传,使其成为其他支部效仿的榜样。从文章的

①　《编者注》,《共产党人》1939 年第 2 期。

②　张鼎丞:《介绍新四军的一个模范支部》,《共产党人》1939 年第 2 期。

形式与内容看,它很大程度上符合《共产党人》所要求的实际性。

1940年2月25日,《共产党人》第3期发表了苏林的一篇干部教育通讯《晋冀察边区党组织底党内教育是怎样进行的》,总结了边区党内教育工作的五点经验:"第一,边区各级党组织的领导大部份(分)都能够抓紧这个工作,当作党的经常的主要工作之一。大家都清楚认识:有了干部教育,才能较容易地解决一般党员教育的问题。""第二,他们善于运用统一战线,利用公开合法的条件,以解决各种困难问题。""第三,他们正确把握了教育方针,纠正了偏于一方面的倾向,""第四,边区党的经验指出:在党校和训练班工作中,注意学生思想意识与组织生活的锻炼,不放松错误观念的纠正,是政治理论教育工作中一个不可缺少的办法。""第五,边区党训练工作的经验还告诉我(们),忠实坚决的农民,一字不识的农民,经过训练之后,会变成很好的下级干部。"①

在第3期,《共产党人》还刊登了杨英杰的一则边区乡村工作通讯《延川县禹居区三乡的阶级关系及人民生活》。在通讯中,作者在调查研究的基础上,通过对调查数据的详细解读,分析了延川县禹居区三乡的阶级关系及其变化以及人民群众的经济生活、政治生活、文化教育和风俗习惯。在文末,作者专门讲述了"怎样接近群众"这一问题,提出四点建议:"要改造它,先适应它"、"对待各种人以不同的态度"、"帮助他们就是帮助自己"和"谈话由近到远",并总结道:"只要我们有吃苦耐劳的精神,向群众学习的态度,群众是不会拒你于千里之外的。"②

8月20日,《共产党人》第9期接连发表3篇有关奸细破坏中共党组织和如何应对敌人自首政策的通讯。其中,阿黄在文章《反共特务人员破坏我党的一个具体教训》中以奸细混入我党搞破坏为例,告诫党员干部:"目前我们应当识破顽固份(分)子的阴谋,反对顽固份(分)子的特务的奸细政策,并应在党的组织工作上来加强,每个共产党员都应担负起保卫党的任务,最高限度的(地)提高革命警惕性,使党的组织能够更加巩固起来。"③林一在文章《一个奸细破坏我党的例子》中则强调了如何开展反奸细斗争这一问题,称:"首先应加紧反奸细斗争的教育,并在培养干部,提高理论与政治水平时,必须同时将反奸细斗争的教育列入为教育的课程之一。""第二,动员全党来进行反奸细斗争。""第三,在吸收党员时,一定要详细周密的(地)考察,要研究这个人的过去历史与现在情形,绝不应采取马虎

---

① 苏林:《晋冀察边区党组织底党内教育是怎样进行的》,《共产党人》1940年第3期。
② 杨英杰:《延川县禹居区三乡的阶级关系及人民生活》,《共产党人》1940年第3期。
③ 阿黄:《反共特务人员破坏我党的一个具体教训》,《共产党人》1940年第9期。

态度。""第四,在提拔干部时,不要只看到他的某件事或某一时表现的(得)非常积极,而应当从他整个过去的历史中和现在各方面的工作表现中,来认识这一干部,来提拔这一干部,这样,才能有利于党的工作。""第五,在艰苦困难的抗日战争中,敌□奸细破坏我党□军的事实各地都有,我希望每个同志能将他所晓得的各地奸细活动的确实事实及时的(地)揭露出来,以帮助党进行反奸细斗争的教育,这是每个党员爱护党应有的义务。"①

冯铉在文章《日本特务机关劝说自首的新方法》中则论述了被捕中共人员如何应对敌人的自首政策这一问题。他提到:"敌人所采取的自首政策是层出不穷的,不仅用严刑威胁,用甜言蜜语,用金钱、美人、地位等来引诱,而且用派遣旁的叛徒表示帮助被捕者与敌人作斗争的方法,来达到其所采取的自首政策的目的。"并指出:"敌人所采取的层出不穷五光十色的自首政策,其目的就是要使你不知不觉的(地)堕入其所设的圈套中,直至为他们工作。我们的同志因此要懂得一切的民族敌人、阶级敌人,除了用压迫、拘捕、屠杀从外部来破坏我党的组织,用派遣奸细混入我们内部,从内部来瓦解党外,还用一切卑鄙的办法引诱自首来达到它们的目的。所以,我们同志应时刻记得,不仅要在任何时候抱着为共产主义事业牺牲一切的坚定的信心,要有'富贵不能淫,威武不能屈'的决心,而且还要时刻提高警惕性,能随时的(地)认识敌人的阴谋圈套,揭破它们,懂得怎样对付及打破它们的圈套,使自己不致堕入这种阴谋圈套中,始终为着共产主义事业,为党的事业而奋斗到底!"②

9月20日,《共产党人》第10期刊登冯五星的通讯文章《镇原县召开临时政府委员会的工作总结》,向党员介绍如何学会与党外各阶层人士相处的问题。文章指出:"我们工作同志团结与争取党外各阶层、各职业、各色各样人的本领,还学得很不够。我们常常只欢喜同先进份(分)子高谈阔论,但对于思想落后及思想复杂的人,表示不愿意,表示冷淡","我们有不少同志,不情愿与害怕和非党人物(指非党上层人物)接谈,说是'拘束的(得)很','不方便','不知说什么好'。所以,在许多场所,都形成一种自然的'党一边','非党一边'的隔阂现象。人家的活动,我们不晓得;我们的举动,人家看不习惯;这便增加了我们工作的无限困难。"为此,文章特别强调:"我们要努力学会这个本事,特别是我们现在要推行新民主主义的统一战线政权的时候。但要团结党外各阶层、各职业、各色各样的人,必须

---

① 林一:《一个奸细破坏我党的例子》,《共产党人》1940年第9期。
② 冯铉:《日本特务机关劝说自首的新方法》,《共产党人》1940年第9期。

要分开时间性与空间性:必须认清他们的阶级地位、社会出身、政治面目、个人倾向等,才能决定与运用正确的团结的办法。因为在他们中间,有的是暂时的同路人;有的则是比较进步的同情者;有的在这个问题上是背道者,那个问题上又成为很好的同路人。"并称:"在每一件具体工作中去实行党的统一战线的策略,从每一次具体的经验中去学习统一战线的工作,这是每个党员每个干部的责任。在这个意义上,谨将这个通讯献给我们爱护的《共产党人》。"①

10 月 20 日,《共产党人》第 13 期发表了一峰的支部工作通讯《我们怎样开展了支部工作》,向读者分享了他们的支部工作经验。一峰在通讯中称:"我们支部工作所以能够开展起来与坚强起来",其主要作用表现在:"一、在支部的领导上,它善于根据上级指示及认识每一个时机的内外环境,掌握住布尔塞维克的立场及当前的情况,决定出自己行动的方针。""二、支部能抓住中心的工作,推动其他一切。""三、支部生活的健全与活跃,其特别表现于向党汇报的经常,小组生活活泼,没有怕过组织生活的;同时反映和解决问题能很迅速。""四、此外还表现在一般党员能以身作则,不论在思想、言论、行动上,大都能起模范的作用,善于帮助群众及解决群众的各种问题。""五、最后,干部的领导也占着很重要的作用,一般干部能经常的(地)研究工作及领导方式、方法,能客观的(地)分析和解决问题;一切工作不是一味的(地)教下面盲从,而是多方面的(地)耐心的(地)说服。"②

1941 年 1 月 20 日,《共产党人》第 14 期刊登海燕的文章《敌占区工作在冀中》。文章以冀中为例,讲述了在敌占区"如何打进去开展工作"、"怎样推动工作与坚持工作阵地"等内容。文章指出:"处在那样恶劣情况下的敌占区,最初如何打进去开展工作? 冀中的经验告诉我们,主要有以下三个步骤:""第一,首先用秘密的方式,打探各种路线,并用直接间接的方法,进行缜密的调查工作。""第二,深入的宣传鼓动。""第三,解除民众痛苦。"对于"在这样恶劣环境下,既然开展了工作基础,又怎样推动工作与坚持工作阵地"这一问题,文章写道:"冀中经验告诉了我们,首先要把握敌人'扫荡'的规律性,抓紧时机、进行工作。""其次,抗日的一切组织形式和工作方式,主要是秘密的,但又不放弃利用公开的可能。""此外,为了有计划的(地)有中心的(地)开展敌占区工作,他们常常集中一定的力量,突击某一个有利的村庄,实施各种政策法令,建立巩固的堡垒,然后以这个村庄为中

---

① 冯五星:《镇原县召开临时政府委员会的工作总结》,《共产党人》1940 年第 10 期。
② 一峰:《我们怎样开展了支部工作》,《共产党人》1940 年第 13 期。

心,推及他村,形成一种水波式的扩张。"①

2 月 20 日,《共产党人》第 15 期发表孙德枢的通讯文章《简述大后方一个农村支部的教育工作》,分析了农村支部教育问题,并得出四点经验:"(一)知识份(分)子对于农村的党,起着'创造者的作用与保姆作用'。""(二)干部教育重于党员教育,个别教育重于集体教育。""(三)只有提高党员文化水平,才能使党员逐渐提高政治水平而更好的(地)了解党,但文化教育要经过较长的时日才能收效。而对于一个新的支部,则使组织巩固却是当前的急务,所以就新的支部在进行整理工作这样较长时间内言,党内教育应重于文化教育。""(四)群众工作与教育工作结合起来,把文化教育放在党外去进行,把党员放在群众中去教育。这样才能提高党员的积极性和巩固的组织。"②第 18 期,《共产党人》发表犹苹生的文章《边区延川党支部教育的概况》,再次论述了支部教育这一问题。文章分析了"延川支部教育的领导""延川党的经验""支部教材与教育方式"等问题,并指出:"党已经开始注意到支部教育的问题,开始比较有计划的(地)进行支部教育,而且在这方面作了不少的工作获得一些成绩。""文化教育是目前农村支部教育的中心一环。""支部教材是一个久已存在着而未得到解决的问题。""支部教育的方式,必须特别注意到一般农民党员的特性,多多照顾他们的习惯与困难。"③

从以上《共产党人》发表的一系列通讯文章中,不难看出它对具体事例、实际问题的重视,对地方基层党组织、边区农村党支部的关注,对总结经验教训与分析问题所在的注重。通讯文章的这些特点很大程度上凸显了《共产党人》除了理论性比较强之外其实际性也是不弱的,一定程度上也反映了《共产党人》力主在理论与实践达到统一的目的,而这同样也是张闻天编辑《共产党人》的目的。

第四,宣传、组织与学习三位一体。

对于党报党刊的宣传、组织、领导作用,张闻天早有认识,并极力将它们运用到新闻实践中。在其主编《共产党人》期间,张闻天不仅充分实践了《共产党人》宣传党的政策、方针、指示,传播党的工作经验,指导与组织地方各级党的活动等职能,而且还将《共产党人》视为党员干部学习的平台,可以说使《共产党人》集宣传、组织、指导和学习于一身。其中宣传、指导与组织这三项职能,是 20 世纪 30 年代以来的中共党报党刊所共有的,而学习职能是它们所不具有的。它是《共产

① 海燕:《敌占区工作在冀中》,《共产党人》1941 年第 14 期。
② 孙德枢:《简述大后方一个农村支部的教育工作》,《共产党人》1941 年第 15 期。
③ 犹苹生:《边区延川党支部教育的概况》,《共产党人》1941 年第 18 期。

党人》的重要特点之一。

为将自己打造成党员干部学习的平台,《共产党人》在张闻天的主持下,做了相当大的努力。它不仅刊登了中共中央关于督促干部学习的指示,还发表了一些有关学习内容、学习方法、学习态度、学习原则、学习经验等方面的文章和一些相关的学习资料。1940年4月25日,《共产党人》第5期刊登了中央书记处发布的《中央关于干部学习的指示》(以下简称《指示》)。该《指示》规定了干部学习的内容、方式、原则,以及中共各级党委应如何加强干部学习等内容,为党员干部确立了学习的大方向。同时该《指示》也成为《共产党人》实现自己学习职能的向导。

在刊登有关学习文章方面,《共产党人》表现得相当积极。早在第3期,《共产党人》就发表了孙力馀的文章《九、十两月中央直属各机关学校在职干部学习新的收获》。作者在文章中首先指出在职干部在学习中进而在工作中出现的一些好的变化,比如"经常在考虑自己所读过的书和自己所听过的课,是否真正了解,并且在看过书和听过大课以后有许多同志在思考问题","大大的(地)加深了他们对党建重要性的认识","在党校真真做到,学习情绪的提高,政治认识的增强,他们能作文,他们能读《新中华报》和《解放报》","各个机关,各个学校大多数的干部都在注意时事问题","大多数在职干部自从上大课以后,对于工作观点有了清楚的认识,并且时刻注意与党的实际任务联系起来","一般地认清了自己的工作在党的工作中的重要性"等,并总结道:"工作效率之增进的基本的原因,是由于学习质量的提高。学习质量的提高,理论水平的增强,就必然(的)会自动的(地)推动工作的前进,工作效率也就自然(的)会增加起来。没有学习质量的提高,就将会没有今天工作效率的增进。"在这里,作者强调了学习质量的提高对于工作效率的增进所起到的重要作用,该论断在很大程度上能够激励党员干部对学习的注重。

接着,他从"学习的组织、领导与方法"三个方面分析了干部学习取得新收获的原因。他指出:"一,首先是学习的领导已统一在各机关学校的支干会总支委或教务处之下,并且在支干会、总支委或教务处之下,设有专人管理学习";"二,行政上领导的同志注意并关心了干部的学习,甚至有的行政上领导的同志亲自参加学习小组,留心给了工作、生产和学习时间以适当的分配和调剂";"三,解决了教员问题";"四,各机关学校在职干部,不论其为党员或非党干部,统统加入了学习小组之中学习";"五,由于学习的组织与领导日趋于健全,所以在学习时间的利用上,学习的方法上,都曾有过研究。譬如说:有的机关有秋忙之际,仍能利用时间进行学习,有的机关学校改变过去呆板的、无生气的讨论会的方式为活泼的、友谊的座谈方式。并且进一步研究如何思考问题以及如何提问题的方法。"

最后,作者提出"今后要提高干部个人研究的能力"这一建议。他说:"从这次检查当中,我们看到学习中的收获很多,可是,主要的缺点已经不是什么学习组织与领导,什么学习小组的方法、什么学习情绪不高的问题了,而是个人学习还不够自动的积极的努力。这表现在不会努力'钻',不惯思考问题,有些同志还是听课多于阅读,有些同志还是讨论多于自习。因此,在职干部中凡是能够阅读的同志,今后必须多多看书,提高自己自动的、积极的个人学习,因为这正是在职干部教育的特点。在职干部教育究是在工作之余抽出时间进行学习,不像学校教育似的完全脱离生产。如果每个在职干部不会在忙中'挤',不用心去'钻',你将会得不到什么学习的成果的。虽然学习的组织与领导的健全以及学习方法的灵活,对于干部学习起着推动作用,但并不是主要的作用,主要的作用在乎个人的努力。"①

该通讯文章是一篇强调学习的重要性、指导党员干部如何学习的文章,完全符合张闻天希望将《共产党人》打造成学习平台这一意图。尤其是文章最后作者所提到的学习最主要的在于"个人的努力"即自学的能力这一断言,对于需要学习的党员干部来说至关重要。

之后,《共产党人》在第 7 期刊登了魏传统一篇题为《关于研究时事问题的检讨》的学习通讯。在通讯中,魏传统专门向党员干部讲述了"怎样研究时事"这一问题,并提出了自己的几点意见。

他认为:"(一)在加强时事政治教育工作上,在研究时事问题上,要提高党报刊物的作用。""(二)要养成坚强的判断能力。因时事是我们人类的目前的生活,它内容的复杂性是无可比拟的。""(三)要虚心,要逐步的(地)去研究。革命的经验和知识是逐渐积累而不是一天可以丰富起来的。""(四)要具有正确的研究态度,理论与实践要紧密的(地)结合起来。""(五)要善于利用指导的条件。"最后,他强调:"同志们,我们是民族和社会解放的先进战士,不要忽略对时事问题的研究与学习,应下着最大的决心来一个努力,为提高与加强时事政治教育而斗争。"②可见,该通讯文章明确提出了在研究时事问题上应注意的学习与研究方式、学习与研究态度、学习与研究方法,为党员干部学习提供了相当的指导。

而鉴于党报在干部学习过程中所起的作用,《共产党人》专门在第 13 期发表了石岗的文章《我们要更多的(地)注意研读党报》,督促党员干部要加强对党报

---

① 孙力馀:《九、十两月中央直属各机关学校在职干部学习新的收获》,《共产党人》1940 年第 3 期。
② 魏传统:《关于研究时事问题的检讨》,《共产党人》1940 年第 7 期。

的研究与阅读。石岗在文章中首先分析了党内有些同志对党报"不关心,甚至于拒绝研读党报"的原因。他说道:"这些同志所以不肯研读党报的根本原因,恐怕还是由于他们对于党报的意义和作用没有清楚的认识。""更具体的(地)说,也就是这些同志没有了解到我们现时几种党报、党刊的重要意义和对实际工作的指导作用","因此也可以说另一方面的原因,是由于这些同志对于理论与实际是辩证的联系的这一方面没有认识清楚。""此外,在学习的组织上,我们没有很好的(地)把党报研究的制度建立与健全起来,当然也是原因之一。"

　　接着,他提出了一些具体的建议,以便调动党员干部研读党报的积极性。他说:"为要克服一些干部同志忽视研读党报的现象,首先应提高一般同志对党报重要性的认识和注意力,同时以学习组织上的保证,使每个同志自觉的(地)提高研读党报的热情,使大家了解,如果我们不去研读党报,不去讨论党报上党中央的决议和指示,那末(么),我们就会失掉革命的方针而走到盲目的实际中去。结果,我们的工作就不会做得好,以致于失败。""同样,如果我们不去研读党报,不去从党报上研究党分析各种政治情况的理论与方法,以及党中央的指示如何经过各种斗争而变成实际的成绩的经验教训,那末(么),我们就不易提高自己作为一个布尔塞维克战士的经验与能力。""我们每个党员,不仅自己应该经常注意研读党报,而且应经常推动群众去注意研读一般公开的党报,耐心帮助群众研读并善于向群众解释那些公开党报上所说的问题和党的各种决议和指示,使群众也感到我们党报是他们不可少的一种'食粮'。"

　　随后,他阐述了党中央各级组织应该如何加强党员干部研读党报这一问题。他写道:"至于怎样去阅读、研究党报,除了各个人提高自我学习的情绪外,当然亦有赖于组织上的推动,首先在干部学习组织上,应建立研究时事的方式,并要切实按期报告时事政治问题,深入(的)讨论,使同志们必须于事前充分准备,参加讨论。同时对党报的研读或□体讨论必须与党中央提出加强'策略'教育的问题联系起来。此外党的小组会上,不仅要经常的(地)去讨论党报上党中央的决议和指示,以及党的负责同志的重要论文,而且要经常督促与坚持党员对于党报研读的情形,有无困难、有无问题、有无心得,并帮助克服困难与解决一些可能解决的问题。只有这样,我们党报才能成为'集体的宣传者、集体的鼓动者、而且是集体的组织者'。"①

　　1941 年 4 月 20 日,《共产党人》第 17 期发表了张闻天的文章《提高干部学习

---

　　① 石岗:《我们要更多的(地)注意研读党报》,《共产党人》1940 年第 13 期。

的质量》。该文是一篇指导党员干部如何学习、如何搞研究的论文。在文章中，张闻天提到了学习方法、学习内容、学习原则、学习立场等一系列学习元素，并主张学习要有自知之明，要切合自己的实际情况，培养自己独立阅读的能力。他说："每个干部要养成独立阅读的能力，首先应该知道自己的文化理论水平，不要好高骛远，妄想一步就跨进马列主义的大门。文化程度不够的干部，首先应该把文化水平提高，不要急于从事马列主义的专门研究。对马列主义的某部门连常识也没有，那就应该首先找些入门书来看看，待有了初步准备后，再找专门书来研究。这样按部就班的（地）学习上去，独立阅读的能力就会一天一天增进。""听讲、参加研究会只是为了启发自己的研究，而不就等于研究。应该着重提出的，就是我们的主要学习时间，应该放在自己阅读、自己研究上，而不应该放在听讲上。自己学习是主要的，听课是辅助的。""虚心一点，放下空架子，切实了解自己，从自己今天的文化理论水平出发，养成独立阅读的能力与习惯，自己下一番苦功来攻打马列主义科学的堡垒——这些应该是我们提高学习质量的一个基本方面。"

他还指出为了丰富自己的知识含量，增加自己的阅历，党员干部要加大对各种常识的学习并提出学习的基本原则。他说："为了增加各种具体知识，每个干部应该首先学习历史、地理，以及各种必要的社会常识与科学常识。关于中国的历史、地理和社会的各种常识，对于我们干部尤为需要。每个干部应该经常注意于这种知识的获得，而不满足于抽象的、空洞的原则。""从具体到抽象，应该是学习上的一般原则。必须遵守这个原则，学习到的抽象才是具体的真理，而不是空洞的教条。至于已经学到了许多抽象理论的干部，更应该注意于从抽象到具体的研究。"①

同期，为纪念"五五"学习节，《共产党人》还特意编集了拉发格、李卜克内西关于马克思学习态度和方法的一些论述，②并加以概述，命名为《学习马克思学习的精神和方法》，以期引起党员干部的关注和学习，进一步提高他们的学习效率。

除了刊登党中央有关学习指示和各种学习文章外，《共产党人》还发表了大量的学习资料以供党员干部参考，其中有毛泽东的《中国革命与中国共产党》（《共产党人》1940 年第 4、5 期）、《关于回回民族问题的提纲》（《共产党人》1940 年第 5 期）、《〈联共（布）党史简明教程〉的参考书目》（《共产党人》1940 年第 6 期）、《政治经济学研究大纲（初稿）》（《共产党人》1940 年第 7、8 期）、《关于抗战中蒙古民

---

① 洛甫：《提高干部学习的质量》，《共产党人》1941 年第 17 期。
② 参见《学习马克思学习的精神和方法》，《共产党人》1941 年第 17 期。

族问题提纲》（《共产党人》1940年第9期）、《各抗日根据地文化教育政策讨论提纲(草案)》（《共产党人》1941年第15期）、《劳动政策讨论提纲(草案)》（《共产党人》1941年第16期）、毛泽东的《没有调查者没有发言权》（《共产党人》1941年第18期）等资料。对于这些资料，《共产党人》编委多加以编者注或者刊登一些附言，以起到提醒的作用。

比如在刊登《〈联共(布)党史简明教程〉的参考书目》时，编者称："这是延安在职干部研究《联共(布)党史简明教程》的参考书目，特汇集发表于此，以供全党干部学习之用。以后将在本刊上继续发表各种课程的提纲与参考书目。"①在刊载《政治经济学研究大纲(初稿)》时，专门附言，称："一、这个大纲是供给有政治经济学初步基础知识而欲作进一步研究的同志自习之用。""二、开始几章，特别是一二两章，所举参考书较多，为的这几章包括的问题比较多。""三、各章参考书，因为缺乏简单的东西，所举页数稍多，如无时间阅读，可只读最低限度的。"②在发表毛泽东的《没有调查者没有发言权》时，编者指出："这是毛泽东同志给他自己著的《农村调查》一书所作的序言，该书已付印，特将这个序言发表于此，这是我们一切实际工作的和研究理论的同志必须学习的。"③

《共产党人》以上所做的一切努力，无论是登学习指示还是发学习文章或是刊学习资料，其目的只有一个，那就是激发党员干部学习热情，帮助党员干部了解正确的学习方法、端正学习态度，争取将自己变为党员干部学习的阵地。而这也是张闻天在主编《共产党人》期间极力追求的目标。

第三节　参与创办、指导其他刊物

除了主编《解放》和《共产党人》两份理论刊物外，延安时期的张闻天还参与创办了学术理论刊物《中国文化》、外文刊物《中国通讯》和党内刊物《参考资料》，并对党报《新中华报》与刊物《中国青年》给予了相当的指导意见。

1940年2月15日，《中国文化》在延安创刊。它是以陕甘宁边区文化协会机关刊物的身份出版的，是一份综合性的学术理论刊物，登载了大量涉及政治、经

---

① 《〈联共(布)党史简明教程〉的参考书目》，《共产党人》1940年第6期。
② 《政治经济学研究大纲(初稿)》，《共产党人》1940年第7期。
③ 毛泽东：《没有调查者没有发言权》，《共产党人》1941年第18期。

济、文化、历史、哲学、文学、艺术等方面的文章,具有相当的学术水准和理论水平。其栏目设有专论、研究、杂论、短论、译文、哲学讲座、随笔、创作、木刻、笔记、诗歌等,其编委会由艾思奇、周扬、丁玲、张仲实、范文澜、萧三组成,艾思奇任主编。

关于《中国文化》的出版,毛泽东在其《新民主主义的政治与新民主主义的文化》(即后来的《新民主主义论》)一文中作了一定的阐释。他说:"抗战以来,全国人民有一种欣欣向荣的气氛,大家以为有了出路,愁眉锁眼的姿态为之一扫。但是近来的妥协空气,反共声浪,忽又甚嚣尘上,又把全国人民打入闷葫芦里了。特别是文化人与青年学生,感觉锐敏(敏锐),首当其冲。于是怎么办?中国向何处去?又成为问题了。因此,趁着《中国文化》的出版,说明一下中国政治与中国文化的动向问题,或者也是有益的。对于文化问题,我是门外汉,想研究一下,也方在开始。好在延安许多同志都有详尽的文章,我的粗枝大叶的东西,就当作一番开台锣鼓好了。对于全国先进的文化工作者,我们的东西,只当作引玉之砖,千虑之一得,希望共同讨论,得出正确结论,适合我们民族的需要。科学的态度是'实事求是',决(绝)不是'自以为是'与'好为人师'那样狂妄的态度所能解决问题的。我们民族的灾难深重极了,唯有科学的态度与负责的精神,能够引导我们民族到解放之路。真理只有一个,而究竟谁是真理,不依靠主观的夸张而依靠客观的实践。只有千百万人民的革命实践,才是检验真理的尺度。我想,这可以算作《中国文化》出版的态度。"①

该文是毛泽东在1940年1月4日召开的陕甘宁边区文化协会第一次代表大会上所作的报告,《中国文化》创刊时将其全文刊载,并放在第一篇的位置,足见对其的重视程度。在报告中,毛泽东大体介绍了《中国文化》出版的背景、原因和应持有的态度,一定程度上弥补了《中国文化》没有发刊词的遗憾。

时任中共中央文化工作委员会书记的张闻天,也参与领导了《中国文化》的出版事宜,并为其确定了大体的编辑方向与编辑方针。这从《中国文化》第1卷第2期发表的张闻天文章《抗战以来中华民族的新文化运动与今后任务》中可以一窥端倪。张闻天的这篇文章与毛泽东的上述文章一样都是在陕甘宁边区文化协会第一次代表大会上的演讲报告。

张闻天在报告中提到中华民族新文化运动自抗战进入相持阶段后陷入了两种不同的境地,即在国统区受国民党政府文化专制主义政策影响接连受到压制,而在中共边区却是急迫需要发展壮大。他讲道:"抗战转入相持阶段后,投降妥协

---

① 毛泽东:《新民主主义的政治与新民主主义的文化》,《中国文化》1940年第1期。

的政治危机与新文化运动的危机有密切联系。文化上的反动,成为政治反动的思想准备及辅助手段。其具体表现为:投降、分裂与倒退的有毒言论的广泛的(地)散布;大唱'反共'、'反苏'的高调;新文化团体、刊物、报纸被取缔,言论、出版、集会、结社的自由大受限制;买办的封建主义的文化很大的活跃;文化统一战线内部斗争的尖锐化。""在敌后方共产党八路军新四军所活动的地区以及我后方的陕甘宁边区,新文化运动正在大大的(地)发展。凡是要抗战的地区都感觉到新文化的必要。"而《中国文化》正是应陕甘宁边区需要发展壮大中华民族新文化而出版的。而它肩负的责任也正是"中华民族新文化的中心任务",即"怎样更能使新文化为抗战建国服务,怎样在抗战建国中建立中华民族的新文化"。①

为此,张闻天指出,要想尽快完成中华民族新文化当前的具体任务,就必须"全力扩大与巩固抗日文化统一战线","团结一切不愿当亡国奴的文化人与青年知识分子;坚决反对日寇、汉奸、汪派的奴化活动;同国内主张投降、分裂、倒退的反动文化做坚决的斗争;打破半殖民地半封建文化的障碍;提倡民族的、民主的、科学的、大众的中华民族的新文化";"进一步发展新文化的各部门、各方面,如文学、艺术、科学、哲学,使之更能为抗战建国服务","进一步研究中国的实际、中国的历史、中国文化的各方面,求得在思想上正确的(地)解决抗战建国中的各种重要问题;大胆的(地)创作、写作、著述、介绍、翻译,来打破各种限制,打破各种陈旧的观点与标准,建立新观点、新标准,以发展学术,提高学术;组织各种文化的、研究的、考察的团体,提倡自由研究、自由思想、自由辩论的生动、活泼、民主的作风";"大量创作与编写新文化各部门的教科书、教材、读物、作品、小册子、杂志、报纸、研究资料,建设大规模的出版机关,以供给全国文化界的需要;经常以新民主主义文化教育政策的实施情况及其经验教训供给全国;同全国文化界发生多方面的关系";"更广泛的(地)宣传马克思列宁主义","尽量编译介绍马列主义的原著,使马列主义中国化,创造中国的马列主义作品;编印各种通俗的马列主义小册子"。②

报告中张闻天提到的"团结一切文化人与知识青年""打破各种限制,打破各种陈旧的观点与标准,建立新观点、新标准,以发展学术,提高学术""提倡自由研究、自由思想、自由辩论的生动、活泼、民主的作风""同全国文化界发生多方面的

---

① 中央党史研究室张闻天选集传记组编:《张闻天文集》第 3 卷,中共党史出版社 1994 年版(2012 年修订),第 25 页。

② 同上书,第 36 – 37 页。

关系""广泛的(地)宣传马克思列宁主义"等观点对主编艾思奇编辑《中国文化》起了相当的影响。据林默涵在其文章《怀念艾思奇同志》中回忆,在他担任艾思奇助手帮助艾思奇编辑《中国文化》时,艾思奇的编辑态度就比较宽容,主张学术自由,提倡学术争鸣。他说:"艾思奇同志主张,在学术问题上应当允许不同意见的争论。当时,关于中国历史问题,尹达同志写了几篇不同意范文澜同志的观点的文章,艾思奇同志也不完全同意尹达同志的意见,但尹达同志的文章都在《中国文化》上发表了。这种编辑态度,今天也还可作为榜样。"①

在张闻天与艾思奇的共同主持下,《中国文化》发表了大量具有可讨论性质的文章,向读者展示了对同一问题的不同看法,比如关于殷商、西周的社会性质问题,关于历史分期问题,关于文艺的民族形式问题等,其兼容并包、思想自由、百家争鸣的学术诉求足见之。

1941年3月,在时任中共中央宣传教育部长张闻天的主持下,中共中央宣教部在延安创办了一份面向国外宣传的外文刊物《中国通讯》。它兼用英、俄、法三种文字,不定期出刊。它的主要任务是向国外介绍八路军、新四军有关抗日的英勇事迹与中共抗日根据地建设情况。它可以说是中共在抗日根据地创办的第一份外文刊物。

对于《中国通讯》的出刊以及与张闻天的关系,当时在中共中央宣教部工作的吴文焘后来回忆道:"宣传家的张闻天同志,也是一位组织工作的能手。他指导干部'走出去、请进来',以求从根本上解决人力不足的问题。甚至为了开展国际宣传,他亲自召开座谈会,进行动员,完全依靠组织社会力量,就在一九四一年初出版了一种兼用英、俄、法三种文字的独特油印刊物《中国通讯》。"随之,他谈到:"这个小三十二开毛边纸的外文刊物,每期登载五、六篇文章,经常写稿的有萧三、马海德、巴思华(印度籍大夫)等同志,每期约印二百份,共出了五、六期,最后由于国民党反动派封锁、发行日益困难以及纸张油墨的匮乏,便停刊了。这大概是我党在根据地出版的第一个外文刊物。"②吴文焘的回忆向我们展示了张闻天如何通过自己的方式创办《中国通讯》以及困难面前不退缩、充分利用一切可能条件的工作作风。

1944年6月30日,中共中央政治材料室出版了一份内部刊物《参考资料》,由

---

① 艾思奇文稿整理小组编:《一个哲学家的道路——回忆艾思奇同志》,云南人民出版社1985年第2版,第103页。

② 本社编:《怀念张闻天同志》,湖南人民出版社1981年版,第42页。

当时兼任材料室主任的张闻天担任主编。该刊物主要刊登当时国内外发生的重大时事,以供中央领导在研究国内国际形势时作参考用。据刘英讲:"延安整风之后,闻天卸去了原在理论宣传部门的领导职务,主持中央政治材料室工作。我们住在枣园,与毛主席、恩来同志等为邻。闻天利用当时能够得到的有限材料,研究国际形势。在他主编的党内刊物《参考资料》上用'记者'名义写了一系列文章,评述当时的国际大事。"①

当时担任张闻天秘书的邓力群,也对《参考资料》的出版与编辑以及张闻天在出版编辑中的所作所为做了详细的阐述。他提到:"一九四四年整风结束后,中央政治研究室改组,成立中央政治材料室。同年六月,组织上调我去当他(引者注:指张闻天)的秘书。随后筹备出版《参考资料》,由他任主编,我改任材料室秘书,作为他的助手,参加刊物的编辑工作。每期的选题商定后,他总是亲自承担一、两个题目,从收集、整理材料到起草和誊写,都是亲自动手,送给大家征求意见后,又亲自改定。对于其他承担选题的同志,他总是叮嘱要首先占有大量确凿的材料,文章写完,他又和作者一道反复讨论、修改,直到定稿。他一再告诉大家,研究问题一定要从实际出发,用材料说话,不是先有结论,而是要用马克思主义立场、观点、方法整理、分析材料,从中引出科学的结论。有多少材料说多少话,切忌主观臆测、凭空推断,切忌看到一点皮毛就妄加引伸(申)。经过整风,材料室的同志普遍有了从事理论工作的人要研究重要的实际问题、不能停止在书本的字句上的觉悟。但是,究竟怎样做研究工作,怎样收集、整理和分析材料,却还很生疏。经过闻天同志言传身教,使大家逐渐树立起正确的学风,提高了各自的研究水平。我自己从事实际问题研究的第一课,是从这时开始的。第一课的老师,就是闻天同志。由于他的教导和示范,使我开始懂得,做研究工作,走什么样的路,才能取得应有的效果。这样的教导和示范,使我终生难忘。"②

邓力群的回忆让我们了解到在编辑《参考资料》的过程中张闻天基本上做到了身体力行、亲力亲为的程度,也让我们看到他在对待刊物出版上面的一丝不苟以及对编辑人才的重视和培养。

此外,延安时期张闻天对《新中华报》的改组、《中国青年》的出版与编辑方向都给予了一定的指导与相当的关注。1939 年 2 月 5 日,张闻天出席了《新中华报》编辑部为改组《新中华报》而召集的文化人座谈会。在会上,他谈了改组后《新中

---

① 刘英:《刘英自述》,人民出版社 2012 年第 2 版,第 143 - 146 页。
② 《回忆张闻天》编辑组编:《回忆张闻天》,湖南人民出版社 1985 年版,第 25 - 26 页。

华报》的性质、特点、任务、形式等问题。他说："《新中华报》是全国性的报纸，对于一切重大问题，均应发表自己的意见，使自己能在全国起核心的作用。但它应带有边区的特点。边区有什么特点呢？我想，实行三民主义便是边区最大的一个特点。别的地方，有的只实行'一民主义'，但边区却实行了'三民主义'。此外，八路军新四军等的特点，也必然是本报的特点。《新中华报》的任务，就是要把这些特点充分反映出来，拿这些特点去影响全国。《新中华报》已改组为中共中央的机关报之一，但这不是说非党同志就不要参加这一工作。我们不但欢迎全党同志，而且欢迎非党同志大家来参加这一工作，尽量多供给稿件，批评与指示，多参加本报编辑、通讯、发行等项工作，使在本报周围非党的与党的同志建立密切的合作。再者，《新中华报》以后要多方面地反映现实，文艺、歌咏、木刻、漫画、科学、哲学都可以刊登，特别在副刊上更需要有多方面的内容。这首先要求集中于延安的全国各方面的优秀分子的帮助。"最后，他还指出："《新中华报》过去编辑比较呆板，以后要在活泼生动的各种形式中去表现我们坚定的政治立场。"①张闻天的谈话提到了一份党报要想发挥其组织领导作用，首先它必须有自己的特点，必须有党员与非党员在稿件上面的支持，必须内容丰富、形式活泼。

　　1939 年 4 月，《中国青年》在延安复刊。它是以中央青年工作委员会（简称"青委"）机关刊物的身份出版的，其主编是时任青委宣传部长的胡乔木。《中国青年》准备复刊的时候，胡乔木曾专门请教过张闻天如何确定《中国青年》的性质。胡乔木说："我们那时办了一个二十二开本的小刊物，叫《中国青年》。对这个刊物应该是怎样的性质，就是说，应该办成青年群众性的刊物呢，还是党的青年工作的刊物？曾经有一次没有得到结果的讨论。因此就向闻天同志请示。闻天同志复了信，记得的大意是说：《中国青年》既是党的青年工作的刊物，又是青年群众的刊物，不应该把这两者对立起来；青年群众的立场，也就是党的青年工作的立场；不必回避这个刊物是党的刊物，把它尽量办得适合于青年的、群众的口味就行了。今天党领导的群众性刊物很不少，闻天同志的这些意见，我想，仍然有重要的指导意义。"②通过胡乔木的回忆，我们可以看出张闻天是站在党与人民群众之间关系的角度来思考《中国青年》出刊的，希望能够通过《中国青年》加深青年党员与青年群众之间的关系，进一步说也就是希望《中国青年》能

---

　①　张培森主编：《张闻天年谱》（修订版）上卷，中共党史出版社 2000 年版（2010 年修订），第413－414 页。

　②　《回忆张闻天》编辑组编：《回忆张闻天》，湖南人民出版社 1985 年版，第 17 页。

够兼顾党性与人民性。

1940年11月5日,在《中国青年》复刊一年半之际,张闻天特意在《中国青年》上发表《对〈中国青年〉的希望》一文,表达了自己对它的期望。他说:"希望《中国青年》成为全国青年干部自由探讨真理、追求真理、为拥护真理而奋斗的广大园地";"希望从《中国青年》培养出无数具有'坚定的正确的政治立场,灵活的革命的实际主义,前进的艰苦奋斗的精神,大众的民主主义的作风'的新青年的一代!"①从张闻天的言语中可以看到他希望《中国青年》能够肩负起追求真理与培养新青年这双重责任。

① 张培森主编:《张闻天年谱》(修订版)上卷,中共党史出版社2000年版(2010年修订),第441页。

第六章

关心和指导地方报刊

　　抗日战争胜利结束后,东北因其地域辽阔、资源丰富、地处要地,又是重工业基地,成为国共两党都想控制的地区,为此中共中央提出建立巩固的东北根据地的指示和号召。此时,张闻天向中央提出去地方做实际工作的要求获得批准。应中央的安排,张闻天先到东北佳木斯担任中共合江省委书记、省军区政治委员,又到哈尔滨担任中共中央东北局常委兼组织部长,后又到安东市任辽东省委书记。东北任职期间,张闻天在发动群众剿匪支前、开展土地改革、指导经济建设、加强政权建设和党的建设、提倡文化建设等方面作出了突出的贡献,为开辟和建立东北革命根据地奠定了坚实的基础,也为党提供了很多宝贵的经验。而所有这一切都跟张闻天在东北的新闻实践活动密不可分。

第一节　张闻天与《合江日报》

　　1945 年 8 月 15 日,日本无条件投降,标志着抗日战争胜利结束。中共开始着手对东北地区的接收。但鉴于"苏联为了维护远东和平与受中苏条约之限制",中共中央于 8 月 29 日发出《关于迅速进入东北控制广大乡村和中小城市的指示》,称:"只要红军不坚决反对,我们即可非正式的(地)进入东三省","进入东三省后开始亦不必坐火车进占大城市,可走小路,控制广大乡村和红军未曾驻扎之中小城市,建立我之地方政权及地方部队,大大的(地)放手发展,在我军不能进入的大城市,亦须尽可能派干部去工作。"① 9 月 11 日,中共中央又发出《关于调四个师

---

① 中央档案馆编:《中共中央文件选集》第 15 册,中共中央党校出版社 1991 年版,第 257 – 258 页。

去东北开辟工作给山东分局的指示》，"决定从山东抽调四个师十二个团共二万五千至三万人，分散经海道进入东北活动"，"另派城市工作干部到东北红军占领的各大城市及交通要道，组织群众团体，改善人民生活，出版报纸，发动民主运动。"①

9月15日，中共中央再次发出《关于组织东北中央局的通知》和《关于派一百个团的干部去东北工作的指示》。通知称："中央决定成立东北中央局，以彭真、陈云、程子华、伍修权、林枫为委员，并以彭真为书记，他们已在奉天之沈阳城设立机关(对外不公开)，各地到东北干部及党员，可到沈阳城南街张作霖公馆卫戍司令部找司令曾克林(党员)即可找到东北局接头。东北局全权代表中央指导东北一切党的组织及党员活动。东北一切党的组织和党员必须接受其领导。"②指示则指出："目前我党对东北的任务就是要迅速的(地)、坚决的(地)争取东北，在东北发展我党强大的力量"，而"现在最需要的是派遣大批军事干部到东北。华北、华中应派遣一百个团的干部迅速陆续起身前去"，"其他到东北能作(做)司令、市长、专员、经济、文教工作的干部，亦望尽可能派去。"③

之后，中共中央又先后发出一系列有关东北问题的指示，有《军委关于争夺东北的战略方针与具体部署的指示》(1945年9月28日)、《中央关于东北战略方针与部署给东北局的指示》(1945年10月2日)、《中央关于目前工作的方针给东北局的指示》(1945年10月19日)、《中央关于增调兵力控制东北的指示》(1945年11月4日)、《中央关于发动群众创造战场给东北局的指示》(1945年11月10日)、《中央关于东北的工作方针等给东北局的指示》(1945年11月19日)、《中央关于让出大城市及长春铁路线后开展东满、北满工作给东北局的指示》(1945年11月20日)、《中央关于东北撤出大城市后的中心任务给东北局的指示》(1945年11月20日)、《中央关于撤出大城市和主要铁路线后东北的发展方针给东北局的指示》(1945年11月28日)等，足见中共对东北问题的重视。

而通过对时局的分析和考虑到敌我力量的悬殊，中共中央最终作出了建立东北根据地，做长期斗争的指示。在1945年11月29日的《中央关于东北形势及今后方针的通报》中，中共就指出："现中央正令东北同志及部队努力控制长春铁路以外的中小城市、次要铁路及广大乡村，建立根据地，作长期打算，以争我在东北

① 中央档案馆编：《中共中央文件选集》第15册，中共中央党校出版社1991年版，第274页。
② 中国人民解放军国防大学党史党建政工教研室编：《中共党史参考资料》第18册(内部资料)，1986年3月，第17页。
③ 同上书，第18页。

之一定地位及可能的优势。"①12月22日,中共中央又特别指示东北局"注意东北长期永久根据地之建立","即在通化、延吉、宁安、东宁、密山、穆棱、佳木斯、嫩江、黑河、开鲁等地区,必须派必要的老部队和干部去开辟工作,建立后方,建立工业,组织与训练军队,开办学校,以便能够源源供给前线",要求东北局"应抓住现在有利的时机以发展力量,同时建立巩固的后方根据地以准备将来"。②

对此,毛泽东专门撰文《建立巩固的东北根据地》,并将其批示给东北局。文章指出:"我党现时在东北的任务,是建立根据地,是在东满、北满、西满建立巩固的军事政治的根据地。建立这种根据地,不是轻而易举的事,必须经过艰苦奋斗。建立这种根据地的时间,需要三四年。但是在一九四六年一年内,必须完成初步的可靠的创建工作。否则,我们就有可能站不住脚。"他还强调:"建立巩固根据地的地区,是距离国民党占领中心较远的城市和广大乡村。目前,应当确定这种地区,以便部署力量,引导全党向此目标前进。"③

为响应中共中央的号召和指示,张闻天主动要求到东北地方工作,获得批准。而此时的张闻天对于在东北建立根据地这一问题也有充分的认识,这在1945年11月30日以陈云、高岗、张闻天名义给东北局并发中央的电报《对满洲工作的几点意见》④中得到了很好的体现。他们的见解跟当时中共中央的东北工作方针不谋而合。据刘英回忆,"电报在11月底发出以后,12月9日中央就复电,对《对满洲工作的几点意见》表示'完全同意'。"⑤1946年5月,张闻天出任中共合江省委书记。为贯彻执行中共中央关于《建立巩固的东北根据地》这一指示,刚上任的张闻天在中共合江省委扩大会议上作了重要讲话。在讲话中,张闻天对于当时的国内形势、东北形势以及省委以后的工作任务做了明确的阐述。⑥

为加大对中共中央政策的宣传力度和更好地指导、组织地方工作,张闻天非常注重省委的宣传工作和新闻出版工作。1946年6月25日,合江省委决定从7月1日起,"将佳木斯《人民日报》更名为《合江日报》,作为省委机关报",指出"其重要社论和文章,应成为各县、市工作的指针"。同日,省委宣传部发出《关于报纸

---

① 中央档案馆编:《中共中央文件选集》第15册,中共中央党校出版社1991年版,第457页。
② 同上书,第504－505页。
③ 《毛泽东选集》第4卷,人民出版社1991年版,第1179－1180页。
④ 参见陈伯村主编:《张闻天东北文选》,黑龙江人民出版社1990年版,第2－3页。
⑤ 魏燕茹主编:《张闻天在合江》,中共党史资料出版社1990年版,第140页。
⑥ 参见陈伯村主编:《张闻天东北文选》,黑龙江人民出版社1990年版,第12－14页。

通讯工作的指示》，"要求各地建立通讯组织，培养通讯人才，加强报纸的群众工作"。① 指示还称，"各级党委、各部队政治机关以及各地方工作团，应即指定专人担任党报通讯员，并由通讯员团结积极分子，组织通讯网"。② 而为了解决合江根据地新闻出版物的纸张困难问题，"他（引者注：张闻天）与李范五等同志商定，派人去苏联边区谈判，开展对苏小型贸易，终于解决了这一困难，确保了新闻出版工作的正常开展"。③ 从中可见张闻天对于地方党报党刊的重视程度。

关于《合江日报》的前身——佳木斯《人民日报》的历史，《黑龙江日报60周年黑龙江日报史》一书是这样描述的：④

1945年11月下旬，叶方随新四军一批干部从苏北解放区到达佳木斯市，在中共合江省工委宣传部任宣传科长。当时省工委要尽早出版报纸，但又派不出干部。叶方就一人前往接管伪《康德新闻》佳木斯支社。该社原编辑长杨之明于日本投降后参加国民党，他利用原报社人员设备于10月份出版国民党报《佳木斯民报》。叶方接管后，把原办报人员集合一处，宣布停办《佳木斯民报》，改出《人民日报》，叶方兼社长和总编辑，并宣布"约法三章"：（一）除地方消息外，国内、国际新闻一律采用新华社电讯；（二）社论和重要评论，由省工委负责同志和报社社长撰写；（三）每天报纸大样由社长审定签字方能付印。如违背这几条，报纸出了差错，要追究原民报负责人责任。《人民日报》这样办了二、三个月，没有出什么大毛病。这是在特殊情况下，利用留用人员办报的情形。1946年2月，曾在延安《解放日报》工作的陈元直到达佳木斯，接替叶方社长职务，老区干部赵路（女）、毛星、徐莹、梁彦等先后调进报社，报纸逐步走向正规。原留用人员陆续离开报社。1946年7月1日，《人民日报》改刊为《合江日报》。

1946年7月1日，《合江日报》创刊，每日8开2版。社长由陈元直担任，副总编辑由毛星担任，编委会成员先后有陈元直、梁彦、毛星、杨永平、徐莹、章孜、赵路

① 张培森主编：《张闻天年谱》（修订版）下卷，中共党史出版社2000年版（2010年修订），第515页。
② 黑龙江日报社：《黑龙江日报历史编年（1945—1993）》，黑龙江日报社出版1994年版，第4页。
③ 张培森主编：《张闻天年谱》（修订版）下卷，中共党史出版社2000年版（2010年修订），第515—516页。
④ 黑龙江日报报业集团编著：《黑龙江日报60年（1945—2005）黑龙江日报史》，黑龙江人民出版社2005年版，第4—5页。

(女)。① 在创刊号第 1 版,《合江日报》专门刊载中共合江省委书记张平之(张闻天)的社论《紧紧依靠人民战胜敌人》,以示省委对党报的重视。该文是张闻天为纪念中共诞生二十五周年撰写的,是一篇合江省委向合江人民表明决心、动员自卫战争的文章,是张闻天主动给省报写的署名文章。而且在将文章送交《合江日报》社时,张闻天还专门附言编辑部,说:"这篇文章,你们一定要严格审查,有不对的地方,你们要提出来,要修改。你们对报纸要负起责任来,你们有权力,有责任。必须认真审查每篇文章,不管是谁的文章。"②张闻天严谨的办事作风和对新闻工作的严格要求可见一斑。

文章称:"在抗战结束后,国民党反动派现在又想依靠美帝国主义的支持,为保持其半殖民地半封建的法西斯黑暗统治,而要向中国共产党与中国人民实行新的全面的进攻了。由于国民党反动派背信弃义,破坏政治协商会议决议,坚持独裁内战的方针,全国内战的新局面,已经是不可避免的了。我党同志,必须在敌人新的全面的进攻前面,以最大的愤怒,一致奋起,率领全党、全军、全民实行正义的自卫战,我们深信,只要我们像过去一样,坚持为人民服务的方针,紧紧依靠人民,我们的自卫战,一定能够得到决定的胜利,全国人民所渴望的和平民主幸福的新中国一定能够出现。我们深信,中国人民的力量是无穷无尽的,是不能被战胜的。国民党反动派将又一次的(地)在中国人民的铁壁前面,碰得头破血流的。蒋介石死了之后,此目之不瞑,也是确定的了,当然,蒋介石之流,在中国人民前面,不过是一条无足轻重的爬虫,其目之瞑与不瞑,同中国人民有什么关系呢?"

最后,文章申明:"我深信,我全党同志,在我党二十五周年纪念日,誓必以最大的对革命事业的信心与勇气,以最大的对人民敌人的仇恨与愤怒,在以毛泽东同志为首的我党中央领导下来彻底粉碎敌人的新进攻。我深信,我合江省全体同志,在我党二十五周年纪念日,誓必以更大的努力与决心,来肃清土匪,动员群众,武装群众,创立巩固的根据地,以支持持久的战争以争取自卫战的彻底胜利。在我们内部一切不合于战争动员的太平享乐的思想、怕战厌战的思想、悲观失望的思想、一切不合于群众路线的个人主义思想、军阀主义、官僚主义思想必须加以纠正肃清。我们的党,是坚持为人民服务的党,是在战斗中发展与壮大的党,是不怕

---

① 参见黑龙江日报社:《黑龙江日报历史编年(1945－1993)》,黑龙江日报社出版 1994 年版,第 4 页。

② 张培森主编:《张闻天年谱》(修订版)下卷,中共党史出版社 2000 年版(2010 年修订),第 516 页。

一切困难而时时克服其困难的党。我们一定要战斗下去,不达目的,誓不罢休!"①

张闻天除了为《合江日报》创刊号撰写了社论文章外,还为其创刊题词:"进一步宣传与组织土地改革运动,使合江人民彻底翻身"。② 题词不仅表达了张闻天对《合江日报》的深切厚望,也指出了《合江日报》当前的主要使命。此后的《合江日报》在合江省委的指导之下,努力完成自己的使命,在号召剿匪反霸、宣传土地改革、提倡农业生产、支援人民解放战争、宣传中共中央政策、加强政权建设和干部培养等方面做出了很大的贡献。

作为合江省委书记,张闻天对《合江日报》这份省委机关报倍加关注和重视。他将《合江日报》看成是省委宣传地方指示决定和执行中共中央方针政策的一个重要平台,常常将自己为合江省委政府起草的重要指示或决定发表在《合江日报》上面。某些重要场合的发言和讲话,张闻天也经常将其在《合江日报》上发表,以便在第一时间让更多的干部、群众看到和了解到,达到宣传效果。对于一些重要的问题和事情,张闻天也常常以《合江日报》社论或直接署名张平之的形式发表其上,明确阐明自己的立场和观点,达到引导舆论的效果。看到有价值或者很具典型性的文章,张闻天也经常向《合江日报》推荐,并附以编者按,而这个编者按经常由他亲自撰写。所有这一切对于革命年代中共开展群众工作来说是非常重要的。它们充分体现了张闻天利用地方党报来指导、组织和推动地方实际工作的才能。

据不完全统计,在张闻天任职合江省委书记两年期间,《合江日报》发表的张闻天的文章(包括讲话、报告、指示、社论、按语、署名文章)共有 25 篇,具体如表 6—1 所示。

表6—1　张闻天发表在《合江日报》上的文章名称、时间、形式

篇名	刊载时间	形式	备注
《紧紧依靠人民战胜敌人》	1946 年 7 月 1 日	社论、署名文章	署名张平之
《创造农干工作团》编者按	1946 年 9 月 3 日	按语	张闻天代写

---

① 陈伯村主编:《张闻天东北文选》,黑龙江人民出版社 1990 年版,第 23－24 页。
② 张培森主编:《张闻天年谱》(修订版)下卷,中共党史出版社 2000 年版(2010 年修订),第 516 页。

续表

篇名	刊载时间	形式	备注
《"合江省印刷合作社"第一次分红》通讯编者按	1946 年 9 月 3 日	按语	张闻天代写
《五个月群众工作总结》	1946 年 11 月 14 日	报告	是张闻天在合江省群众工作会议上的总结发言
《依兰剿匪胜利的经验》	1946 年 11 月 28 日	报道	是从剿匪前线发来的电报，以记者访问的方式发表，由张闻天撰写
《进一步深入土地斗争》	1946 年 12 月 26 日	指示	是张闻天为中共合江省委起草的指示
《论群众工作中的诸问题》	1947 年 2 月 15 日	报告	是张闻天在合江省群众工作会议上的总结报告
《把生产斗争与土地斗争结合起来》	1947 年 2 月 21 日	社论	张闻天代为起草
《努力展开革命竞赛》	1947 年 2 月 28 日	社论	张闻天代为起草
《争取春耕前解决土地问题》	1947 年 3 月 12 日	社论	是张闻天致各地委、县委、各工作团同志的信
《春耕生产运动的若干问题》（标题是编者另拟的）	1947 年 4 月 12 日	指示	是张闻天为中共合江省委起草的指示
《谈谈文艺工作的几个问题》（标题是编者另拟的）	1947 年 4 月 30 日	讲话	是张闻天在中共合江省委迎送鲁迅艺术学院文工团小型招待会上的讲话
《巩固成绩坚持下去》编者按	1947 年 5 月 7 日	按语	张闻天代写
《抓紧生产深入斗争》	1947 年 7 月 4 日	社论	张闻天代为起草
《放手发动群众要与掌握政策密切结合》（标题是编者另拟的）	1947 年 7 月 10 日	报告	是张闻天在合江省群众工作会议上的总结发言
《把地主的"家底子"变为农民的"家底子"》	1947 年 7 月 19 日	社论	张闻天代为起草
《关于处理城市乡村间起浮产问题的决定》	1947 年 8 月 8 日	指示	张闻天代合江省政府起草
《肇东县四区在起浮产中的侵犯中农偏向及其纠正方法》编者按	1947 年 8 月 10 日	按语	张闻天代写

续表

篇名	刊载时间	形式	备注
《关于生产时期彻底消灭封建势力的几个问题》	1947年9月4日	指示	是张闻天为中共合江省委起草的指示
《深入斗争与提高思想》	1947年9月22日	报告	是张闻天为合江省群众工作会议所作的总结发言
《打通群众的思想》	1947年9月27日	社论	张闻天代为起草
《青年知识分子的出路》	1947年10月14日	讲话	是张闻天在合江青年干部学校开学典礼上的讲话
《整顿我们党的队伍》	1947年12月21日	讲话	是张闻天在合江省政府直属机关整党大会上的讲话
《贯彻贫雇农路线的三个问题》	1947年12月26日	社论	张闻天代为起草
《打破老一套坚持新方法》编者按	1948年1月7日	按语	张闻天代为撰写
《合江农村的新形势与新任务》	1948年2月26日	报告、署名文章	署名张平之；是张闻天为合江省群众工作会议所作的总结报告

（资料来源：《张闻天年谱》（修订本）下卷、《张闻天选集》、《张闻天文集》（三）、《张闻天东北文选》、《张闻天在合江》）

从文章内容来看，张闻天发表在《合江日报》的文章大多数都是围绕着土地改革、剿匪、紧抓农业生产、开展群众工作、加强党的建设等问题展开的，是为建立和巩固合江革命根据地建设服务的。从文章形式来看，其多样化充分显示了张闻天的编辑才能，尤其是社论和编者按的运用。

在《合江日报》创刊号上发表了一篇社论文章之后，张闻天又多次运用社论这一方式来指导工作。1947年2月21日，《合江日报》发表张闻天起草的社论《把生产斗争与土地斗争结合起来》，称："春耕将到，生产工作成为农民的迫切要求，在未分土地的村屯，应该彻底清算恶霸地主，追查他们的黑地、黑马、黑粮食。在解决土地问题后，即发新地照，确定地权，制定计划，解决人力、畜力互助等生产中的困难，务必在春耕前，既解决土地问题，又解决生产问题；在已经解决了土地问题的村屯，即应深入开展生产的动员和组织工作，把生产斗争与土地斗争结合起来。"①该社论是一篇动员农业生产和土地改革的指导性文章。

---

① 张培森主编：《张闻天年谱》（修订版）下卷，中共党史出版社2000年版（2010年修订），第539页。

2月28日,张闻天在《合江日报》发表社论《努力展开革命竞赛》,表扬了"革命竞赛"这种能够调动群众生产积极性和主动性的运动,称"革命竞赛及奖励模范的作(做)法,能够激发群众在革命工作中的竞争心和积极性,是贯彻群众路线的一个重要部份(分),也是使一般号召具体化的重要方法",①并指出开展革命竞赛"可以使理性的宣传转为感情的鼓动,使理性的思想上的认识同热烈的情感结合起来,而使干部与群众的动员成为完成任务而坚决斗争的热潮。这种种热潮可以把落后的卷入运动中来,可以使冷淡的变为热烈,可以使'平凡的'人民创造出历史的奇迹"。②

3月12日,张闻天将他写给各地委、县委、各工作团同志信的内容以《合江日报》社论的形式发表在《合江日报》上,作为指导当时土地斗争的重要指示,题目为《争取春耕前解决土地问题》。张闻天指出,"现在农村革命形势与土改开始时大不相同。农民纷纷派代表要求工作团去帮助他们解决土地问题。为此,希望做到:(一)尚未解决土地问题的村子,应首先集中力量解决土地问题,各县在春耕前大体完成此项任务。(二)在农民改变过去不敢要地,现在迫切要求分地的情况下,应该防止不必要的延长发动农民进行土地斗争的酝酿时间,慢性病同样会脱离群众。(三)在土地斗争中进行春耕生产的准备工作,在生产准备及春耕开始后,继续进行深入土地斗争。"③

7月4日,张闻天在《合江日报》发表社论《抓紧生产深入斗争》,督促地方干部要狠抓生产工作,称:"现在正是生产中最紧张关头,地方领导必须深入了解生产中的具体情况,及时发现问题、解决问题","必须把领导生产的中心任务,同深入灭匪锄奸与反对恶霸地主的斗争,保护大生产与解决群众生活困难结合起来。并在抓紧生产和深入斗争中,进一步消灭'夹生饭',巩固合江根据地。"④

7月19日,张闻天又为《合江日报》起草社论《把地主的"家底子"变为农民的"家底子"》,旗帜鲜明地提出要为农民争利益,指出,"贫苦农民在土改斗争中分得地主的土地、牲口、房屋、粮食,使农民有了一点家底子,但现在看来农民这点家底子同地主尚保存的家底子比较起来还是太薄了。他们在生产和生活方面还相

---

① 魏燕茹主编:《张闻天在合江》,中共党史资料出版社1990年版,第395页。
② 张培森主编:《张闻天年谱》(修订版)下卷,中共党史出版社2000年版(2010年修订),第540页。
③ 魏燕茹主编:《张闻天在合江》,中共党史资料出版社1990年版,第395页。
④ 张培森主编:《张闻天年谱》(修订版)下卷,中共党史出版社2000年版(2010年修订),第550页。

当困难。而地主却藏有黑地、黑粮、黑牲口以及许多浮产。我们应该清楚认识,只要在经济上农民还是非常穷的,而地主阶级还是富裕的,农民的彻底翻身,封建势力的完全斗倒,是不可设想的。所以,现在除农民们自己积极生产,增加他们的家底子外,必须进一步把地主的家底子变为农民的家底子。"①

9月27日,张闻天以《打通群众的思想》为题在《合江日报》发表社论,提醒干部在做群众工作过程中要注意方法和方式问题。他强调,"目前在有些干部中包办代替与强迫命令的工作作风还相当严重",所以要认清'群众翻身应是群众自觉自愿的行动。强迫翻身,命令翻身,是翻不了身的。只有坚持这样的正确观点,根本转变包办代替与强迫命令的工作方法为群众路线的工作方法,才有可能'。"②"干部的任务在于打通群众的思想,启发、引导群众自觉起来为自我解放而斗争。"而且"打通群众的思想,必须从群众的思想实际出发,根据群众自己切身经验与切身利益,启发群众的阶级觉悟,把他们的思想提高到阶级斗争的水平,成为对地主仇恨与斗争的动力,从而形成农村的人民革命。"③

12月26日,张闻天再次为《合江日报》起草社论《贯彻贫雇农路线的三个问题》,在肯定"土改工作团在开辟工作时的功绩"的基础上,指出,"现在工作团应为贫雇农代表会所代替。应把工作团所曾担负的政权工作,交给贫雇农代表会,而集中全力于思想领导。其工作有三:(一)给贫雇农反复进行阶级教育,提高他们的思想觉悟和政策水平。(二)充分相信贫雇农,大胆放手并给贫雇农撑腰。(三)通过各种贫雇农会议和训练班,大量培养新干部与新党员,以建立贫雇农的领导骨干和领导核心"。而其中所说的三个问题则分别为"坚决与充分的(地)满足贫雇农的经济要求";"坚决把贫雇农(包括农村工人)组成统治的阶级";"把党的领导与贫雇农代表会密切结合起来"。④

除了社论,编者按是张闻天以《合江日报》为平台指导地方工作的另一重要方式。1946年9月3日,《合江日报》刊载了2篇张闻天为通讯报道写的编者按。一篇是徐以新写的工作通讯报道《创造农干工作团》。张闻天为其写的编者按,是这样说的:"徐以新同志这篇工作通讯,说出了最近不少工作团中已经使用的经验。

---

① 张培森主编:《张闻天年谱》(修订版)下卷,中共党史出版社2000年版(2010年修订),第550－551页。
② 同上书,第556页。
③ 魏燕茹主编:《张闻天在合江》,中共党史资料出版社1990年版,第409页。
④ 张培森主编:《张闻天年谱》(修订版)下卷,中共党史出版社2000年版(2010年修订),第562－563页。

所谓放手发动群众,就是不但要少数工作团同志去发动群众,而且要动员从斗争中涌现出来的大量积极分子也来发动群众,就是不但要一个老的工作团在一个地方工作,而且要经过一个老的工作团产生出许多新的工农干部和积极分子的工作团,到许多新的地方工作。现在各地革命形势是如此(的)成熟,群众要求斗争是如此(的)迫切,非这样放手(的)去发动群众不可,否则我们是会大大落后在群众运动之后的。"①另一篇通讯报道是"合江省印刷合作社第一次分红",张闻天认为其经验大有学习之处,有推广的可能,所以特写编者按,称:"合江印合的方向,是新式工业发展的方向。其经验可供各合作事业部门一点参考。"②1947 年 5 月 7日,《合江日报》发表了一篇桦南县委组织春耕生产经验的文章《巩固成绩坚持下去》,张闻天又为其写了编者按,指出:"本文系桦南县春耕动员初步总结之一部份(分),着重警惕大家,勿满足于现有成绩,必须继续坚持与深入下去,以真正展开群众的生产运动。"③

对于土改过程中出现的一些问题,张闻天也曾以编者按的形式特别指出。1947 年 8 月 10 日,张闻天在为《合江日报》报道《肇东县四区在起浮产中的侵犯中农偏向及其纠正方法》而写的编者按中,指出土改要正确对待中农,希望地方领导干部和土改工作团注意。他说:"挖坏根起浮产运动的斗争对象,主要是少数恶霸地主。应集中力量砍这些大树,不应不分轻重甚至不问皂白的(地)随便打击。尤其应该注意的是绝对不能侵犯中农利益。肇东县四区发生的偏向,据编者了解在我合江地区也个别存在。这个问题值得各地工作同志严重的(地)予以注意。"④

1948 年 1 月 7 日,《合江日报》刊登了一篇方锐写的介绍萝北县新区土改运动开展情况的文章《打破老一套坚持新方法》。张闻天认为其经验很有参考价值,专门在文章前面加写编者按,称:"萝北是个新开辟的地区,过去工作团在那里是着重搞点,现在领导上大胆放了手,群众很快发动起来,其基本经验与老地区是一致的,值得各地参考。"⑤另外,张闻天还曾以记者访问当时合江省军区司令贺晋年

①　张培森主编:《张闻天年谱》(修订版)下卷,中共党史出版社 2000 年版(2010 年修订),第523－524 页。
②　同上书,第524 页。
③　同上书,第546 页。
④　同上书,第553 页。
⑤　同上书,第566 页。

的形式写了一篇记者报道,①向合江地方领导和人民大众介绍剿匪经验,起到了很好的宣传、组织和推动作用。

据有关回忆文章称,"张闻天同志除亲自为报社(引者注:《合江日报》社)撰写社论、文章外,报社社长陈元直等同志写的社论,甚至短评,凡是给他审阅的,他都认真阅读并加以修改",②"还指导蔡黎总结典型经验,写成《桦川会龙屯在争取成为模范村的路上前进》一文,在《合江日报》上发表,向全省推广","许多典型经验和调查材料,经闻天挑选、修改,送《合江日报》发表,"③"对下面干部写的工作报告和一些地主发家史,经常仔细阅读,亲自修改,并多次表扬一些生动的简明扼要的报告,有的还送给《合江日报》发表",④"经常把各地、县上送的较好报告批送《合江日报》转发,以推动工作"。⑤ 以上材料足见张闻天对《合江日报》的重视程度。

而为了使《合江日报》越办越好,越办越有水平,张闻天对它严格要求,并提出了很多改进的意见。1947年3月1日,《合江日报》以摘要方式报道了张闻天在合江省群工会议期间所作的关于改进《合江日报》工作的谈话。谈话中,张闻天指出,"报纸的主要缺点是指导性不够,思想领导差。其原因与省委以及各个县委照顾与重视不够有关"。他强调,"报纸要特别注意新闻的具体性、真实性与连续性"。他说:"最能起教育作用的是真实、具体与连续的报道。一个典型的连续的报道本身就是经验。新闻非论文,与其长篇大论,莫如一篇真实、具体的典型报道好。新闻又非文艺,因此不要怕动笔,不要顾虑描写得不好,也不必什么描写。"他还提出,"希望大家注意党报,帮助并推广党报,积极负责组织新闻"。⑥

张闻天的此次谈话涉及了加强各级领导对党报的领导,发挥党报的指导作用,注重新闻的具体性、真实性与连续性,发扬中共"全党办报"和"群众办报"的优良传统等内容,对于《合江日报》的改进起了相当的指导作用,也引起了地方各级领导对《合江日报》的重视,为增加地方稿件,丰富《合江日报》内容,树立地方典型、推广经验奠定了坚实的基础。

---

① 参见《回忆张闻天》编辑组编:《回忆张闻天》,湖南人民出版社1985年版,第202-203页。
② 魏燕茹主编:《张闻天在合江》,中共党史资料出版社1990年版,第191页。
③ 同上书,第149-150页。
④ 《回忆张闻天》编辑组编:《回忆张闻天》,湖南人民出版社1985年版,第226页。
⑤ 同上书,第234页。
⑥ 张培森主编:《张闻天年谱》(修订版)下卷,中共党史出版社2000年版(2010年修订),第540页。

　　1947年冬,东北地区在土改中出现了一些片面满足贫雇农的"左"的错误,统称"扫堂子"。当时《东北日报》对这种做法进行了大量的报道,给予了很大的肯定和赞扬,给土改造成了不好的影响和损失。对于这种做法,《合江日报》并没有急于表明自己的立场和态度,也没有转载《东北日报》的相关社论、评论文章,可以说是表现得比较冷静。究其原因,与张闻天的严格要求有很大的关系。

　　张青叶在《有关张闻天同志的点滴见闻》一文中,提到:"为编辑张闻天画册,1986年10月,我曾到东北一些地方征集照片和资料,回北京后又相继访问了一些老同志,听到了不少有关张闻天同志在合江活动的情况,使我深受教育。"其中他访问的张水华和赵汉臣两位老同志都谈及了"扫堂子"事件、张闻天如何应对"扫堂子"以及对《合江日报》的要求等内容。具体描述如下:①

　　水华同志(还)讲到"扫堂子"的事情。他当时出于好奇,就约了一个同志偷偷到邻省的一个县里去看个究竟。正好碰上那里的县委书记和《东北日报》的记者,就一块坐上爬犁到一些村子里去看,每到一村,县委书记就问:"你们村搞得怎么样? 浮财都挖出来没有?"群众说:"挖出来了。"接着他们又带着我们去看实物,那明摆的东西很多,衣服、被褥、箱箱柜柜、骡马鸡鸭,好不热闹。后来,我们又到一个村子去看,那里正在斗"地主"、"富农"。不一会别村的人坐上爬犁,敲锣打鼓,也来这里"扫堂子"。他们的领头人大声问:"你们村地主、富农扫干净没有? 要不要我们帮助扫?"当地村干部回答说:"我们正在扫哩,不麻烦你们了。"这支队伍又"浩浩荡荡"开到别的村去了。水华同志说:当时这种情景,他曾悄悄和一些同志谈论过,大家看法也不一样。有人说好,也有人说应注意政策,不能乱来。水华同志有一天到省委办事,碰到《合江日报》的同志正和张闻天同志谈论这件事,他也谈了他看到的情况。张闻天同志听完后,冷静地对《合江日报》的同志说:"《东北日报》关于'扫堂子'的文章我们不转载。"接着又对他说:"'扫堂子'是'左'的做法,坚决不能搞。我们要掌握政策,不能无原则地满足群众的要求。否则,就要犯错误。"

　　赵汉臣同志也说:"'扫堂子'那阵,首长表面不吭气,心里很着急。有些人找首长说,别的省贫雇农能当家作主挖浮财,我们省为什么不敢'革命'? 个别地方不经省委同意就自己行动起来了。首长带着我们下去了解情况,看了好几个屯子。回来后召集干部开会讨论,然后写文章、登报纸,坚决纠正。"

　　从张水华和赵汉臣两位老同志的言辞中,不难看出张闻天在处理"扫堂子"事

---

　　①　魏燕茹主编:《张闻天在合江》,中共党史资料出版社1990年版,第261—262页。

件时的沉着冷静和实事求是的工作作风,而他对《合江日报》的要求和"不转载《东北日报》关于'扫堂子'的文章"的指示,也表现了张闻天在宣传方面的独到智慧以及正确把握中共中央方针政策的能力。张闻天对《合江日报》的严格要求,使《合江日报》编辑们了解到实事求是、客观公正地看待事物,正确掌握和理解中央的政策方针,坚定立场和坚持原则,确保新闻真实性,把好宣传关口的重要性。

张闻天严谨的工作态度,理论联系实际的工作作风以及对《合江日报》的指导和要求,给《合江日报》产生了积极的影响。而他关于发挥党报指导作用,发扬中共"全党办报""群众办报"和"批评与自我批评"的优良传统,坚持联系实际办报方针,坚持新闻真实性、客观性的原则等方面的论述,其影响更是贯穿《合江日报》始终。

在发挥党报指导、组织职能方面,《合江日报》承担了它作为地方党报的使命。在张闻天担任合江省委书记期间,《合江日报》"共发表了有关方针、政策、土地改革运动、农业生产、支援人民解放战争、剿匪及党的工商业政策等方面的社论、短评、专论及署名文章66篇",①充分发挥了地方党报的指导功能。即便是在张闻天1948年5月离开合江后,指导和组织地方工作仍然是《合江日报》的办报准则。据相关统计,《合江日报》"从1948年6月到1949年6月末与《松江日报》合刊前,共发社论、短评、专论等言论87篇,对当时合江省的革命斗争和生产建设都起了积极的作用"。②

在发扬中共党报优良传统方面,《合江日报》也表现得很出色。1946年9月1日,《合江日报》第1版发表社论《加强通讯工作》,凸显了"全党办报"和"群众办报"这一传统。社论强调了三点:"一、各级军政首长应积极为本报投稿。二、各工作团除负责同志或指定专人经常报道比较全面性的资料外,凡能写稿的同志都应成为本报的通讯员。三、各工作团应帮助开展工农通讯工作。"③1947年7月1日,《合江日报》第2、3版刊登社评《致读者——本报创刊一周年纪念》、通采部的《一年来的通讯工作》、编辑室的《力求提高一步》;9月1日,第1版刊载新华社社论《学习晋绥日报的自我批评》,第4版转发1942年《解放日报》社论《党与党报》;9月2日,第1版刊载新华社社论《纪念"九一"(记者节)贯彻为人民服务的精神》;④1948年7月4日,发表社论《加强党报的批评和自我批评》,9月3日,又

---

① 魏燕茹主编:《张闻天在合江》,中共党史资料出版社1990年版,第191页。
② 同上书,第191页。
③ 黑龙江日报社:《黑龙江日报历史编年(1945-1993)》,黑龙江日报社出版1994年版,第5页。
④ 参见上书,第11-12页。

刊登消息《本报编辑部纪念九一节,检讨思想业务与政策观点》,称:"前段作了各项工作检查,特别着重在政策的贯彻、业务的提高及思想作风的改造上进行批评与自我批评。"①所有这些都体现了《合江日报》贯彻执行"批评与自我批评"党报传统的决心与树立"为人民服务"的志向。

在联系实际方面,《合江日报》努力做到与实际形势理性接轨,顺应时代要求。它先后出版过农村、农民、城市、工人等通讯专栏,得到党中央的肯定和读者的欢迎。1946年9月20日,《合江日报》第1版设《农民的言论》专栏,同日就发表了《穷人的权利》《穷人不是贱骨头》两则言论,每则约200字。②1948年4月8日,增加城市新闻报道,在刊于第4版的《报纸编排及其他》一文中称:"本报1版为要闻版;2版为农村版;3版定为城市版,刊载本市及各县工商业、文化教育等新闻;4版刊载副刊性质文章及广告栏",③向读者标明城市报道的内容和范围。10月7日,发表《为加强城市报道致城市工作同志的一封信》,称:"随着形势的需要,本报必须加强城市工作——特别是工业的报道。过去这方面通讯工作的基础是很差的。"④为此,《合江日报》编辑部特设城市报道组,以加强对城市工作的宣传。1949年3月17日,《合江日报》第1版又刊登消息《本报为加强工运报道召开工人通讯员座谈会》,同时发短评《积极开展工人通讯工作》,提出要加大对工人运动的宣传力度。4月9日,它发表了聘请的第1批工人通讯员名单,其中工人基干通讯员3名、工人通讯员18名,⑤壮大了通讯员的队伍和扩大了通讯工作的范围。

在坚持新闻真实性方面,1947年10月19日,《合江日报》第2版在《不真实的新闻的批评与检讨》总题下,刊登了2篇文章:《因为没再读再改就出了问题》和《写稿从个人名誉出发结果产生不真实新闻——汤原县大队检查通讯工作》,⑥针对具体事实和具体稿件对虚假新闻进行了批评,还分析了出现不真实新闻的原因和根源。1948年7月1日,《合江日报》发表社论《加强党报的思想性战斗性——纪念创刊两周年》。社论在强调"必须掌握党的政策"和"加强批评与自我批评"的基础上,再次提出"报道要真实"这一重要问题。⑦足见《合江日报》对新闻真实

---

① 黑龙江日报社:《黑龙江日报历史编年(1945－1993)》,黑龙江日报社出版1994年版,第24、26页。

② 参见上书,第6页。

③ 同上书,第22页。

④ 同上书,第27页。

⑤ 参见上书,第33页。

⑥ 参见上书,第14页。

⑦ 参见上书,第24页。

性的重视程度。

总之,在任职合江省委记期间,张闻天对《合江日报》的关心、支持和严格要求,使这份省委机关报获得了很大的发展,在正确理解和宣传党中央有关政策、组织和推动地方工作、加强理论与实际相结合、发扬"全党办报"和"群众办报"方针、贯彻"批评与自我批评"、坚持联系实际办报和遵循"新闻真实客观性"原则等方面都有相当的建树。

第二节　张闻天与《辽东大众》

1948 年 11 月辽沈战役胜利后,东北全境获得解放,而东北各地区土地改革也已基本完成。随着淮海、平津战役的相继胜利,中共开始考虑革命党向执政党转变,工作重心转变以及中心任务改变等问题。1949 年 3 月 5 日,中共七届二中全会在河北西柏坡召开,标志着中共工作重心开始发生转变。毛泽东在会上作了报告,不仅指出中共的工作重心将由农村转向城市,中心任务将放在管理和建设城市方面,尤其是发展城市生产方面,而且还强调城市中的党建、政权、军事、治安、文教、新闻等工作都必须围绕生产建设这一中心展开。毛泽东的报告,让出席七届二中全会的张闻天印象深刻,受益颇多。其中,毛泽东报告中关于"通讯社报纸广播电台的工作"要"围绕着生产建设这一个中心工作并为这个中心工作服务"①这一指示,让善于通过报纸指导工作的张闻天深有同感。

1949 年 5 月 9 日,中共辽东省委正式成立,张闻天被中共中央任命为辽东省委书记。上任不久,张闻天就主持中共辽东省委作出关于出版《辽东大众》和《辽东通讯》的决定,并于 5 月 20 日发出《关于出版辽东大众和辽东通讯的通知》(以下简称《通知》)。《通知》明确指出了《辽东大众》"通俗的地方性党报"性质、"城乡兼顾"的编辑方针、以"区级以下的干部,及具有一定政治文化水平的工人、农民"为读者对象、重视"组织读报工作"等特点。它遵循"全党办报"的中共中央办报方针,强调"办好辽东大众是辽东全党的事情",要求"必须加强通讯工作",以及"每个党员都有责任随时搜集读者反映,告诉报社","作为改进报纸的参考和根据"。②

---

① 《毛泽东选集》第 4 卷,人民出版社 1991 年版,第 1426 – 1428 页。
② 丹东日报编辑部:《丹东报史资料》,丹东日报社编辑部 1985 年版,第 15 – 17 页。

在张闻天的指导和要求下,中共辽东省委、宣传部、政府以及《辽东大众》报社对《辽东大众》的办刊原则、办刊方法、发行工作、通讯工作和读报工作等内容都相当重视。6月30日,张闻天主持召开中共辽东省委常委扩大会议讨论了《辽东大众》报社的工作,在"肯定报社的成绩"的同时指出《辽东大众》"要加强原则性,克服懦弱、顾虑、怕得罪人等思想作风"。①8月21日,中共辽东省委宣传部颁布《关于辽东大众发行工作的决定》(以下简称《决定》),并将其刊登在8月30日《辽东大众》上。《决定》指出《辽东大众》的发行任务、发行对象、发行范围、发行数目以及发行要注意的问题,②可以说考虑得相当周到,足见省委对《辽东大众》的重视程度。

8月22日,中共辽东省委作出《关于〈辽东大众〉工作问题决定》,指出"《辽东大众》是省委的机关报,是指导下层工作的一项主要工具,是对干部和群众进行宣传教育与组织工作的锐利武器",要求"各级党的领导干部应该重视党报,并作好通讯与发行工作"。③23日,《辽东大众》刊载省委《关于〈辽东大众〉工作问题决定》的同时发表社论《重视党报,运用党报》,指出"辽东工作正在转变和深入,希望大家认真贯彻省委关于辽东大众工作问题的决定,爱护党报,重视党报,动用党报,指导工作"。④同日,《辽东大众》报社还以本报编辑部的名义发表了一篇题为《为什么要聘请基干通讯员 基干通讯员是干什么的?》的文章,并在文末附上了第一批基干通讯员名单。

文章首先明确指出聘请基干通讯员的必要性和重要性,称:"辽东大众创刊以来,许多通讯员同志特别是各机关、各工厂、各区、各工矿企业部门的负责同志,努力为报纸写了许多稿子。在反映各地各部门工作情况,交流工作经验,充实报纸内容上,都发挥了很大作用。有些机关的负责同志,经常关心党报通讯工作,为党报组织通讯组,发展通讯员,亲自领导推动党报通讯工作,这是实现全党办报的重要一环。""为了更好发挥这些同志为党报服务的积极精神,把党报通讯工作提高一步,本报特决定分批聘请基干通讯员。今天发表的是第一批,将来还要陆续聘请,并希各级领导机关主动向本报推荐。"

---

① 张培森主编:《张闻天年谱》(修订版)下卷,中共党史出版社2000年版(2010年修订),第605页。
② 参见丹东日报编辑部:《丹东报史资料》,丹东日报社编辑部1985年版,第26-27页。
③ 张培森主编:《张闻天年谱》(修订版)下卷,中共党史出版社2000年版(2010年修订),第610页。
④ 同上书,第610页。

接着,文章详细地阐述了基干通讯员所应有的权利和要承担的义务。在权利方面,基干通讯员"有督促检查本部门(机关、矿山、工厂)通讯工作的权利";"基干通讯员按月由本报供给足够的稿纸,三个月发一次笔记本";"基干通讯员来稿尽先采用"。在义务方面,基干通讯员要"经常向报社介绍本地区本部门的工作情况,每月至少要有一篇综合性的报道,反映本部门的全面情况及工作中的重要问题";要"推动领导本部门通讯工作,发挥骨干作用";要"帮助本报工人、农民及一般通讯员采访与写作";要"随时随地注意听取和征求读者对本报的反映和意见"。

随后,文章点出了基干通讯员与一般通讯员之间存在的联系与区别。它称:"基干通讯员好比主力正规军,一般通讯员好比二线兵团。谁都知道,光有正规军,没有强大的二线兵团是决不行的。因此基干通讯员必须和一般通讯员密切配合起来,适当分工,互相帮助。一般通讯员的政策水平与写作水平提高了,就将一批一批地补充到基干通讯员的行列里。"

最后,文章对基干通讯员和全体通讯员提出了期望,称:"我们希望全体基干通讯员和全体通讯员密切配合起来,把通讯工作提高一步;我们希望每位基干通讯员同志保持光荣的称号,继续努力;我们希望全体通讯员同志更快的(地)提高政策水平和写作业务,逐渐壮大基干通讯员的队伍。"①

10月11日,张闻天主持召开中共辽东省委会议,专门讨论宣传工作问题。在发言中,张闻天指出"宣传工作有成绩,报纸现在办得不错",但在"配合党的任务、深入了解情况、总结经验"方面比较差,有待进一步提高。② 11月16日,《辽东大众》刊载了中共辽东省委员会和辽东省人民政府联合发布的《关于加强各级党政机关与报纸通讯社联系的指示》(以下简称《指示》)。《指示》根据中共中央人民政府新闻署的相关指示精神,对辽东省各级党政机关在加强与辽东报纸通讯社联系方面存在的问题进行了自我检讨,并对其提出了六点要求,③希望各级党政机关认真执行,帮助和支持报纸通讯社,尤其是《辽东大众》,以达到完善它报导和指导实际工作的目的。《指示》可以说进一步突出了"全党办报"这一理念在地方党报中的运用。

12月30日,张闻天主持中共辽东省委又作出《关于改进报纸发行工作与读报工作的决定》(以下简称《决定》),对《辽东大众》的发行工作和读报工作提出了进一步

① 丹东日报编辑部:《丹东报史资料》,丹东日报社编辑部1985年版,第29-30页。
② 参见张培森主编:《张闻天年谱》(修订版)下卷,中共党史出版社2000年版(2010年修订),第614页。
③ 参见丹东日报编辑部:《丹东报史资料》,丹东日报社编辑部1985年版,第17-19页。

改进的要求。《决定》首先在肯定《辽东大众》成绩的基础上指出它所存在的缺点,认为:"严格检查起来,报纸工作中的缺点还是很多,一个最基本的缺点,是深入区村、深入工厂车间、深入群众不够。这一方面是报纸本身的通俗化大众化不够,另一方面是报纸的发行工作和读报工作很差。报纸在区村两级发的最少,送的最慢,读者不广,或者有名无实,订报而不看报。因此,报纸对实际工作的指导作用就非常不够。为了改变这种情况,除报社内部继续改进工作外,特别重要的是发动全党上下重视看报订报的工作。这是今后改进报纸工作的中心环节。同时,也是全党工作进一步转变和深入的具体步骤之一,应引起全党上下的共同注意。"

随之,《决定》强调了读报的重要性,称:"看报,不是一个简单的娱乐问题,而是一个严重的工作问题和学习问题。因为党报是党的喉舌,它天天反映着各地的工作经验,天天代表党在说话、指导工作。"接着,《决定》将看报与订报联系起来,主张:"要很好看报,就必须适当的(地)订报。"最后,《决定》强调:"订报看报,不仅在县区干部中应当很好注意,在村干部和群众中,也必须很好(地)组织和推动。"①

同日,为响应省委号召,《辽东大众》专门发表社论文章《切实改进读报发行工作　贯彻执行省委关于读报发行工作的决定》,表明了自己的态度和改进的决心。文章称:"目前发行工作上的严重的迟缓紊乱,主要的应当由本报负责。"文章还重申了读报的重要性以及读报与报纸发行之间的内在联系,强调:"和发行工作密切联系着的问题是读报问题。""就农民读报来说,报纸是冬学里的好教材。"最后,文章说:"改善发行加强读报,是党报工作中的重要环节。今天已经具备着改善发行加强读报工作的有利条件。特别是省委又专门作出了决定,指出了改进发行读报工作的方向,本报愿与各级党委、邮局共勉,切实改进我们的发行读报工作,百折不扣地贯彻省委的决定。"②

该文章充分体现了《辽东大众》虚心接受省委意见的高度党性原则、找准问题对症下药的实事求是精神以及毫不避讳自己缺点、敢于自我批评的求实精神。《辽东大众》的这一办报作风与书记张闻天一贯求实的工作作风相吻合,很大程度上归功于张闻天对《辽东大众》的悉心指导和严格要求。

张闻天除了主持省委、宣传部、政府下达相关指示指导《辽东大众》外,还经常亲自通过多种方式来支持和关心《辽东大众》,比如为《辽东大众》撰写社论、评论、编者按语,发现具有典型性的文章、报告批示给《辽东大众》发表,指派专人撰

---

① 丹东日报编辑部:《丹东报史资料》,丹东日报社编辑部1985年版,第19-22页。

② 同上书,第23-24页。

写《辽东大众》理论文章,审阅《辽东大众》大样,指导他人写文章并建议在《辽东大众》上发表等。据刘英回忆,"张闻天同志任辽东省委书记时,亲自抓《辽东大众》报,常找当时的社长(兼总编辑)刘敬之同志谈报纸工作,他自己也亲自动手写社论,还常叫别人写稿他给改",①"他经常把城乡经济建设中的先进经验、典型人物、典型事例推荐给《辽东大众》发表,还不时亲自撰写社论、编者按语。审阅《辽东大众》的大样是闻天每天必做的'功课'。省委的日常领导大体经过报纸来进行。"②《辽东大众》社长刘敬之在《丹东日报》创刊三十周年大会上的讲话中也讲道:"洛甫同志就很关心《辽东大众》,他抓宽甸的县委书记王范九,安东的县委书记于镜清,指导他们写过不少文章。就连报道村干部王教平的按语和社论也是洛甫同志亲笔写的。他感到干部中出现了爱讲空话、实干不够的现象,就立即动手写了一篇短评:一步行动胜过一打纲领。洛甫同志还经常召开会议,专听报社汇报工作,还经常修改大样,指示工作,对报纸工作的领导抓的(得)很紧。"③

白介夫也曾提到:"运用省委的喉舌——《辽东大众》,指导全省工作,洛甫同志为我们树立了良好的榜样。关心省报,从报纸上了解省委领导的意图,是当时市县委负责同志在一起经常议论的话题。大家强烈地感到《辽东大众》已成了不可缺少的精神食粮。据当时在报社工作的同志说,洛甫同志非常关心报纸,许多重大决策,指导工作的重要意见,他都通过社论来提出,来阐明,但是,他很少用个人名义在报纸上发议论、作指示。"④张青叶在文章《张闻天在辽东二三事》也指出:"张闻天一向重视宣传工作,到辽东后,省委的日常领导和重要活动都要通过报刊宣传报道,使群众了解情况,变为行动。他经常为报纸写社论、评语,推荐文稿。当年在《辽东大众》报社工作的刘云沼说,张闻天经常给报社改稿子,从文字到理论,甚至标点符号,都一丝不苟,非常认真,我们报社的人对他无不敬佩。"⑤

而荒蓬在《学者、理论家的风范》一文中更是对张闻天关心《辽东大众》的事迹进行了详细而具体的叙述,用一个个具体的实例证明了张闻天对《辽东大众》的关心支持、认真把关和严格要求,还有积极要求各级党委书记支持《辽东大众》以实现"全党办报"的良苦用心。⑥ 此外,杨海波在文章《领导青年工作的表率》中还

---

① 参见丹东日报编辑部:《丹东报史资料》,丹东日报社编辑部 1985 年版,第 164 页。
② 中共丹东市委党史研究室编:《张闻天在辽东》,中共党史出版社 1995 年版,第 228 页。
③ 丹东日报编辑部:《丹东报史资料》,丹东日报社编辑部 1985 年版,第 186 – 187 页。
④ 中共丹东市委党史研究室编:《张闻天在辽东》,中共党史出版社 1995 年版,第 242 页。
⑤ 同上书,第 326 页。
⑥ 参见上书,第 309 – 310 页。

提及了张闻天指导他们撰写文章并建议在《辽东大众》上发表的情况。他称:"洛甫同志十分关心发挥党的刊物和报纸在指导、宣传团的工作上的作用。除帮助我们办好《辽东青年》外,他还倡议并指导我们写了不少文章,其中如《在党抚育下的辽东青年团》、《团在农村里起了些什么作用》、《重视农村团员的作用》、《长山团区委的领导》、《辽东青年团介绍》、《加强党对青年团工作的领导》、《保证党对青年团的完全领导》等文章,有的是经过他批改后建议在《辽东大众》上发表的。有一次,洛甫同志看到《中国青年》上刊登了工厂团员课本,就马上打电话给报社,要《辽东大众》予以连载。"①

从以上的相关回忆性文章中,我们除了了解到张闻天通过多种方式关心和支持《辽东大众》外,还看到张闻天已经将《辽东大众》当作了省委指导工作、宣传理论、树立典型和推广经验、组织干部学习的阵地,将《辽东大众》作为地方党报所应担当的使命和职能发挥到了极致。

在指导工作方面,《辽东大众》刊登了一系列以发展生产建设为中心兼顾政治、文化、青年工作等建设的文章、省委指示、报告和讲话,其中有些还是张闻天亲自撰写的社论文章和他在重要场合所作的报告、讲话,例如1949年5月28日《辽东大众》发表张闻天5月26日在辽东省第一届青年工作会议上的讲话《关于青年团应做的几件事情》;7月9日发表张闻天7月2日在辽东省省营企业第一届劳动模范大会上的讲话《工人的劳动与生活》;7月17日发表张闻天7月13日在中共安东市委召开的全市工矿企业干部动员开展检查浪费运动大会上的讲话要点《开展检查浪费运动》;9月13日发表同日张闻天在中共安东市第一次代表会议上讲话《面向生产,面向群众》;10月20日发表张闻天为其主持起草的社论《如何组织与推动新纪录运动》;1950年2月8日发表张闻天同年2月3日在辽东省第一次人民代表会议上的报告《把辽东省的生产建设提高一步》。

据房月生在其文章《张闻天与报纸宣传和干部的文化理论教育工作》中称,"在他(引者注:指张闻天)的关怀指导下,《辽东大众》紧紧围绕全省每个阶段的中心工作,有计划、有重点地进行及时的宣传报道。如:关于党的工作由乡村到城市的转变;关于发展整顿供销合作社;关于检查浪费和开展创新纪录运动;关于反对官僚主义与文牍主义作风,以及发展副业生产,召开人民代表大会、党代会等方面的文章,都是为配合当时的中心工作,而组织宣传报道的。而且,这些文章在每

---

①　中共丹东市委党史研究室编:《张闻天在辽东》,中共党史出版社1995年版,第286页。

天报纸上所占的比重都很大。"①而张闻天1949年10月20日为《辽东大众》主持起草的社论《如何组织与推动新纪录运动》就是一篇具有相当指导性的文章。社论以设问开篇,直接入题,回答了当时干部、群众对开展新纪录运动存在的疑问。②

在宣传理论方面,张闻天对《辽东大众》也是倍加重视。众所周知,张闻天是一位马克思主义理论水平比较高又非常重视报纸理论宣传的中共领导人之一。《辽东大众》刚出版不久,张闻天就提议出版一个理论专栏,以便提高广大干部和群众的马克思主义理论水平。对此,荒蓬在其回忆文章中叙述地甚为详细,不仅回忆了张闻天提议《辽东大众》开设理论专栏的缘由,而且还提及了自己为该理论专栏撰写理论文章:《社会是怎样发展的》,并受到张闻天亲自指导的情况。③ 另外,荒蓬还提到:"《社会是怎样发展的》在《辽东大众》连载以后,很快便由新疆军区政治部、济南军区政治部出版,作为对官兵进行政治教育的教材。之后,上海出版社作两卷本出版,先后印行达300多万册。同时上海市委决定,将它作为中、初级干部理论学习的必读材料。《东北日报》也曾发表文章作了评介。"④可见,理论文章《社会是怎样发展的》发表后产生了相当的社会影响,在提高广大干部、士兵、群众的马克思主义理论水平方面发挥了相当的作用,足见张闻天当初提议开设理论专栏的先见之明。

在树立典型和推广经验方面,张闻天也充分运用了《辽东大众》这一平台。当时,张闻天在主持辽东省城市和农村工作期间,亲自发现和扶持了各种典型事例和典型人物,然后通过《辽东大众》加以报道,将其推广之。

刘英在《一切以经济建设为中心》一文中提道:"闻天经常教育干部,工作中光讲道理不行,还要有典型,使人知道应该怎样做;农村工作更应如此。……在城市工作中,他亲自抓了安东造纸厂,在那里通过试点,创造经验,指导全局。在农村工作方面,安东县是他手中主要的典型。"她还介绍了张闻天运用《辽东大众》来树立典型、推广经验的情况。她说:"闻天看到安东县委书记于镜清写的一篇稿子,介绍一位村干部带头干的事迹,立即找于镜清问,情况了解得非常仔细。他表扬

---

① 中共丹东市委党史研究室编:《张闻天在辽东》,中共党史出版社1995年版,第398－399页。
② 参见陈伯村主编:《张闻天东北文选》,黑龙江人民出版社1990年版,第291－293页。
③ 参见中共丹东市委党史研究室编:《张闻天在辽东》,中共党史出版社1995年版,第307－309页。
④ 同上书,第309页。

于镜清做得好,说农民就是要看'好样子',做工作就是抓典型。1949 年 5 月春耕中,于镜清写了一篇文章《从村里检查县区的领导》,反映报表太多等问题。闻天看后觉得反映了普遍存在而应该及时纠正的问题。文章在《辽东大众》上刊登后,省委为解决这个问题作了决定。决定和文章又在报纸的头版头条位置重新登了一次。"①

曾宇在文章《重视农民问题的好领导》中也指出:"当时安东县出现了一个好典型,名叫王教平,他(引者注:指张闻天)亲自抓这个典型,先从总结经验,组织宣传报道入手,确定推广王的经验。他指示县委负责同志给《辽东大众》撰写稿件,发表后在全省农村引起了相当大的影响。"②张闻天指示为《辽东大众》写稿宣传典型的人就是安东县委书记于镜清。为此,1950 年 3 月 1 日,辽东省委宣传部特发文对于镜清进行了表扬通报,并于 3 月 4 日刊登于《辽东大众》。③ 辽东省委宣传部对于镜清的表扬通报,除了表扬他在发现典型、报道典型方面的建树外,其本身也是一则树立模范基干通讯员的报道。邓仲儒在《回忆张闻天同志在辽东省委》一文中,对张闻天通过《辽东大众》抓典型、树榜样的事迹也进行了详细的介绍,其中涉及辽东省营口县的人民政权建设以及共产党员张德福带领营口县重灾区黑英台村人民致富的事迹等。④

此外,姜代清在文章《张政委向我授奖旗》中提到了张闻天在主持城市工作中出现的典型人物和典型事迹。他指出,国营安东机械厂开展创造生产新纪录运动期间,涌现出了一大批先进工作者,其中"车工王德有首创新纪录,他在 8 英尺的车床上加工一个插床部件圆型(形)回转工作台,4 小时,比过去缩短 2 时 20 分钟。不久,他又接二连三的(地)把工时缩短到 2 小时 20 分,提高工效一倍",对此,"《辽东大众》载文,把王德有誉为'新纪录的火车头!'"⑤

在组织干部学习方面,张闻天利用《辽东大众》开设讲座、疑难问题问答专栏等形式进行指导和督促,并获得了很大的成功。张闻天开设专栏的目的就是希望通过系统诠释党中央的相关政策,以提高广大干部的理论水平和执政能力。对此,何方深有感触。

---

① 中共丹东市委党史研究室编:《张闻天在辽东》,中共党史出版社 1995 年版,第 228 页。
② 同上书,第 300 页。
③ 参见丹东日报编辑部:《丹东报史资料》,丹东日报社编辑部 1985 年版,第 32 – 33 页。
④ 参见《回忆张闻天》编辑组编:《回忆张闻天》,湖南人民出版社 1985 年版,第 239 – 240 页。
⑤ 中共丹东市委党史研究室编:《张闻天在辽东》,中共党史出版社 1995 年版,第 318 页。

　　何方在《我在辽东同张闻天同志的接触》一文中说道："作为我党历史上宣传和教育工作主要领导之一的张闻天同志,对宣传教育的重视,在辽东也显得很突出,特别是善于利用报纸进行宣传和组织工作。我和他在这方面的接触,就是开始于参加他在省委机关报《辽东大众》上开辟《讲座》专栏的工作。一次他要向干部作关于群众路线报告,指定我去作记录,说好事后要整理发表。我将他的报告整理成8篇文章,每篇他都精心审阅修改,还几次找我,象(像)教小学生一样,说明各处增删的原因。随后这份材料就以《群众路线讲座》为题在《辽东大众》上连载。他认为这是找到了一个进行系统而又通俗宣传的好形式。所以在省委作出关于冬季普遍召开县区人民代表会的决定后,他又指示我写第二个讲座。根据他的一贯作(做)法,这次也是先行试点,取得经验后再行推广。一天,他和省主席刘澜波同志率领一批干部去安东县(今东港市)一个区视察人民代表会试点情况,我也随同前往并参加座谈,然后再同他商定题目和框架。这次由于时间性强,我每写一篇,他就当即审改,第二天在《辽东大众》的《人民代表会讲座》栏目下见报。他还先后指示省委宣传部将这两个讲座作为区村干部读物交辽东新华书店印成小册子发行。"①从何方的回忆文章中可见张闻天对《辽东大众》开辟《讲座》专栏的重视和关心。

　　综上所述,张闻天在担任辽东省委书记期间,虽然只有短短9个月,但是却对省委机关报《辽东大众》给予了相当的关注、支持和厚望。他坚持"全党办报"方针,努力要求各级地方领导干部要支持《辽东大众》报社工作,除了积极订购报纸外,要养成读报习惯,将报纸内容当作研究材料来学习,还要尽自己所能撰写文章向报社投稿;他以《辽东大众》为平台指导地方经济建设、政权建设、民主建设、文化建设,行使其宣传、鼓动和组织功能;他以《辽东大众》为阵地,向各级地方领导干部传达党中央、辽东省委指示,宣传理论知识,组织干部学习,以便提高他们的理论水平和执政能力;他通过《辽东大众》树榜样、立典型,将个别地方先进经验推广出去,带动其他地区的发展。可见,这次张闻天把他在任职合江省委书记期间指导地方党报的丰富经验再次运用到了指导辽东省委机关报《辽东大众》中,并取得了相当的成效。

---

① 中共丹东市委党史研究室编:《张闻天在辽东》,中共党史出版社1995年版,第277页。

第三节　东北期间张闻天其他的新闻活动

东北时期,张闻天除了关心和指导《合江日报》和《辽东大众》的宣传出版事宜外,还曾指导过《东北文艺》《东北文化》《人民戏剧》和《东北画报》,倡议创办过合江《农民报》,编辑过党内刊物《合江工作通讯》,关注过中共中央东北局机关报《东北日报》,主持出版过党内刊物《辽东通讯》,帮助过辽东团省委刊物《辽东青年》的出版。它们极大地丰富了张闻天东北时期的新闻活动。

1946 年 9 月,《东北文艺》社在佳木斯(当时合江省省会)成立,其创办者是吕骥和张庚。它创办的目的主要是通过"刊载有关宣传党的文艺政策、文艺理论方面的文章,以及散文、诗歌、小说、戏剧等文艺作品",①向东北广大工农群众、知识分子宣传中共的文化政策,促进他们对中共政策的了解,加强他们对中共的向心力和凝聚力,为东北革命胜利提供文化基础。12 月,《东北文艺》创刊号出版,在其《征稿简约》中明确指出了本刊的性质是"纯文艺性刊物",并提出:"欢迎小说、戏剧、散文、诗歌、翻译、漫画、木刻、速写、报告文学、杂文、书刊评价以及文艺运动史的论著、文学理论、各地文艺活动介绍等各种文艺作品。"②在创刊号上,《东北文艺》发表了东北文协研究部长萧军的文艺论文《目前东北文艺运动之我见》、赵树理的小说《孟祥英翻身》、周洁夫的小说《老战士》,以及多篇翻译小说、秧歌剧和诗歌,充分体现了刊物的纯文艺特性。

对于《东北文艺》的创办,张闻天在一次谈话中给予了充分的肯定,称赞"刊物办得好,有朝气,生动活泼,文简意博,符合广大工农群众的需要"。同时,张闻天也提出了一些中肯的建议,指出"编委和撰稿人的面窄,应团结更多的文化人来共同办好刊物"。③ 在张闻天的指导下,《东北文艺》改变了"大多数编辑人员为东北大学鲁艺学院任教的教授老师"④这一局限性,扩大了编委会成员,还广泛吸收大量革命文化青年担任刊物撰稿人,很大程度上提高了刊物的质量和水平。据统

---

① 张连俊,关大欣,王淑岩编著:《东北三省革命文化史》,黑龙江人民出版社 2003 版,第 233 页。

② 廉静:《浅谈〈东北文艺〉创刊号》,《河南大学学报(社会科学版)》2000 年第 3 期。

③ 张培森主编:《张闻天年谱》(修订版)下卷,中共党史出版社 2000 年版(2010 年修订),第 526 页。

④ 魏燕茹主编:《张闻天在合江》,中共党史资料出版社 1990 年版,第 320 页。

计,曾为《东北文艺》撰稿的有萧军、赵树理、鲁雅农、草明、方青、陆地、公木、李则兰、塞克、丁洪、华君武、江凝、东川、向隅、苏珏、陈紫、汝珍、张椿云、杨蔚、王一丁、颜一烟、张东川、胡零、原野、杨蔚、苏扬、张为等人,其作品涉及文艺论文、小说、秧歌剧、诗歌、漫画等。①

1946 年 10 月,《东北文化》半月刊和《人民戏剧》先后在佳木斯创刊。它们都深受张闻天关于"团结大多数革命文化人办刊物"指示的影响,在扩充编委成员和撰稿人队伍方面有很大的进步。扩充后,《东北文化》的编委有王季愚、白希清、任虹、张庚、陈元直、李长青、吕骥、吴伯箫、姜君臣、袁牧之、张汀、张心如、张松如、张庆孚、智建中、塞克、严文井、董纯才、闫沛霖等人,具体编稿工作由任虹、吴伯箫、严文井 3 人负责。而为响应张闻天的号召,《东北文化》还广邀革命文化志士为其撰稿,其特邀撰稿人分布东北解放区各地,他们是:于毅夫、水华、天蓝、王曼硕、王阑西、白朗、白晓光、朱丹、李雷、李延禄、李则兰、向隅、何士德、吴雪、吴印咸、沃渣、车向忱、金人、马可、马皓、纪博坚、陈沂、陈先舟、陈波儿、草明、高崇民、陶端予、梁子超、许可、张望、舒非、蒋南翔、谢挺宇、韩幽桐、瞿维、萧军、罗烽、谭荫溥、邵凯、张以新、许元君、华君武、富振声、罗光达、肖向荣、林蓝等人,②可以说队伍相当庞大。

《人民戏剧》的编辑委员会成员有张庚、舒非、塞克、颜一烟、王震云、白桦、沙蒙、吴雪、陈戈、袁牧之、李之华、张水华等人,主编由塞克担任。与《东北文化》一样,在张闻天"团结大多数革命文化人办刊物"的号召下,《人民戏剧》也是大量吸收了许多剧作家、表演艺术家为它撰稿,保障了稿件的来源和质量。这些剧作家、表演艺术家多来自佳木斯和东北各地,他们分别是:丁洪、丁毅、于崇己、仇平、王家乙、田方、地子、伊林、朱漪、李牧、李茂、何坊、何今明、阿依、吴时韵、侣俪、林白、林农、马瑜、胡零、胡果刚、荒草、陈沙、陈克、陈波儿、陈振球、陈锦清、陈因、冯乙、盛健、张守维、熊赛声、许可、沈贤、赵俊、张僖、周丛、白凌、张绍杰、林志航、张新实、肖东、欧阳山尊、欧阳如秋等人。③ 两相对照,《东北文化》和《人民戏剧》两份刊物的编委成员名单有一定的重合,比如张庚、塞克、袁牧之。

对于《东北文化》和《人民戏剧》两份刊物的内容,张闻天也给予了相应的指导。张闻天曾指示,"《东北文化》应当是大型综合性刊物,内容范围要广,可以包

① 参见张连俊,关大欣,王淑岩编著:《东北三省革命文化史》,黑龙江人民出版社 2003 版,第 233 页。
② 参见魏燕茹主编:《张闻天在合江》,中共党史资料出版社 1990 年版,第 321 页。
③ 参见上书,第 321 页。

括时局评论、文史研究、文艺理论、文学作品等等"。① 而《东北文化》基本上也是
按照张闻天的这一指示编辑运作的。在其《发刊词》中,《东北文化》明确提出了
自己的宗旨、任务和内容。它指出:"我们这一刊物……主要任务就是协同整个东
北文化界,从政治上思想上启发广大的东北知识青年、知识分子以及文化工作者,
提高他们的自觉性,鼓舞他们的革命热情,与为人民服务而斗争的积极性创造性,
使之在东北人民解放的光荣伟大事业中发挥应有的作用。"②它称,本刊所登内容
包括"时事评论与政治论文""有关社会科学诸问题的通俗讲座及专门问题的论
著""关于青年修养及学习方法"以及"在实现民主改革中的生动事实和斗争经
验"等③。

此后,《东北文化》所发的文章"内容非常广泛,有时局评论、文史研究、中国革
命史实介绍、文艺理论研究、苏联及世界文化报道,以及文艺作品等。而且每期都
有一个中心,如第 1 期是《双十纪念》;第 2 期是《鲁迅先生逝世十周年》;第 3 期是
《苏联十月革命纪念》;第 4 期是《农民土地问题》;第 5 期是《青年学生运动专
号》","各期都设有'青年讲座'、'党派介绍'、'名词解释'等栏目,以及文艺方面
的文章","小说、剧本、特写、通讯、歌曲等也常见于刊内。为了使刊物更有趣味
性,每期都有与作品有恰当配合的漫画、木刻、插图等美术画面。还有《东北画报》
社代为编印的《东北画页》。此外,还有人物述评、读者论坛、新书介绍、文化消
息"。④ 以上材料足见张闻天对《东北文化》的影响。

为表示对《东北文化》刊物的支持和重视,张闻天还专门在其第 1 卷第 4 期上
面发表了一篇重量级文章《农民土地问题》。该文章是张闻天在东北大学的讲演
稿,内容贴近当时的土地改革运动,是一篇时政性论文。文章共分五个部分:"中
国革命的基本问题是农民问题";"如何发动农民";"土地怎样分配";"农民当权
办事";"知识分子与农民",可谓是一环扣一环。

文章首先称:"要建立一个'独立、和平、民主、繁荣的新中国',实际上就是要
建立一个以农民为主体的新中国。农民问题不解决,那样的新中国是谈不到的。"

①　张培森主编:《张闻天年谱》(修订版)下卷,中共党史出版社 2000 年版(2010 年修订),第
　　528 页。
②　张连俊,关大欣,王淑岩编著:《东北三省革命文化史》,黑龙江人民出版社 2003 版,第 234
　　页。
③　唐沅,韩之友,封世辉等编著:《中国文学史资料全编(现代卷):中国现代文学期刊目录汇
　　编(第 5 卷)》,知识产权出版社 2010 年版,第 259 页。
④　张连俊,关大欣,王淑岩编著:《东北三省革命文化史》,黑龙江人民出版社 2003 版,第
　　234-235 页。

"无论政治,经济,文化,没有农民起来都是旧的。所以说中国革命的基本问题就是农民问题。"接着,文章指出:"用什么方法才能使农民起来呢? 怎样才能使农民解放呢? 这就是土地问题。把土地分配给农民就能叫农民起来。""现在清算分地的工作正在搞,只是搞得还不够好,不够快。我们还需要大批青年知识分子,真正愿意为人民服务的知识分子参加工作。"而且"农民经济翻身(分地,'耕者有其田'),必须随之以政治上的翻身,这就是掌握政权。要打烂旧制度,旧政权,农民抓住印把子,然后分得的土地才可靠,才有保障。"

最后,文章对知识分子提出了要求,并给予了厚望。它强调:"知识分子要把千千万万的家庭的利益放在前面,为绝大多数人民的利益奋斗。不只口头拥护,行动也要这样。要起先锋作用,带领农民翻身,青年知识分子应为农民翻身的先锋队。或起桥梁作用,经过知识分子的帮助与参加,把农民发动起来。我们的责任很大,千斤担子放在我们的肩上,负担很重。""知识分子与广大老百姓结合起来,力量是伟大的,只靠个人力量就有限得很! 我们要到民间去,和老百姓生活在一起,了解他们的情况、情绪和需要,象(像)鲁迅先生说的:'俯首甘为孺子牛'。"①

张闻天的这篇文章可以说是一篇鼓舞东北知识分子尤其是在校青年大学生积极参加土改运动、与农民一起斗争的檄文,具有很大的号召力和说服力。张闻天将其发表在《东北文化》上,让更多的青年知识分子看到、读到、感受到这种氛围,真可谓是用心良苦。令人高兴的是,文章一发表就受到了广大青年知识分子的热烈欢迎,一定程度上达到了预期效果。

关于《人民戏剧》,主编塞克在决定创办时,鉴于张闻天青年时期在戏剧方面颇有成就,曾专门向张闻天征求意见。当时张闻天说:"刊物尽可能多办,请同志们注意群众性,要应群众所需,最好有一些反映旧艺人情况的著文。"②1946 年 12月 20 日,《人民戏剧》在《本刊编辑缘起》中向读者介绍了自己办刊的初衷:"我们出版这个刊物,而又定名为《人民戏剧》,主要的是想通过这个刊物组织起戏剧界、民间艺人及爱好戏剧的各行各业的业余剧人,用戏剧的武器,生动真实地表现生活在民主政权下的新的人民。""最终目标我们要使得人人有戏看,随时随地有戏看,各行各业各个部门都有些人能写能演,而且写得快演得好。使戏剧真正成为

---

① 陈伯村主编:《张闻天东北文选》,黑龙江人民出版社 1990 年版,第 57、58、62、63、65、66页。

② 张培森主编:《张闻天年谱》(修订版)下卷,中共党史出版社 2000 年版(2010 年修订),第528 页。

人民的,为人民所掌握的斗争武器。"①《人民戏剧》的办刊目标凸显了张闻天关于"注意群众性,要应群众所需"的建议。

在张闻天"刊物尽可能多办"这一思想的鼓励下,《人民音乐》、《知识》丛刊、《东北画报》、合江《农民报》、党内刊物《合江工作通讯》纷纷创刊,使合江省成为中共东北文化大后方。其中,《知识》丛刊和《东北画报》都曾得到张闻天的指导,而《农民报》和《合江工作通讯》则分别是张闻天倡议创办和亲自主持编辑的。

据马珩在其《张闻天与文化工作》一文中称,"《知识》丛刊社来佳木斯后,由舒群主编。它是政论性很强的综合刊物,发表权威性的政论、时评、哲学概论、社会科学著述。是马列主义、毛泽东思想的主要传播读物之一。……张闻天同志对时局评述、对土改运动政策执行论述亦在该刊上发表。舒群对张闻天同志敬重,每期《知识》请他看清样或请示工作。张闻天同志并不因为是份(分)外事而拒之,总是迎客谈心,或耐心校阅文稿。"②从中可见张闻天对《知识》刊物的悉心指导和热心支持。

1946年5月29日,张闻天出席参加了《东北画报》社张汀、朱彤举办的"解放区摄影、木刻画大型展览"开幕式,被画展反映的"各解放区人民在共产党领导下获得翻身解放、积极发展生产的生机勃勃画面"所吸引,随即"要求组织省(合江)直、市(佳木斯)直机关、团体干部参观学习"。③ 这在很大程度上扩大了《东北画报》在干部中的影响,也加大了对《东北画报》的宣传力度。1947年1月,张闻天曾与《东北画报》负责人朱丹、罗光达等人共同商议,决定出版一批新式年画,"让翻身后的农民和市民过上一个欢乐的春节"。为此,《东北画报》社"迅速行动起来,搜集素材,展开新年画创作,举办新年画展,召集农民座谈新年画意见",就这样"一批新年画《东北人民大翻身》、《土地还家》、《农民乐》、《军民一家》、《送子参军》、《解放区十乐》、《发展大生产》、《九件衣》、《渔夫恨》、《三打祝家庄》等,及时地送进了千家万户"。④《东北画报》的所作所为可以说是真正做到了张闻天所要求的"应群众所需"这一点。

1946年11月23日,《合江日报》公布了一则通知,即《关于筹办〈农民报〉给各级党委的通知》,向地方领导和人民提前宣布了创办《农民报》的消息。而

---

① 郝汝惠主编:《鲁艺在东北》,辽海出版社2000年版,第159页。
② 魏燕茹主编:《张闻天在合江》,中共党史资料出版社1990年版,第322页。
③ 同上书,第362页。
④ 同上书,第323页。

《农民报》的筹办是张闻天最先倡议的。12 月 7 日，合江《农民报》在佳木斯正式创刊，其目的"是向广大农民宣传党的土改政策，交流农会工作经验，以及报道在党领导下农民翻身、农村发展生产和剿匪、参军等情况"。① 起初，它是 8 开 2 版，五日刊，主编由梁彦兼任。1947 年 8 月 15 日，合江《农民报》改名《庄稼人》，并从第 45 期起在《合江日报》第 4 版出刊，为三日刊。1948 年 3 月 1 日，《庄稼人》脱离《合江日报》，单独出刊，为五日刊，后又重改为三日刊，主编仍由梁彦兼任，后由梁铭担任。1949 年 5 月 20 日，《庄稼人》终刊。合江《农民报》在其发刊期间，不仅对合江省农村土地改革、农村根据地建设、农民生活方面起了相当的指导作用，而且在鼓动农民起来支援中共解放战争方面也作出了应有的贡献。

《合江工作通讯》是张闻天在担任合江省委书记期间亲自主持编辑的一份党内刊物，于 1947 年 3 月 24 日正式创刊，每月出版一次，共出版 15 期。关于刊物的目的和要求，《合江工作通讯》在其前言中阐述得相当明确。它称，刊物的出版是"为了交流各地群众工作经验，推动地方工作"，并指出："这个刊物是党内的干部读物，希望大家爱护它，培植它，经常把各地宝贵的、生动活泼的、有指导性的材料，如工作报告、工作总结、工作经验、工作方法、调查研究材料等等，写来登载。使这个刊物具有丰富的内容，成为一个为建设合江根据地而斗争的锐利武器。"②

1947 年 7 月 28 日，张闻天在审阅中共汤原县委书记写的"关于北向阳屯起浮产经验"的信件时，批示"摘要发表"在《合江工作通讯》上。同时他还将该信关于起浮产"要用文武结合办法，不然浮产搞不出来。如北向阳、民主屯都用打的办法，搞出更多东西"一段内容四周圈起，并画了，写上批语："不要发表"。③ 9 月 19 日，张闻天为中共合江省委主持起草了关于抓紧建党工作的指示，后将其发表在《合江工作通讯》第 9 期，以此希望各地方干部能够更全面、准确地领会指示内容，更好地遵从指示抓好建党工作。指示称："要使建党工作做好，首先要求各县区负责同志在思想上认识建党的重要，领导上抓紧这个工作。事实证明，只要领导上抓紧，党的工作就会做好。""关于建党工作，在党员干部中，应检查讨论，并每月报

①　张培森主编：《张闻天年谱》(修订版)下卷，中共党史出版社 2000 年版(2010 年修订)，第 532 页。
②　同上书，第 542 页。
③　魏燕茹主编：《张闻天在合江》，中共党史资料出版社 1990 年版，第 405 页。

告省委。"①

　　1947年10月14日,张闻天又将中共桦川县委干部(包括村干部)时事政策训练班的总结报告修改后,批示在《合江工作通讯》第10期上刊载,并亲自撰写编者按,称:"这个训练班的优点,是启发学员干部,大胆说出自己的心情,然后针对这种心情给以教育。这个优点,应该发扬。"②从以上张闻天对待《合江工作通讯》的点点滴滴可以看出他对该刊物的重视程度和认真态度。1948年5月,张闻天离开合江,前往哈尔滨担任中共中央东北局常委兼组织部部长,《合江工作通讯》也随之停刊。虽然它只出版了15期,但是却在提高地方干部理论水平和办事能力方面起了相当大的引导作用。

　　之后,担任中共中央东北局常委兼组织部长的张闻天对当时东北局的机关报《东北日报》也给予了相当的关注。1948年11月9日,张闻天主持起草发表了一篇《东北日报》社论文章《大量提拔与培养新干部》。文章首先指出了"提拔与培养新干部"的必要性和艰巨性,称:"全东北的完全解放,在东北党前面提出了许多巨大的新的任务,尤其是经济建设的任务。这使我们工作的范围愈来愈广大了,使我们工作的性质愈来愈复杂了,因而我们需要的干部也就愈来愈多了。于是到处感觉到了'缺乏干部'、'没有干部'的困难。干部的需要与干部的供给之间,发生了尖锐的矛盾。如何正确地解决这一矛盾,已经成为我们工作前进道路上的一个严重问题了。"接着,文章强调:"只有大量提拔与培养新干部,才是解决干部困难问题的主要方法。今天没有成千成万的新干部来担负各方面的负责工作,我们就不可能完成新形势在我们前面所提出的新任务。"

　　最后,文章向老干部提出了希望和要求,宣称:"今后在大量提拔新干部的过程中,我们老干部不但不应放弃教育新干部的责任,而且更应加强我们对于新干部的教育工作。培养新干部是一件需要极大耐心的细致的工作,又是最有意义、最有结果的工作,决不能粗心大意,马虎从事。如果我们今后在党内外能够很好加强对于新干部的教育,正确地发展批评与自我批评,用各种方法密切干部同群众的联系,我们相信,新提拔起来的干部,一定会很快进步,对于他们所负担的工作也一定会胜任愉快的。"③

　　而据邓力群回忆,张闻天曾多次审阅自己的文章,批示给《东北日报》发表。

————————

　　①　陈伯村主编:《张闻天东北文选》,黑龙江人民出版社1990年版,第147、150页。

　　②　魏燕茹主编:《张闻天在合江》,中共党史资料出版社1990年版,第410页。

　　③　陈伯村主编:《张闻天东北文选》,黑龙江人民出版社1990年版,第219、220、223页。

他提到:"同年(引者注:1948年)七月,东北局组织部调我到东北局巡视团。分别三年多以后,在哈尔滨见到闻天同志,又一次有幸在他直接领导下工作了。见面后,他多次对我说,做了三年多实际工作,有经验也有教训,需要静下心来读点书,毛泽东同志的著作要读,马恩列斯的著作也要读。闻天同志告诉我,中央已决定重印列宁《共产主义运动中的"左派"幼稚病》第四章,号召全党克服经验主义倾向,要我认真学习领会。在他的指导下,我根据自己的体会,写了两篇总结经验、吸取教训的专文,经他审阅,批给《东北日报》发表。"

他还讲道:"这个期间,闻天同志把他起草的《关于东北经济构成及经济建设基本方针的提纲》的草稿交我阅读,使我受到启发,大开眼界。……闻天同志这篇文稿,使我的思想进入到一种新的天地,面前展开了向社会主义前进的远大前程。压抑不住激动的心情,立即把他的稿子抄了一份,寄给当时已经在开展供销合作工作并创造了经验的吉林汪清县县委书记王禄同志,请他把全部有关材料寄给我。很快收到了王禄同志的信,也说看到闻天同志的文稿后兴奋不已,寄来了我要的材料。我看后都送给闻天同志参阅,同时请《东北日报》派记者去那里采访。记者连续采访的报道,由我修改并报告闻天同志,陆续登在《东北日报》。从此,我同王禄同志建立了密切联系,他不断寄来新的材料,把他的意见、建议和对许多问题的看法告诉我。我也常去信向他询问情况,提一些问题请他调查和研究。适时,东北局已经从哈尔滨迁到沈阳。王禄同志寄来的好几份典型材料由我整理后送给闻天同志,他看过后都很高兴,批送《东北日报》先后刊出。"①

1949年5月20日,在张闻天的主持下,中共辽东省委作出关于出版《辽东通讯》的决定。决定指出:"辽东通讯为党内刊物,十六开本,活页,主要读者对象是县以上的干部及少数区委级干部。出版辽东通讯的目的是用以代替原安东省委员会所出版的党内刊物'安东通讯',更及时的(地)介绍情况,交流经验,统一思想,指导工作。为了加强辽东通讯的编辑工作,特组成辽东通讯编辑委员会。""各市、县党委委员、财经机关、工厂企业、工会、青年团等主要党员干部,应成为辽东通讯的通讯员,有责任为辽东通讯写稿。"②

对于这份党内刊物,张闻天倍加关注,经常推荐好的通讯、报告和文章在上面发表。刘英曾提到,1949年7月3日,安东市委向省委作了一个书面报告,"确定

---

① 《回忆张闻天》编辑组编:《回忆张闻天》,湖南人民出版社1985年版,第27－28页。
② 丹东日报编辑部:《丹东报史资料》,丹东日报社编辑部1985年版,第15－16页。

市委今后工作以领导生产建设为中心任务,特别注意加强工业生产及财政、经济、金融、贸易的领导,贯彻'依靠工人阶级发展生产'的总方针,把工作重点由街道转向工厂企业部门","闻天对安东市委的报告很重视,立即把这个报告以《安东市工作的转变》为题刊登在 7 月出版的《辽东通讯》第一期上,指导和推动全省工作。"①荒蓬在其回忆文章中也提到:"是年(引者注:1949 年)11 月,我去辽南地区采访,经过深入调查写成通讯《副业生产在潘屯》,经洛甫同志审阅,登载于党内刊物《辽东通讯》。一篇稿件如何处理才能适应不同读者的需要以体现其价值,对此洛甫同志也是审度入微的。"②

另外,在辽东期间,张闻天还帮助团省委创办了《辽东青年》。张青叶在文章《张闻天在辽东二三事》中讲述了当时辽东省团省委书记杨海波在张闻天的鼓舞和督促之下创办《辽东青年》的经过。张青叶转述道:"杨海波还讲了他筹办报纸的经历。他说团省委想办《辽东青年》,张闻天很赞成,说:'你们青年人办个报纸很有必要,你们赶快筹备早点办起来'。他见我们事隔一周还没有办好,就批评说:'办事情要抓紧,不能慢腾腾'。在他督促下,我上上下下奔跑,两个星期就出了报,我赶快送给他一份。他看了后高兴地说:'办事情,就应该这样才对。'"③从中可见张闻天对出版《辽东青年》的支持以及对人对己的严格要求和认真态度。

在张闻天的支持和督促下,1949 年 8 月 4 日,《辽东青年》正式创刊。它的目的是"为适应当时团组织发展的要求,加强对团员教育,进一步发挥团的先进作用",主要对象是"全省的团员、青年和团的区、村干部",主要任务是"系统介绍团的知识,交流工作经验,指导团的工作,结合进行生产知识教育",主要内容包括"连续登载团的知识问答,工厂农村团员课本,干部学习回答,工业农业的生产知识等"。④ 可以说,它既是"党团结教育青年的工具",也是"辽东广大青年的知心朋友"。足见其创办的必要性和重要性。

总之,东北时期的张闻天在关心和指导中共地方报刊方面表现得尤为突出,从注重《合江日报》的宣传指导,到倡议创办合江《农民报》和编辑党内刊物《合江工作通讯》,从指导《东北文艺》《东北文化》《人民戏剧》和《东北画报》等地方刊

①　中共丹东市委党史研究室编:《张闻天在辽东》,中共党史出版社 1995 年版,第 216 - 217页。
②　同上书,第 308 页。
③　中共丹东市委党史研究室编:《张闻天在辽东》,中共党史出版社 1995 年版,第 326 页。
④　丹东日报编辑部:《丹东报刊出版史》,丹东日报编辑部 1988 年版,第 40 页。

物,到关注中共中央东北局机关报《东北日报》,从主持作出出版《辽东大众》和《辽东通讯》的决定,到督促和帮助辽东团省委出版刊物《辽东青年》,可谓是相当丰富。而且,他还将自己多年积累的报刊理念运用到地方报刊中,并取得很好的成效,每个刊物的后续发展就是很好的明证。

第七章

新中国成立后张闻天的新闻活动及其思考

　　新中国成立后,张闻天陆续担任了中华人民共和国驻苏联大使、外交部副部长等职务,在担任驻苏大使期间获得大量的外交实践经验,为他担任外交部副部长期间倡议创办和指导《外交文选》《每周通报》《国内情况通报》《外事研究》等一系列外交内部刊物和有关国际问题研究的学术刊物奠定了相当的基础。一定程度上可以说,外交部工作期间是张闻天新闻活动的另一个发展时期,一个创办外交内部刊物和国际问题学术刊物时期。此外,在"大跃进"和"文革"时期,张闻天出于为国为民为党之心,对一系列党内党外问题进行了极为深刻的独立思考,为中共新闻事业的改革与发展提供了相当的启示与借鉴。

第一节　新中国成立后张闻天的新闻活动

　　1950 年 2 月,张闻天离开辽东前往北京,准备就任中国驻联合国安理会首席代表。但最终因为朝鲜战争的爆发,美国和中国相继参战,致使中华人民共和国人民政府成为联合国合法席位代表一事无限期搁浅,准备前往联合国的中国代表团也随之解散。在这种情况下,1951 年 3 月,张闻天被任命为中华人民共和国驻苏联大使,开始了他的外交生涯,直至 1955 年 1 月回国专任外交部副部长。近 4 年的大使经历,使张闻天获得了大量的外交实践经验,也为他回国后倡议创办和指导一系列外交刊物和国际问题学术刊物奠定了相当的基础。

　　在担任驻苏大使期间,张闻天非常注重在外交和国际问题方面的研究工作,还专门设立了第一个驻外使馆研究室,负责研究苏联的建设经验、外交经验,以及有关国际政治经济问题。对此,何方在《张闻天同志和研究工作》一文中称:"闻天同志一到使馆,就立即成立了研究室,研究室配备的干部也较多,是当时使馆内部一个最大的单位。他反复强调研究工作的重要,说研究驻在国情况和国际关系是驻外使馆的一项根本任务,也是做好其他工作的基础。他对研究工作不是布置一下和定期作点检查就完事,而是自己参加进来,跟大家一起搞,工作抓得很紧很细。他经常找一些同志交谈,了解新情况,讨论新问题。闻天同志几乎每天都利用休息散步的时间找我们谈话,他看到了什么值得注意的材料或有了什么新的想法,就随时告诉我们。我当时虽然担任研究室主任,但是不仅经常提不出什么新问题,甚至看的材料也没有他多。所以往往不是我们向他提供材料和看法,反倒是他更多地讲情况,提问题,对我们进行教育和帮助。他经常参加研究室的会议,为我们出题目、改文章,还具体教我们如何做好研究工作。"

何方说:"闻天同志非常注意研究工作的特点和领导这一工作的方式方法。他强调发挥研究人员的积极性,照顾各人的特长和兴趣,从不采取硬性摊派任务的做法。他出的研究题目,有时我们觉得搞不了,他也不勉强,而是根据大家的意见再行商定。对于各人自选的题目,一般地他都表示同意和支持。对一些比较重要的研究报告,他总是先和作者商量内容,研究提纲,有时甚至对文章结构和字数多少也提出自己的意见,待写出初稿送他审阅时,他又十分认真地提出修改意见,或者亲自修改后再找作者商量,决不将自己的意见强加于人。他一直主张应给研究人员以尽量多的自由支配时间,不要老是开会,或搞其他与研究工作无关的活动。他认为,在研究问题上有不同意见、发生争论是好事,不应压制,也不必动辄开会,主张多采取个别交换意见的办法。他不只(止)一次地说过:领导研究工作,不能象(像)有些人搞行政工作那样,只靠下命令、发指示,画圈圈。研究工作是一种高级脑力劳动,应当有更大的独立性,还要照顾各人的专长和爱好,不能干涉过多,抠得太死。比方你硬要人家研究一个问题,还得按你的意见写出来,而他对这个问题思想还不通,或者毫无兴趣,那怎么能写出好文章来呢?他还说:研究工作最怕想当然、瞎指挥,弄得人家象(像)无头苍蝇一样团团转。一定要启发大家开动机器,考虑问题,鼓励发表不同意见,允许保留自己的看法。这样才能搞得生动活泼,提出些新的问题和新的见解。不然,思想僵化,死水一潭,就很难搞出什么名堂来。""在闻天同志的具体领导下,驻苏使馆的调研工作很快开展起来。研究室成立不到一个月,就开始向国内报送研究成果。第一篇调研报告《关于朝鲜停战和谈问题》,还得到了外交部和周总理的表扬。"①

何方的文章,让我们了解到张闻天在担任驻苏大使期间对调研工作的重视和

① 《回忆张闻天》编辑组编:《回忆张闻天》,湖南人民出版社 1985 年版,第 263、264 页。

他切实可行的领导方法。而它们不仅使张闻天培养了相当多的外交实干人员,而且也为张闻天自己积累了大量的外交业务知识和实践经验。

1955年1月,张闻天回国任外交部副部长,驻苏大使由刘晓接任。回国就职的张闻天充分利用自己担任驻苏大使时获得的外交经验,倡议创办和指导了一批内部通报、内部刊物,其中有《外交文选》《每周通报》《国内情况通报》《外事研究》《外事动态》《业务研究》《外论选译》等。它们在很大程度上推动了中国外交工作的开展和进步。

2月9日,张闻天主持外交部办公会议,"决定编印两周通报,向驻外使馆和部内各部门通报一周大事,包括国际关系中和我国外交活动中的重要情况,发各使馆并在部内传阅";2月21日,又主持外交办公会议,"确定编辑《外交文选》供内部学习";6月20日,再次主持外交部办公室会议,"讨论出版《外事研究》问题;7月5日,主持外交部部务会议,"讨论出版《业务研究》问题";9月13日,再次主持外交部部务会议,讨论"拟在《外事研究》第一期上刊登的《关于美国外交策略的新变化》一文",决定"成立《外事研究》编辑委员会,由研究室主持,各地区司派人参加","成立《业务研究》编辑委员会,由办公厅主持,各单位派人参加",主张"各单位应负责向编委会推荐稿件,各驻外使馆负责推荐使馆报告",还决定"出版活页《外论选译》";①10月28日,《业务研究》创刊,张闻天从编辑初选文稿中挑选审定了4篇文章发表在上面,它们分别是"接待越南代表团工作总结"、"向未建交国家使馆申请签证的几个问题"、"参加亚非会议各国驻莫斯科使节宴请印度尼赫鲁总理的若干情况"和"关于交接工作的体会"。②

对于张闻天担任外交部副部长期间的新闻活动,何方了解得比较清楚,因为很多外交内部通报和内部刊物的创办都是由张闻天指示和安排他亲自执行的。③从何方的相关回忆中,我们可以看到张闻天对外交内部刊物的创办和编辑的关心程度。从明确刊物创办的目的、目标,到确定刊物的名字,到商定所登文章的题目、内容,张闻天都亲自参与其中。张闻天安排和指示创办的这些内部刊物,各具特点,各具使命。例如,《每周通报》,主要是将国际外交上发生的重大事件编辑成册,以资料通报的形式报送总理、中央办公厅、中央各部委以及各驻外使馆,起资

---

①　张培森主编:《张闻天年谱》(修订版)下卷,中共党史出版社2000年版(2010年修订),第674、675、687 – 688、689、694页。

②　同上书,第689页注①。

③　参见何方:《何方谈史忆人:纪念张闻天及其他师友》,世界知识出版社2010年版,第132 – 133页。

料参阅的作用;《国内情况通报》,则将国内的重要情况汇辑成册报送使馆,让使馆在了解国内情况的基础上更好地做好外交工作;《外事研究》是一个讨论国际外交问题带有一定学术性质的平台,目的是为中共中央考虑外交政策时提供些许建议和启发;《外事动态》是一份专供省部以上领导干部参考的内部刊物,目的是让干部能够及时了解当前重大国际问题和外交事件,在洞察国际形势的同时关注国内时事;《业务研究》则是一份为外交部各司提供交流工作经验、发表调研成果和业务知识的刊物,有利于提高外交工作人员的知识水平和理论水平。

而为了推动当前对国际问题和国际关系的深入研究,吸收国外研究成果,加强与外国的学术交流,了解国外关于研究国际问题的最新动态,张闻天还倡议创办和支持了一系列有关研究国际问题的学术刊物。比如,1955年9月13日,张闻天主持外交部部务会议,要求"支持《国际问题译丛》,为其推荐和提供稿件";1956年11月24日,在国际关系研究所成立大会上的讲话中,张闻天"建议研究所创办《国际问题研究》杂志,以发表自己的研究成果,支持研究所接办《国际问题译丛》,以便及时发表国外有关的研究文章"。①

对于世界知识出版社的成立与《世界知识》杂志出刊后的发展,张闻天也是倍加关注和重视。曾任张闻天秘书的萧扬专门撰文对此进行了详细的阐述。② 萧扬在文章中不仅阐述了张闻天在出版《世界知识》杂志和成立世界知识出版社过程中所作出的努力,比如提议成立一个国际问题书刊专业出版社,据理力争坚持《世界知识》公开出版的性质,讨论《世界知识》及其出版社的归属问题等,而且还论述了张闻天对创刊后的《世界知识》多加关心和支持,比如讨论选题内容,建议开辟外论介绍专栏等。

程中原在《张闻天传》中也提及了张闻天在坚持《世界知识》杂志性质、提议增设专栏以及要求从事外交工作的同志写稿支持《世界知识》等方面的一些细节内容。他指出:"当时有一种意见,要将《世界知识》杂志改为内刊。张闻天立即找张际春(时任中宣部副部长)谈,说明这个刊物是国内进行国际问题教育和普及知识的工具,对外是宣传我国和反映我国外交政策的重要窗口,刊物创刊于1934年,历史长,影响大,还是宜乎公开出版。他对刊物管得很细。例如,为建议刊物增设一个栏目,以利用外论来对我国不便评论的某些外国事件进行批评,他专门

---

① 张培森主编:《张闻天年谱》(修订版)下卷,中共党史出版社2000年版(2010年修订),第694、730页。
② 参见萧扬:《张闻天与世界知识》,《世界知识》2000年第16期。

给党中央写了报告。他多次号召外交战线上的同志写稿支持出版社,并且具体布置外交部各地区业务的同志参加编写《世界知识年鉴》(50 年代初期名《世界知识手册》)。"①

对此,张培森主编的《张闻天年谱》也作了相应的内容补充。比如,1956 年 4 月 11 日,张闻天主持召开外交部办公室会议,认为"中宣部拟将《世界知识》杂志改为对内刊物","此举似无必要",但对"中宣部改进这一刊物的意见,如取消社论、少登表态文章,增加国际问题的知识、时事宣传大纲等新内容"表示同意;4 月 13 日,张闻天就《世界知识》杂志的性质问题专门同当时中宣部副部长张际春交换意见,表示自己"不同意将其改为对内刊物",指出"这是过去很早创刊的党领导下的有影响的刊物,而且讨论国际问题很难严格规定对内对外"②等。

综上所述,新中国成立后张闻天的新闻活动主要发生在其专任外交部副部长期间,其主要表现为倡议创办《外交文选》《每周通报》《国内情况通报》《外事研究》《外事动态》《业务研究》《外论选译》等一批内部通报和刊物,建议出版和支持了一批有关研究国际问题的学术刊物。它可以说是张闻天新闻活动的另一个新的发展时期,一个创办外交刊物和国际问题学术刊物的时期。可惜的是,1959 年庐山会议后张闻天受到批判,其新闻活动也随着其政治生涯的结束而终结。

第二节　张闻天的思考对新闻媒体的启示

新中国成立后,张闻天的思考虽然没有过多地直接牵涉到党的新闻事业的发展,但是有些观点和想法却与新闻事业的性质、原则、立足点、关注点、发展方向等问题息息相关。比如他对实事求是、群众路线以及党内民主重要性的认识,对党及相关部门应该如何掌握经济规律、如何领导经济工作的认识,对以往战争年代过去经验的看法,对经济规律一般性与特殊性、党与国家人民之间关系的认知,都对我们新闻事业的改革与发展产生着积极的指导作用。

张闻天有关实事求是、群众路线、党内民主的论述,对新闻工作具有重要的引导作用。而且他还找到了新闻事业如何做到宣传意识形态与坚持新闻真实性相

---

① 程中原:《张闻天传》(修订版),当代中国出版社 2006 年第 2 版(2007 年重印),第 390 页。
② 张培森主编:《张闻天年谱》(修订版)下卷,中共党史出版社 2000 年版(2010 年修订),第 715 页。

统一的关键点,那就是要实事求是。新闻事业一直肩负着传播意识形态与坚持新闻真实性原则双重使命,而这双重使命并非一直是统一的,而是一直存在着矛盾的。如何处理意识形态宣传与坚持新闻真实性之间的矛盾,就成为我党及其新闻事业单位需要解决的问题。它也是张闻天努力思考的一个问题。

在我们新闻事业发展过程中,既存在其意识形态宣传与新闻真实性相统一的时候,也存在与新闻真实性相悖的时候。比如抗战时期,在宣传抗日民族统一战线、全民族抗战、持久战、民主等内容时,就基本上做到了新闻真实性这一原则,究其原因是坚持了群众路线、实事求是、党内民主作风的结果。而新中国成立后的"大跃进"时期则是意识形态宣传与新闻真实性相悖最严重的时期,也是党脱离群众路线、违背实事求是原则以及党内生活极端不正常、不民主的时期。所以党报党刊要想使意识形态与新闻真实性相统一,就必须处理好其与国家、与人民、与党之间的关系,解决好实事求是、依靠人民群众的问题。

而党的新闻事业要想处理好其与国家、与人民、与党之间的关系,张闻天关于党与国家、人民关系的论述对其又有相当大的启示。张闻天关于"党不能超过国家、高踞于国家之上""党领导国家,但它本身不是国家""人民群众是主人,党是勤务兵"①的观点,启示党的新闻事业在考虑问题、宣传党的路线政策时要多以国家利益、人民利益为重,启示它要认识到它不仅是党的喉舌,人民的喉舌,更是国家的喉舌,不仅要从党的立场来编辑党报党刊,更应该从国家和人民群众的立场来编辑报刊,启示它要认识到衡量它办得好坏的标准并不是党的相关部门,而是广大的人民群众,广大的读者群体;关于"党与人民之间既存在一致性又存在矛盾""对人民负责,是对党最大的负责"②的观点,启示新闻事业不仅要认识到在宣传党的路线政策时要首先认清其是否符合人民需求,使其党性与人民性达到统一,在编辑过程中应该多吸收非党人员的建议,多刊登他们的一些稿件,了解他们对党、对国家大事的看法,尽量弥补党与人民之间内在的矛盾性,使其更加趋向于一致性,而且还要认识到在其坚持党性原则时要切实认清自己所坚持的是否是真正的党性,而不是在某种环境下的盲从;关于党有责任和义务帮助人民"学会自己管理自己的国家,真正做到人民群众自己掌握自己的命运,真正成为国家的主

---

① 中央党史研究室张闻天选集传记组编:《张闻天文集》第4卷,中共党史出版社1995年版(2012年修订),第344,322页。

② 参见上书,第321,336套页。

人"①的观点,启示党的新闻事业应该成为人民学会自己管理自己国家的平台,成为人民提高自己思想政治水平和素质的场所,更应该成为人民监督各级党员干部内部腐化分子的阵地;关于"任何企图以少数人的活动,即便是最优秀的共产党人的活动,来包办代替国家机关的工作,使国家机关成为党的附属机构的想法和做法,都是不正确的,也一定会徒劳无功"②的观点启示党的新闻事业不应该成为少数官僚主义者、贪污腐败者、野心家、特权利益者的保护伞;关于党"依靠说服教育的方法,来领导国家机关的活动"③的观点则启示党报党刊对待读者大众——如党对待人民群众一样绝不能强迫命令,不能摆出一副教训人的模样,好像自己生来就比人民群众优越,让人望而生畏,而是应该说服教育,应该以谈心的方式增强其亲和力,放下架子,以平等的姿态面对自己,面对新闻界,面对人民群众。

张闻天关于对经济规律的掌握、关于规律具有特性与共性的关系等观点,对于党自觉领导新闻事业、认识和掌握新闻规律的一般性与特殊性方面也有相当大的指导意义。其意义表现在中共领导新闻工作时,同样需要了解新闻工作的一些规律性的东西,认识新闻规律如同经济规律一样,也有其发展的内在的一般规律与特殊规律,在进行新闻相关工作过程中不应违背新闻的一般规律,而应该在承认新闻一般规律的基础上发挥其特性。

正如社会主义经济建设与资本主义经济建设有共性与特性一样,社会主义新闻与资本主义新闻之间也存在共性与特性的关系。马克思在其文章《〈莱比锡总汇报〉的查禁和〈科隆日报〉》中曾指出:"要使报刊完成自己的使命,首先必须不从外部为它规定任何使命,必须承认它具有植物也具有的那种通常为人们所承认的东西,即承认它具有自己的内在规律,这些规律是它所不应该而且也不可能任意摆脱的。"④可见马克思早年也是非常看重新闻工作的内在一般规律,主张要承认并遵守之,而非有意想摆脱之。

新闻的一般规律性主要表现在新闻的真实性与及时性、新闻价值以及新闻客观性三个方面。这三个方面是对新闻从业人员的基本要求,也是对新闻相关领导人员的基本要求。不过,有一点要认清楚,现在学术界与新闻业界基本上认为西

---

① 中央党史研究室张闻天选集传记组编:《张闻天文集》第 4 卷,中共党史出版社 1995 年版(2012 年修订),第 345 页。

② 同上。

③ 同上。

④ 《马克思恩格斯全集》第 1 卷(上册),人民出版社 1995 年版,第 397 页。

方资本主义所宣传的"新闻自由""新闻客观性"就是新闻的一般规律,对此笔者并不十分赞同。因为资本主义所宣传的"新闻自由""新闻客观性"是在其意识形态与国家利益允许下的"自由"与"客观性",在其意识形态与国家利益范畴之外则毫无"新闻自由""新闻客观性"可言,这从西方媒体在报道中国敏感的民族分裂问题时,在讨论与自己国家有利益关系的国际问题时,在阐述有关社会主义、马克思主义相关理论问题时都会有所偏颇,甚至不惜放弃自身所宣扬的"新闻自由""新闻客观性"的立场这一表现中可以看出。同理,我们也不能因为西方所标榜的"新闻自由""新闻客观性"带有他们意识形态的印记就去否认"新闻自由""新闻客观性"的可贵,我们应该极力塑造我们自己的"新闻自由""新闻客观性"。所以,我们新闻媒体应该在正视新闻自身规律的基础上发展属于我们、适合我们意识形态的媒体之路。笔者比较赞同法兰克福学派关于"媒体不是意识形态效果的中心,而是意识形态本身"①这一观点,当然法兰克福学派是从批判媒体的角度来看待问题,带有一定的悲观主义色彩,认为与意识形态相关联的一切事物都是不好的。而笔者则持比较乐观的态度。笔者认为,意识形态无所谓好坏之分,只有是否适合之别,一个国家需要一种主流意识形态来维持社会秩序,它是社会安定的必要条件。我们要承认它,并在它允许的范围内寻求解决现实问题的途径,而不是通过超越它或者抛弃它的方式来解决问题,其最主要的原因是后一种解决问题的路径所要付出的代价是相当之大的。

张闻天关于要辩证地对待过去的经济建设经验的观点,对于新闻工作的开展也同样具有启示意义。其启示是对于新闻媒体以往的经验也要辩证地去看待,不应过多地迷恋过去战争年代的经验,毕竟时代不同了,现在是和平建设年代,要向前看,与时俱进,要在遵循新闻内在的规律的基础上对新闻事业进行自觉领导。何谓"自觉领导",引用张闻天的话,就是"发展有利于我的趋势,缩小不利的趋势"。② 但这绝不意味着我们的新闻媒体要完全西方化,采取西方所谓的"新闻自由""媒体私有"。我们要寻找一条适合中国的媒体之路。笔者认为,当前我们新闻媒体的任务,在于一方面要确保中国改革方向不变,在为经济改革服务的同时做好政治民主改革的准备,而另一方面则要为中国和平崛起做好舆论准备,要在世界面前处处表现出我们的大国、强国风范和气度,让世界更好地了解中国,逐步

---

① [法]埃里克·麦格雷(Eric Maigret):《传播理论史———一种社会学的视角》,刘芳译,中国传媒大学出版社 2009 年版,第 45 页。

② 中央党史研究室张闻天选集传记组编:《张闻天文集》第 4 卷,中共党史出版社 1995 年版(2012 年修订),第 270 页。

认可中国的主流意识。前者需要我们新闻媒体要有强烈的公民意识,要有"天下兴亡、匹夫有责"的认识,要真正意识到每个公民都有为经济改革和政治改革出谋划策的责任和义务,要为民众提供一个参政议政、关心国家大事的平台。后者则需要新闻媒体要有强烈的国家意识,尤其在面对国外媒体,在报道国际问题的时候,更应该有自己的国家立场,有自己的客观的理性的见解。我们媒体应该处处以国家利益和民族利益为重,在看待和认识国际问题时,不要一味地跟着西方的言论走,刻意地追求与西方言论的一致性,以为这就是全球化,就是中国融入世界的标志。其实不然,因为要想真正地融入世界,让世界认可中国,我们就更应该在承认共性的基础上凸显我们的特性,让世界了解谁更客观、更实事求是。所以,我们应该实事求是地发出我们自己的声音,让世界了解我们中国的态度和立场,了解我们是如何看待和认识问题的。过去因为过多强调意识形态而一味地与西方媒体唱反调,现在则又因去意识形态化而多与西方媒体保持一致,人云亦云,没有任何的自己的认识和见解,俨然是从一个极端走上另一个极端。所以,如何正确认识与定位西方媒体,如何正确处理与西方媒体的关系,是我们当今新闻媒体需要注意的问题。

另外,张闻天提出的"毛主席关于群众路线、实事求是的讲话,我认为是讲起来容易做起来难,真正要培养这种风气不容易"[1]这一观点,对于新闻工作者的启示是要认识到理论与实际操作之间存在着矛盾,认识到自己的责任就在于尽量使两者达到统一。张闻天的此观点,简言之就是"知易行难"。我们都知道新闻理论包括党性与人民性原则、喉舌论、新闻真实性原则等方面,知道党的新闻事业既要遵从其党性原则又要兼顾其人民性原则,以实现两者的完美一致性,知道党的新闻事业既是党和政府的喉舌,又是人民的喉舌,知道党的新闻事业也要坚持真实性原则。但同时我们也真切认识到党的新闻事业在实践中要想真正做到党性与人民性相统一、真正承担党政府和人民的喉舌功能、真正实现意识形态宣传与新闻客观性相统一是非常困难的。它存在着理论与实际之间的矛盾性。当然要想解决两者之间的矛盾也并非不可能,关键在党,关键在于党是否能够真正做到凡事以国家、民族、人民利益为重,是否能够真正抛弃个人私利,是否能够真正做到为人民服务、为国家谋福利,是否能够真正做到实事求是、不脱离群众。

最后,张闻天关于"在思想领域内实行民主,发展批评和自我批评,发展自由

---

[1] 中央党史研究室张闻天选集传记组编:《张闻天文集》第4卷,中共党史出版社1995年版(2012年修订),第226页。

争论的空气"①的观点,对中共新闻事业的发展也有很大的启示。它启示中共在领导新闻媒体的时候应该努力营造一个民主、自由、开放的氛围,这不仅对于新闻界的未来发展走向是非常重要的,而且对增强中共执政能力水平、提高执政效率也是不无裨益的。我们都知道,在主流意识形态之下人民内部仍然还存在着很多不一致的声音,这些声音需要通过某种渠道释放出来,否则就会出问题。俗话说,防民之口甚于防川,理不辩不明,一味地压制并不能解决任何问题,要想辩明就需要一个辩论的平台。而新闻媒体就是一个非常好的辩论平台。所以我们应该允许媒体在保证正确政治方向、保证不反党的前提下充分享有对人民内部不同思想认识进行讨论的权利,应该不断提高媒体自主报道的权限,应该鼓励媒体多反映民众的各种声音,多加强民众对党、政府以及社会的监督,多依靠民众开放信息、解决矛盾。总之,"百花齐放、百家争鸣"方针对于当今我们的新闻媒体还是具有相当大的指导意义的。

---

① 中央党史研究室张闻天选集传记组编:《张闻天文集》第4卷,中共党史出版社1995年版(2012年修订),第266页。

第八章

张闻天新闻特色

张闻天的新闻实践不仅小有成绩,而且还具有相当的个人特点。其新闻实践特色主要表现在其报刊编辑与报刊作品方面,其中报刊编辑活动在设置编辑方针、运用编辑策略、秉承编辑作风等方面最具张闻天个人风格,而报刊作品在选题、构思、文风等方面也尽显张闻天独有特点。此外,张闻天的新闻实践与毛泽东相比也是既有相似之处又有不同之处。

第一节 报刊编辑特色

在张闻天一生中,其新闻活动占有很大的分量,而新闻活动中报刊编辑又居首位。从五四南京时期编辑《南京学生联合会日刊》、校对《少年世界》,到留学美国期间担任美国《大同报》的编辑,再到重庆工作期间主编《南鸿》周刊,从留学莫斯科后主编《红旗周报》、上海版《斗争》、苏区版《斗争》,改版《红色中华》,到延安时期负责编辑《解放》周刊与《共产党人》杂志,到东北任职期间关心和支持中共地方报刊的编辑出版,再到新中国成立后主持编辑一系列外交内部通报与学术刊物,可谓是十分丰富。而且他的这一系列报刊编辑活动还具有相当的特色。

第一,富有时代感、使命感与责任感的编辑方针。

众所周知,张闻天生活的年代是一个中西文化交汇、新旧思想冲撞的年代,也是一个革命与战争的年代,这决定了张闻天的报刊编辑活动带有相当的时代印记。1938 年 4 月 20 日,为了庆祝鲁迅艺术学院在延安成立,张闻天特题词:"认识大时代,描写大时代,在大时代中生活奋斗,站在大时代前卫为大时代服务——这就是现代文艺家的使命"。① 该题词表达了张闻天对文艺家的期望和对所处时代的认知。它同样也是张闻天编辑报刊的主旨。另外,张闻天早年忧国忧民的知识分子使命感,与他成为党员后为共产主义奋斗终生的理想,成为他创办、主编同人报刊与中共党报党刊的动力与目标。

在创办主编《南鸿》周刊时,张闻天深刻了解到重庆教育界、思想界保守势力的浓厚以及学生对新文化、新思想的向往,决定以《南鸿》周刊为阵地与重庆保守势力展开斗争,为学生鸣不平,解决学生的思想疑问,让学生知晓自己的人生意义与价值所在,重塑自己的世界观、人生观与价值观。在编辑《解放》周刊时,张闻天正是深知抗日民族统一战线在当时的重要性与必要性,以及《解放》周刊应担负的时代使命,所以将一切为抗日民族统一战线服务作为编辑《解放》周刊的重心。在编辑党内刊物《共产党人》时,张闻天认识到中共地方各级党员干部的理论水平亟待提高,所以有意识地将《共产党人》打造成党员干部学习理论的平台,履行党报党刊应负的时代任务。在关心和支持《合江日报》与《辽东大众》两份省委机关报刊时,张闻天又深感有必要发挥它们在指导和组织地方实际工作中的重要作用。

而且自从成为一名共产党员后,张闻天就一直深感自己的政治责任重大,对党性看得相当重要,这也成为他编辑党报党刊始终坚持的一个原则。在编辑党报《红旗周报》和党刊《斗争》期间,张闻天就把刊登中共中央重要的通知、法令、通电、指示、决议和重要的社论文章、评论文章放在首位。对于发挥党报党刊的组织领导作用,张闻天也相当重视,将其作为自己编辑党报党刊的一项职责任务。他之所以在担任中共中央宣传部长期间,对中共中央党报党刊和苏区中央局机关报刊、政府刊物进行了一系列调整,其原因就是想进一步发挥这些刊物的组织领导作用,比如在上海期间倡议创办《红旗周报》与《群众日报》、主编上海版《斗争》,在苏区期间主编苏区版《斗争》、改组《红色中华》等都是出于这一目的。张闻天的这一目的充分表现了他身为党的宣传干部而应有的政治责任心。

第二,关心读者与看重作者的编辑策略。

读者与作者对报刊的重要性,是任何一个担任过编辑的人所共知的。读者是报刊的动力,作者是报刊的资源,张闻天也深谙其道。在早年主编《南鸿》周刊时,青年张闻天就认识到要办好报刊,就必须了解读者的兴趣所在,关心读者的心声,为读者着想。当时《南鸿》周刊的读者多数是在校学生,张闻天就在编辑的过程中

---

① 张培森主编:《张闻天年谱》(修订版)上卷,中共党史出版社2000年版(2010年修订),第386页。

从学生身边发生的具体事件着手,运用学生乐于接受的语言文体,以便最大化地引起学生对刊物的注意力。对于《南鸿》周刊的作者们,张闻天也非常爱护和尊重他们,不但维护着《南鸿》社内同人撰稿者们的向心力,而且还注重提高社外作者的投稿热情。在《南鸿》周刊上,张闻天就曾刊登读者对作者文章的看法,然后鼓励作者作出相应的回复,以实现读者、编者与作者的完美互动。

从事党报党刊编辑工作后,张闻天又开始将目光放到党报党刊的一大批固定读者即党员干部身上,关心他们的思想觉悟、政治水平、理论修养、为人处世以及道德风范。为此,张闻天还专门撰文来指导广大党员干部尤其是青年党员干部的行为规范、处事原则,其中最具代表性的就是《论青年的修养》和《论待人接物问题》两篇文章。它们分别发表在张闻天负责编辑的中共中央机关刊物《解放》第39 期和第 65 期上,并且在延安一度成为党员干部端正自身行为的向导。张闻天之所以将自己的这两篇文章发表在党刊上面,就是对党刊读者有明确的认知与定位。

在《论青年的修养》中,张闻天强调青年"要有坚定的高尚的理想""要为实现自己的理想奋斗到底""要学习实现理想的办法""要同群众一起去实现自己的理想";①在《论待人接物问题》中,张闻天指出共产党员在待人接物方面"要有伟大的胸怀与气魄""要有'循循善诱'与'诲人不倦'的精神""对人要有很好的态度""要适当的(地)对付坏人"。② 张闻天的这些主张对党报党刊读者而言是具有很大的实际意义与指导意义的,同样它们也表达了张闻天对党员干部读者尤其是青年党员干部读者的关心、期望与要求。此外,张闻天还非常注重吸取党报党刊读者的建议。经他主持改版的《红色中华》就是吸取了读者"斗人"的建议而创办了一份文艺副刊。

对于党报党刊的撰稿人群体,担任主编的张闻天也是非常看重,经常邀请一些中共中央及地方各部重量级人物为刊物撰稿,以增强刊物的权威性,提高刊物的质量水平。比如其主编的《红旗周报》就刊登了当时中共党内重要领导人、中共地方省委各部负责人、中央苏区及各地苏区重要负责人的大量文章,其中有博古、周恩来、卢福坦、张闻天、华岗、沈泽民、毛泽东、刘少奇、杨尚昆、于珺、凯丰、康生、王稼祥、应修人、潘汉年、吴亮平、瞿秋白、陈昌浩等人;其编辑的苏区《斗争》几乎

---

①　中央党史研究室张闻天选集传记组编:《张闻天文集》第 2 卷,中共党史出版社 1993 年版(2012 年修订),第 267 – 280 页。

②　同上书,第 293 – 305 页。

每期都会刊登一两位乃至三四位中共领导人的重量级文章,涉及的领导人先后有吴亮平、张闻天、杨尚昆、邓颖超、博古、任弼时、罗迈(李维汉)、陈云、顾作霖、凯丰、陈寿昌、李富春、邓发、周恩来、毛泽东、潘汉年、王稼祥、刘晓、毛泽覃、刘伯承、曾洪易、张爱萍、陆定一、刘少奇、董必武、王观澜、瞿秋白、王首道、陈潭秋等人;其负责的党内刊物《共产党人》所发表的文章作者大多数也都是中央和地方重要人物,他们分别是毛泽东、张闻天、朱德、刘少奇、王稼祥、陈云、李富春、徐向前、叶剑英、李维汉、董必武、杨松、艾思奇、王鹤寿、赵毅民、杨超、陶希晋、杨尚昆、任弼时、陆定一、吴德、胡耀邦、谢觉哉、莫文骅、吴亮平、师哲、黄霖、高岗、邓发、舒同、温济泽、陈正人等。由此可见,张闻天在编辑党报党刊过程中,是相当注重作者层次的高与低的,而这也正是他的一个编辑策略。

此外,抗战时期张闻天还经常鼓励普通文化人和知识分子向党报党刊投稿。1939年2月5日,他在出席《新中华报》编辑部召集的文化人座谈会上就曾指出,"《新中华报》已改组为中共中央的机关报之一,但这不是说非党同志就不要参加这一工作。我们不但欢迎全党同志,而且欢迎非党同志大家来参加这一工作,尽量多供给稿件,批评与指示,多参加本报编辑、通讯、发行等项工作,使在本报周围非党的与党的同志建立密切的合作。再者,《新中华报》以后要多方面地反映现实,文艺、歌咏、木刻、漫画、科学、哲学都可以刊登,特别在副刊上更需要有多方面的内容。这首先要求集中于延安的全国各方面的优秀分子的帮助。"①

张闻天还主张要为文化人创造良好的写作环境,保障他们的写作自由,要正确对待文化人的作品,并给予发表。他说:"应该用一切方法在精神上、物质上保障文化人写作的必要条件,使他们的才力能够充分的(地)使用,使他们写作的积极性能够最大的(地)发挥。须知爱好写作、要求写作,是文化人的特点。他们的作品,就是他们对于革命事业的最大贡献","党的领导机关,除一般的(地)给予他们写作上的任务与方向外,力求避免对于他们写作上人为的限制与干涉。我们应该在实际上保证他们写作的充分自由。给文艺作家规定具体题目、规定政治内容、限时限刻交卷的办法,是完全要不得的",提出"对于文化人的作品,应采取严正的、批判的,但又是宽大的立场,力戒以政治口号与偏狭的公式去非难作者,尤其不应出以讥笑怒骂的态度。我们一方面应正确的(地)评价他们的作品,使他们的努力向着正确的方向,同时鼓舞他们努力写作的积极性,不使他们因一时的失

---

① 张培森主编:《张闻天年谱》(修订版)上卷,中共党史出版社2000年版(2010年修订),第413—414页。

败而灰心失望",还强调"文化人的最大要求,及对于文化人的最大鼓励,是他们的作品的发表。因此,我们应采取一切方法,如出版刊物、公演戏曲、公开讲演、举办展览会等,来发表他们的作品。同时发表他们的作品也即是推广文化运动的最主要的方式。"①从中我们可以看出张闻天对文化人作者的关心、了解与扶持。

第三,求真务实与民主的编辑作风。

张闻天的一生一直在致力于追求真理,最明显的表现就是新中国成立后"大跃进"期间在庐山会议上的发言。虽然他早年在上海工作期间受共产国际、苏联模式的影响犯了"左"倾教条主义错误,但是可贵的是他能够在实际工作中敢于认识错误并纠正错误,尤其后来在苏区工作期间逐步认识到党内"左"倾路线所带来的危害,最终从"左"的泥淖中走出。此后,张闻天非常注重对中国实际情况的考察与研究,将自己的理论特长与中国实际问题充分结合在一起。长征期间,他审时度势,选择与毛泽东合作,带领中央红军走出困境。遵义会议后,他被选举为中共中央总书记,任职期间,他在坚持抗日民族统一战线、和平解决西安事变、加强党的建设与培养党的干部等方面作出了积极的贡献。后来主持东北地方工作期间,又在发动群众剿匪支前、开展土地改革、指导经济建设、加强政权建设和党的建设、提倡文化建设等方面作出了不小的成绩,究其原因就是他求真务实的工作作风使然。

1940年5月16日,张闻天就务真求实的工作作风这一问题专门著文进行了论述。他说:"只有把我们党的政治路线与策略建立在'真实'的基础之上,我们所要完成的共产主义事业,才能达到胜利的目的。""共产党人要有面对赤裸裸的现实的勇气,要有说'老实话'的勇气,它不需要任何的兴奋剂与催眠剂来刺激和安慰自己。只有'老老实实',我们才能把我们的思想与工作,建立在确实的、坚固的、科学的基础之上。""只有根据于老老实实的认识,根据于具体情况的了解,才能提出切实的工作计划或工作任务,并且保证被提出来的计划与任务能够得到完成,能够贯彻。"②

关于张闻天的民主作风,在其主持中共党内日常工作,担任中共中央总书记期间表现得最为明显。据何方称:"张闻天在1935年遵义会议上当选为党中央总书记。他上任后,一改原来的家长制,实行集体领导,发扬民主作风,反对突出个

---

① 中央党史研究室张闻天选集传记组编:《张闻天文集》第3卷,中共党史出版社1994年版(2012年修订),第78—79页。

② 同上书,第50—51页。

人,开了中共党史上一代新风,把中央的领导提高到一个新阶段和新水平。这在当时是得到全党公认的。毛泽东对张闻天遵义会议后的领导就曾倍加赞扬,戏称其为'开明君主'或'明君',说洛甫(张闻天)这个人很民主,不争权,主持会议能让人畅所欲言。整风开始时他还说,五四运动到大革命(陈独秀任总书记)和遵义会议到抗战开始后(张闻天任总书记)是唯物辩证法运用比较好和我党生动活泼的两个时期。事实上,张闻天的集体领导和民主作风,即使在延安整风后他的历史作用遭到长期抹杀时,也是无人能加以否认的。"①

何方还提到:"在任总书记的几年间,他(引者注:张闻天)主持的正式中央会议(多为政治局会议和常委会)就有137次。他不像有些人那样,没权时要求多开会以争取发言权和参政机会,等到大权在握时就嫌开会麻烦了。因此,'会多'一直是张闻天领导的一个重要特点。当总书记,中央的会多。当省委书记,省委的会多。当大使,他也要实行集体领导。一个政治局委员级的大使和使馆二秘以上干部组成馆委会,定期举行,每季度还向全体人员作一次馆务报告,使内部工作完全透明,以取得群众监督。在外交部当副部长,他因系党组副书记,按理无权召集党组会,于是就每天开一两个小时的部领导碰头会,集体讨论和处理外交案件和内部大事。总之,大到领导全党,小到管个使馆,他都决(绝)不个人决定问题,实行独断。"②从何方的回忆中,我们可以看到张闻天每到一个新的部门或新的地方任职时,不管是担任中央书记、中宣部部长还是地方省委书记,抑或是驻苏大使、外交部副部长,他都是坚持将民主作风放到其工作的头等位置之上。

有关民主思想,张闻天在其文章、起草的文件和讲话中都有所论述。他曾在为中共中央起草的文件《关于办理党校的指示》中明确强调:"在学校生活中应该充分的(地)发挥民主。在学习中应提倡敢于怀疑,敢于提出问题,敢于发表意见,与同志(的)辩论问题的作风。对于错误的、不正确的思想,主要的(地)应该采取说服、解释与共同讨论的方法来纠正。"③在一次中共中央书记处会议上,他指出:"目前要团结抗战,这个过去说过。现在要以民主为中心问题,没有民主是不能团结进步的。""在我们区域中也要实行民主,因此在党内也要进行民主教育,发告同志书也召集党员学习民主,对外发表宣言,也以民主问题为中心。"④

---

① 何方:《何方谈史忆人:纪念张闻天及其他师友》,世界知识出版社2010年版,第62页。
② 同上书,第64页。
③ 中央党史研究室张闻天选集传记组编:《张闻天文集》第3卷,中共党史出版社1994年版(2012年修订),第48页。
④ 同上书,第53页。

他还曾撰文《更多的（地）关心群众的切身问题》，提出："党必须大胆的（地）发展党内与群众中的民主作风，建立各种组织的民主制度，发扬党内党外的自我批评，以揭发与清除各种组织内所存在的这些违反群众利益的严重现象。党必须不断推举那些真为群众所信任、所爱戴、在群众中有威信的新的领袖，来代替那些贪污腐化分子与老官僚主义者，为群众办事，为群众工作。要使群众在新的民主的生活中切身感觉到：革命是同他们血肉相关的问题，是他们自己的事；他们自己是革命的主人翁，是当权的人；他们完全有权力任用真正能够为他们服务的'自家人'，而罢免那些违反他们利益的坏蛋。"①

而在《抗日民族统一战线中的"左"倾危险》一文中，张闻天再次谈到了"民主作风"这一问题。他说：②

统一战线的扩大与巩固，没有民主主义的工作精神与工作作风，是不可能的。统一战线就是各党各派无党无派的人们的合作。既然是合作，那一切事情就需要经过共同商讨，共同决定，共同遵守，共同实行，谁也不能包办。既然是统一战线，那参加统一战线的各党各派无党无派的人们的地位，就应该受到尊重，他们的意见就应该受到注意，他们自己就应该积极的（地）参加各方面的工作，而不允许有一党一派的包办。

就是在我党起领导作用的地方，我们仍然应该这样做。因为党的领导作用，不是同参加统一战线的各党各派无党无派的人们脱离，而正是要经过各党各派无党无派的人们共同商讨、共同决定、共同遵守、共同执行来实现。包办只是起了代替的作用，而不是起了领导的作用。

在统一战线内贯彻这种民主主义的工作精神与工作作风的基本原则，就是一切要取决于大多数、经过大多数。参加统一战线的各党各派无党无派的人们，可以有各种各样不同的意见，但经过共同讨论之后，最后的意见必然是大多数人的意见，也只有为大多数所采纳的意见，才能经过大多数而见诸实行。

当然，在文章中，张闻天不仅论述了民主精神与作风对于统一战线的重要性，而且还主张将民主精神与作风扩展到中共党的各项工作中。他强调："这种民主主义的工作精神与工作作风，在我们的一切工作中均应加以贯彻。我们一方面向国民党要求民主自由权利，另一方面应该自己做出实行民主的模范，首先在我们

---

① 中央党史研究室张闻天选集传记组编：《张闻天文集》第3卷，中共党史出版社1994年版（2012年修订），第55页。
② 同上书，第71页。

自己领导的地区内。国民党顽固派处处表示惧怕民主、反对民主、不实行民主;我们则应处处表示我们拥护民主、尊重民主、实行民主。我们不是拿共产党的一党专政去同国民党顽固派的一党专政、一派专政对立,而是要拿真正民主的统一战线的政权去同国民党顽固派的一党专政、一派专政对立。"①

张闻天以上求真、务实与民主的工作作风及思想深深地影响着他的编辑实践与编辑思想。早在上海主编《红旗周报》与《斗争》时,他就曾在两份党报党刊上针对某一问题开展讨论,充分表达了张闻天报刊民主编辑的特色。比如,1932 年5 月 2 日,《红旗周报》第 39 期刊登了刘少奇以仲篪的名义发表的一篇讨论文章:《苏区阶级工会的会员成份(分)》,由此拉开了党内对"苏区阶级工会会员成份(分)"这一问题讨论的序幕;1932 年 10 月,在张闻天的主持下,上海版《斗争》从第 28 期起开展了一次关于"反对日本帝国主义承认'满洲国'"这一口号的讨论。在苏区编辑《斗争》杂志时,他又要求党报党刊多发表有关地方基层的文章,将其务实的编辑作风贯彻其中。

在延安时期,张闻天也是将其求真务实民主的编辑思想与作风发挥得淋漓尽致。1937 年 9 月 16 日,张闻天在主持召开中共中央政治局常委扩大会议,讨论边区与政府工作时,在总结发言中曾指出,"边区党委出版的《党的生活》,都只提出许多抽象的东西,今后要照老百姓的办法办,抓住许多实际问题,改变党八股的方式"。②这突出了张闻天对报刊编辑内容要务实的重视。1940 年 11 月 5 日,他又在《中国青年》上发表《对〈中国青年〉的希望》一文,称:"希望《中国青年》成为全国青年干部自由探讨真理、追求真理、为拥护真理而奋斗的广大园地"。③ 从张闻天对《中国青年》的期望中,可以看出他是深知求真、务实与民主在报刊编辑中的重要性的。

1941 年 8 月 13 日,张闻天主持中共中央政治局会议,在讨论文化工作时,提出:"《解放日报》要注意登载非党员文章,要使他们的思想自由发展。在自由批判中来求得思想的一致。我们对他们要宽大些,他们在政治上是同情我们的,不能要求他们遵守组织纪律。"④该主张表达了张闻天关于党报党刊要发扬民主风格的思想。1944 年在编辑中共内部刊物《参考资料》时,张闻天也表现出了其求真

---

① 中央党史研究室张闻天选集传记组编:《张闻天文集》第 3 卷,中共党史出版社 1994 年版(2012 年修订),第 72 页。
② 张培森主编:《张闻天年谱》(修订版)上卷,中共党史出版社 2000 年版(2010 年修订),第344 页。
③ 同上书,第 441 页。
④ 同上书,第 452 页。

务实民主的编辑与写作作风。据邓力群回忆,"每期的选题商定后,他(引者注:张闻天)总是亲自承担一、两个题目,从收集、整理材料到起草和誊写,都是亲自动手,送给大家征求意见后,又亲自改定。对于其他承担选题的同志,他总是叮嘱要首先占有大量确凿的材料,文章写完,他又和作者一道反复讨论、修改,直到定稿。他一再告诉大家,研究问题一定要从实际出发,用材料说话,不是先有结论,而是要用马克思主义立场、观点、方法整理、分析材料,从中引出科学的结论。有多少材料说多少话,切忌主观臆测、凭空推断,切忌看到一点皮毛就妄加引伸(申)。"①

以上张闻天报刊编辑特色主要是从横向的角度考察的,如果从纵向的角度考察,我们不难看出它无疑经历了一个由浅入深、由业余到专业、由零散到系统等逐步发展成熟的过程,当然这与他个人的经历、阅历、身份以及职务变化有很大的关系,而且早、中、后期张闻天报刊编辑还呈现出环环相扣、承前启后的特点。

青年时期张闻天的报刊编辑活动初露锋芒。他不仅担任过《南京学生联合会日刊》编辑科科员,承担过《少年世界》、美国《大同报》等报刊和中华书局图书的编辑和出版事务,而且还创办了一份报刊——《南鸿》周刊,可谓是相当丰富。但是由于早年编辑工作多数出于生计的考虑,目标也不明确,没有将其作为志业来对待,所以其初期报刊编辑活动与中后期相比还属尚浅,是为中后期储备报刊编辑经验阶段,而之后在重庆创办的《南鸿》周刊就是张闻天早年编辑经历的一个初期成果。但《南鸿》周刊是一份同人刊物,主要是针对当时重庆在校学生而创办的,在视野方面具有一定的狭隘性,而且当时张闻天的报刊编辑思想尚处于萌芽状态,不够系统、全面和深入,这在很大程度上制约着《南鸿》周刊的进一步发展,使它的影响力仅限于重庆,而无法波及其他地区。所以早期张闻天的报刊编辑活动也呈现出浅显、不系统等缺点。

中期张闻天的报刊编辑比较集中也比较系统,主要表现为创办、主编和改组中共中央党报党刊。这一时期张闻天先后或创办或主编或改组中共中央党报党刊、中央政府机关报刊多达10余种,其中有《红旗周报》、《群众日报》、上海《斗争》、苏区《斗争》、《红色中华》、《解放》周刊、《共产党人》等重要刊物。在这些党报党刊中既有公开发行、半公开发行也有秘密发行,还有党内发行的,既有周报、日报也有三日刊、半月刊、月刊,在内容方面既有时事性刊物也有理论性刊物。这些党报党刊无论从形式还是从内容上都凸显了张闻天报刊编辑思想尤其是党报党刊编辑思想的成熟,它们是张闻天党报党刊编辑思想在实践中的运用。中期张

---

① 《回忆张闻天》编辑组编:《回忆张闻天》,湖南人民出版社1985年版,第25-26页。

闻天的报刊编辑活动与早期注重批判性相比,有了很大的不同,即多数具有相当的指导性、全局性与政策性,对当时中共革命事业、中共党员干部理论素质的提高起了重要作用。而张闻天在中期之所以能够先后主持创办、主编、改组多份中共中央党报党刊,除了与他具备编辑党报党刊的能力,具有深厚的马克思主义理论水平有关外,还与他先后担任中共中央中宣部部长、中共中央党报委员会书记、中共中央总书记、中共中央干部教育部部长等职务有关。

后期张闻天的报刊编辑因其主持东北地方工作而具有相当的特色。他对地方报刊的编辑工作不再事事巨细、亲力亲为,而是宏观把握与指导。在担任合江省委书记、辽东省委书记期间,张闻天对省委党报《合江日报》与《辽东大众》关注有加,将他在主编中共中央党报党刊时获得的党报党刊编辑经验与编辑思想充分运用到地方党报党刊之中,使有关编辑中共中央党报党刊的一些宝贵经验与优良传统得以在基层扎根生芽,并广泛传播。在《合江日报》《辽东大众》等地方党报上,张闻天实践了党报要发扬"全党办报"和"群众办报"方针、贯彻"批评与自我批评"、坚持联系实际办报和遵循"新闻真实客观性"原则等编辑思想。新中国成立后,张闻天的报刊编辑活动仅限于外交领域,带有非常明显的部门特色和专业性质。这与张闻天曾担任驻苏大使与外交部副部长有直接的关系。在担任外交部副部长期间,张闻天倡议创办并主持编辑了《外交文选》《每周通报》《国内情况通报》《外事研究》《外事动态》《业务研究》《外论选译》等外交内部通报和内部刊物。纵观张闻天的报刊编辑活动,一定程度上可以说是张闻天走到哪里,其报刊编辑活动就跟到哪里,足见其对报刊编辑工作的重视程度。

第二节　报刊文章风格

据不完全统计,张闻天一生中或创办或主编或编辑或改组或倡议出版或指导过的报刊多达 30 余种,而他在报刊上发表的文章也有 360 篇之多。这些报刊文章成为张闻天新闻实践活动的又一组成部分。从纵向时间上看,其报刊文章具有相当的阶段性特征。其阶段性表现为早期文章多为多样性、文艺性、评论性与批判性文章,中期的报刊文章则多是政策性、指导性文章,后期的报刊文章则多是应景性的官样文章。

早期张闻天报刊文章风格呈现出多样性、文艺性与批判性特点,这与青年张闻天的志向有着密切的关系。早年张闻天深受五四新文化运动的影响,对民主、科学、新文化、新思想、新道德等五四理念有着相当大的认同,加上思想比较活跃,又缺乏定性等特点,这在很大程度上影响着青年张闻天报刊文章的内容、形式与性质。

从形式上看,该时期张闻天报刊文章有短评、评论、论文、散文、杂文、诗歌、译述等;从标题设置上看,既有询问式、反问式、又有普通谈论式与议论式;从内容上看,涉及面比较广泛,其中既有国内时事又有国际时事,既有社会问题又有思想问题,既有文学、艺术方面的又有经济、哲学方面的,既有关于青年、妇女的又有关于农民、工人的。它们突出了早期张闻天文章的多样性。当然从文章的体裁方面,也可以看出早期张闻天有相当部分的报刊文章是属于文艺性质的,少部分属于评论性质。另外,张闻天早期一些报刊文章还呈现出相当的批判性,其主要表现在对政府腐败无能的不满、对封建旧势力的抨击、对旧教育体制的反抗、对旧道德旧思想的批评、对中国文坛思想贫乏的反思等。

下面,笔者就以早期张闻天报刊文章中最为典型的 3 篇文章为例,具体分析之。这 3 篇文章分别是:《心碎》《赞成的对呢? 还是反对的对呢?》和《生命的急流》。

《心碎》是早年张闻天发表在《民国日报·觉悟》上的一首诗歌,以铁店男学徒、纺织女工为原型,描述了他们的辛劳、痛苦与忧愁,向读者描绘了一幅工人做工辛苦、没有任何幸福感的画面。该诗歌是张闻天早期创作的诗歌中的经典之作,其特点是内容写实、感情充沛,读后让人有感同身受之感。在诗歌中,张闻天以第一人称的形式,诉说了自己在看到工人做工场景时的心理感受,亲身体会到了工人们的痛苦,真正做到了"人家的痛苦是我的痛苦"这一创作宣言。他将一连串反问、设问运用到诗歌中,除了想引起读者注意、启发读者思考、博取读者对工人阶层的同情外,还表达了自己心碎到无法用一般句式来表达以及想寻求解决方法而无果的心情,比如"朋友! //请问你那(哪)一种是幸福? //那(哪)一种是和谐? //幸福、和谐、他们都享到吗?""到底他为什么冗忙? //伊为什么悲抗? 唉! 这冗忙,这悲抗,//使我心酸使我魂荡。//冗忙呀! //悲抗呀! //光明在那(哪)儿? //明媚在那(哪)儿?""唉! 黑漆的面庞,//谁说是当初的他? //憔悴的容颜,//谁说是儿时的伊?""他把脖子伸长着,//伊把明眼拼命望着。//他的痛苦是谁的痛苦? //伊的忧愁是谁的忧愁? //朋友! //你应该怎样? //让他去吗? //救他吗? //你应该怎样? //世界上的人类呀! //要救他吗? //你们应该怎样?"。①

---

① 张闻天选集传记组等编:《张闻天早期文集(1919.7 - 1925.6)》,中共党史出版社 1999 年版(2010 年修订),第 48 - 51 页。

该诗歌的创作成功源于张闻天本人对现实的殷切关注,对弱势群体的悲悯之心,以及他对作品的严格要求。在诗歌后面,张闻天阐述了自己的创作心得,称:"凡一个人观察一件事业,假使不是亲身走到这事业里去,他即使能够了解一些,终不彻底。譬如,平常人说工人如何苦,我终不十分相信;这一次住到一块地方,同工人很接近,觉得工人的痛苦,有出于我所意料之外。工人自己的痛苦,还是有限;工人的儿子工人的女儿的痛苦,真是无穷的痛苦。"①

《赞成的对呢? 还是反对的对呢?》是张闻天发表在 1921 年 9 月 25 日出版的《民国日报·觉悟》上的一篇评论性文章。文章以设问句式作为标题,让人产生一种想阅读文章的兴趣,想了解文章到底关注的是个什么问题,作者的观点是怎样的,到底哪种说法才是正确的。文章正文对该设问作出了回答,开门见山地指出当时在对待男女社交公开问题上存在的两种态度,称:"赞成者说这是从旧礼教下骤然解放出来的人们的应有的现象,反对者说这不是我们理想中正当的社交公开,我们非纠正之不可。"随之,文章对两种态度进行了分析,指出:"他们二方面所取的态度,虽是完全相反,而根本原理确是一样的。并且在实用上看来赞成现状者的功用是在维持社交公开的过程,不使社交公开的萌芽,由此而斩;反对现状者的功用是在改进现在的社交公开,促进社交公开的发展。维持与促进我们认为都是需要的,都是不可缺的!"最后,文章强调了讨论的重要性,称:"我们已对于一个问题抱有共同的见解,我们应有相当的谅解和同情,我们认为我们相互间的讨论是重要的,相互间的讨论不但不能减杀我们的势力。并且可以使我们有更密切的联合,有更强固的势力。我们在这种基础上设立下我们的大本营和黑暗势力,决一死斗,生死存亡,非我辈今日之所能计。诸君! 诸君! 其有以我言然者乎,其亦可以兴起矣!"②从文章内容中,我们可以看出作者油然而生的使命感与责任感,以及文章本身的号召力与感召力。

《生命的急流》是张闻天发表在《南鸿》周刊上的一篇比较有影响力的散文,至今仍然被作为范文,广泛阅读和传诵。该散文承接了以往张闻天惯用的反问、设问排比,语气强烈,让人读后印象深刻。它采用第二人称的形式,更显亲切感,更能抒发作者自己的情感。它如同和你当面对话一样,让你阅后有种酣畅淋漓、

---

① 张闻天选集传记组等编:《张闻天早期文集(1919.7 – 1925.6)》,中共党史出版社 1999 年版(2010 年修订),第 48 – 51 页。
② 同上书,第 93 – 94 页。

醍醐灌顶、意犹未尽、妙不可言之感。下面,笔者摘抄几段原文,以飨读者,内容如下:①

朋友,你在这人工的大牢狱中间,你觉得痛苦与沉闷吗?你曾有一分钟想把这个大牢狱打的(得)粉碎吗?你曾有一分钟想大喊一声喊出你胸中的抑郁之气吗?

是呵,家庭,社会与学校的束缚是何等的严紧呀!道德,法律与学校规则的威吓是何等的可怕呀!但是,朋友,你知道什么叫做道德,什么叫做法律,什么叫做校规吗?

哟,使人类作伪,作恶,使人类变为活尸,变为陈死人,使生命萎缩,凋谢的道德,法律与校规呵!

哟,朋友,你能鼓起勇气来对于种种过去的骸骨,为努力的反攻吗?你能做一块大海绵来抹去一切被这些东西所传染的污点吗?

这个美丽的世界不是给死人住的,他是给活泼泼而有生趣的人住的。现在却到处是死人,死人。满坑满谷的死人:死鱼的眼,痴呆的面,规行距步的行动,迟钝的声音。这个世界已经被他们完全弄脏了,弄脏了。

哟,朋友,喊出你心中所要喊出的声音吧,做出你心中所要做出的事情吧!总之一句,赶快表现出造物所给你的生命,在这黑暗的世界上举起一点光明的火花来;不然你的少年的肢体就要腐烂了,你的灵敏的头脑就要呆笨了,你的热情就要冷却了,那时是什么也迟了,什么也来不及了。

朋友,在现在这一刻这一个地方,把你的青春的力,你的生命赤裸裸地表现出来呵!你要把你的生命变做狂风,变做暴雨,把世界上一切脏脏的东西扫荡一个干净。什么道德,什么法律,什么校规,如若他们不过是阻碍你的前进,压抑你的努力的东西,就可以一齐抛掉,一齐破坏!与其做一个活死人,在世上活上一百岁,还不如活上一刹那后,立刻就死的(得)好。

朋友,壮烈的死就是生命的最紧张的一刹那,有什么可怕的呢?

从该散文的内容与用词,可以看出早年张闻天的文风是感性有余、理性不足,这可能也与年龄有很大的关系,毕竟当时张闻天只有 25 岁,还是一个精力充沛、激情四射、对未来有诸多期望和遐想的年龄。

中期张闻天的报刊文章开始由早期的多样性向单一性转变,政论性文章和社

---

① 张闻天选集传记组等编:《张闻天早期文集(1919.7 – 1925.6)》,中共党史出版社 1999 年版(2010 年修订),第 525 – 526 页。

论文章居多,且多具有政策性、指导性、建设性、针对性等特点。这些特点与成为共产党员的张闻天在后来担任中共党的重要职务有相当大的关系。从莫斯科留学回国至新中国成立,张闻天先后担任过中共中央宣传部部长、中共临时中央政治局委员及常委、中共中央政治局委员(中共六届五中全会)、书记处书记(中共六届五中全会)、中华苏维埃共和国人民委员会主席、中共中央总书记、中共中央宣传部部长(兼任)、马克思列宁学院院长(兼任)、中共中央干部教育部部长(兼任)、中央研究院院长(兼任)、中央委员(中共七大)、中央政治局委员(中共七大)、中共合江省委书记兼军区政治委员、中共中央东北局常委兼组织部部长、东北财政经济委员会副主任、安东省委书记等职务。这些职务对张闻天的报刊文章的特性、形式与内容无形中设定了某种范围。

据不完全统计,从1931年至1949年,张闻天以思美、斯勉、洛夫、洛甫、平江、刘云等笔名和本名在《红旗周报》、上海版《斗争》、苏区版《斗争》、《红色中华》、《解放》周刊、《共产党人》、《合江日报》、《东北日报》等中共党报党刊上发表文章多达200多篇。张闻天的这些报刊文章在选题、构思、文风等方面具有相当的特点。

第一,从选题上看,中期张闻天的文章选题多是围绕当时中共党的相关政策、方针展开的,力主解决中共迫切需要解决的问题,所以针对性、政策性比较强。

在上海工作期间,张闻天在党报党刊上发表了大量有关工人运动、学生运动、统一战线、土地政策、军事斗争、灾民运动、苏维埃建设、职工运动、群众工作、反日运动、整顿党的队伍、粮食问题、阶级斗争、罢工运动、宣传鼓动、文艺战线、帝国主义战争、民族革命战争、党的领导等方面的文章,为当时中共制定的有关政策做了一定的宣传和解释。

在苏区期间,张闻天发表的文章,其选题内容涉及革命与战争、中共领导方式、土地政策、反对右倾机会主义、反对极"左"主义、苏维埃经济、苏维埃阶级斗争、苏维埃文化教育、苏维埃民主、苏区改选运动、工农检举、收集粮食运动、帝国主义战争、中国苏维埃运动、粮食突击运动、查田运动等方面,其中既有对时局的分析,又有对中共政策的解释;既有对具体工作的指导,又有对经验教训的总结。

延安时期,张闻天发表的党报党刊文章,在选题方面则有对日直接抗敌、民族统一纲领、抗日民族革命战争的持久性、游击战争、国共合作、战时民运工作、青年的修养、待人接物、反汪运动、反对投降妥协、民族自卫战、抗战相持、抗战新文化运动、共产党员权利与义务、党群关系、党的工作方式、党的工作作风、干部学习等内容。它们绝大多数符合当时中共的抗战要求、抗战方向、抗战原则以及中共党的建设需求,解决了一系列中共亟待解决的问题。

第二,从构思方面看,中期张闻天非常看重文章的立意、选材和结构布局,力主说服读者以达到宣传效果,所以建设性、逻辑性比较强。

比如《论红一方面军的东征》(西北版《斗争》1936 年第 88 期)一文是张闻天为说服当时一些党内干部认为东征会导致红军长征后得来的根据地再次丢失而存在疑虑或不同意东征而写的文章。文章一开始就用当时中国尤其是华北地区面临的局势来论证红一方面军东征的必要性,接着指出东征的中心任务是"发动与组织全中国抗日民族革命战争,援助与响应全中国首先是华北的八千万人民的抗日斗争",进而观点鲜明地标明东征"不是避免,而是为了要争取同日本帝国主义直接作战的时机","不是为了等待,而是为了要创造实现国防政府与抗日联军的有利条件","不是为了保守现土,而是为了开辟苏维埃与红军发展的新局面",最后申明其中心论点:"红一方面军的东征,即是要在实际行动中,把国内战争提高到民族革命战争,把土地革命提高到民族革命";"亦即是要在实际行动中,把扩大与巩固现有苏区根据地的方针,符合于目前抗日救国的基本要求,以创造有利于苏维埃与红军发展的新局面,而不是为了放弃或脱离现有的根据地。"①从文章的内容中我们可以看出其建设性,而从文章的结构安排上,我们还可以看出其逻辑的严密性。

在《红色中华》社论《我们无论如何要胜利!》(《红色中华》1934 年第 193 期)中,张闻天更是将自己在构思文章方面的天分发挥得淋漓尽致。在社论开篇,他就明确地提出问题所在,称:"我们看到某些党部与某些苏维埃政府,在敌人积极进攻前面,或者表示出迟钝、硬化,与麻木不灵,或者表示出动摇恐怖与张惶(皇)失措,这两种倾向,表面上看来是相反的,实际上却是互为因果(产)的。"接着,张闻天开始对问题展开分析,说道:"这些同志的麻木不灵,平时在'左'的乐观的空谈下面掩盖着。他们在敌人进攻的前面常常企图掩盖事实的真相,甚至曲解事实来安慰自己与'安慰'群众,恐怕事实的宣布会"动摇人心",使群众走到'悲观失望'。他们往往拿'不要紧,我们总会胜利'的空洞的乐观的宿命论,来代替广大群众的战斗的动员。但是等到敌人真的到来,则不顾一切向后逃跑。那时,他们再也想不到他们这种行动对于群众会发生什么影响,在他们退却逃跑之后,群众怎样会把他们过去的'安慰'当做(作)是他们的一种欺骗?!'左'的乐观的宿命论

---

① 中央党史研究室张闻天选集传记组编:《张闻天文集》第 2 卷,中共党史出版社 1993 年版(2012 年修订),第 50－53 页。

与右的失败主义在这里充分的(地)表现了他们的相反的一致！他们对于我们目前的战争动员都是极端危险的。"

随后,他提出自己的正面观点,即"每一个共产主义者应该最清楚的(地)了解目前他们所处的战争环境,冷静的(地)估计敌人对于我们进攻的形势,有计划有准备的(地)来布置自己的工作,来动员广大群众同敌人作战。在每一形势转变的关头,应该知道如何转变工作的突击方向,提出新的动员群众的具体的口号,转变自己的工作方式与工作计划","只有武装成千成万的工农群众,动员他们加入红军,独立团,游击队,模范赤少队与赤少队中去,发展广泛的游击战争,在敌人的前后左右,在敌人堡垒线内,在敌人的远后方到处去打击敌人,箝(钳)制敌人,分散敌人,疲惫敌人,瓦解与消灭敌人来配合和掩护我们主力红军的决战,我们才能取得战争的最后胜利"。① 从该社论的构思与布局看,其脉络比较清晰,层次感比较强。

第三,从文风上看,中期张闻天的文章言简意赅,通俗易懂,论证有理有据,而且带有相当的学术性质,所以理性色彩比较浓。

我们都知道,张闻天是中共党内擅长理论研究的重要领导人之一,素有"红色教授"之美誉,被称为"学者型"领导人。在其担任中共重要领导职务期间,张闻天充分发挥其在理论方面的特长,撰写了大量政论性文章,尽显理论特色与理性风采。

比如在文章《关于抗日的人民统一战线的几个问题》(西北版《斗争》1936 年第 97 期)中,张闻天就认真指出在创立、运用和执行抗日人民统一战线中需要注意的六个问题:"必须集中力量于反对日本帝国主义与汉奸卖国贼";"必须把抗日反汉奸卖国贼的斗争同群众直接的政治的与经济的利益联系起来";"必须依据具体环境规定统一战线的条件并使之成为共同行动的纲领";"必须使共产党苏维埃与红军成为统一战线坚强的核心";"必须使统一战线朝着准备与组织大规模的抗日的民族革命战争的目标进行";"必须在党内开展两条战线的斗争中保证统一战线的正确执行。"②这六个问题是张闻天通过对当时蒋介石对日妥协、对红军继续采取"围剿"这一现状的理性分析而提出来的,在很大程度上为中共以后如何抗日指明了方向。

---

① 中央党史研究室张闻天选集传记组编:《张闻天文集》第 1 卷,中共党史出版社 1995 年版(2012 年修订),第 342 – 343 页。
② 中央党史研究室张闻天选集传记组编:《张闻天文集》第 2 卷,中共党史出版社 1993 年版(2012 年修订),第 61 – 67 页。

在文章《把山西成为北方游击战争的战略支点》(《解放》1937 年第 25 期)中,张闻天更是实事求是地分析了阎锡山的抗日行为。首先,他肯定了阎锡山在全面抗战初期的一系列作为和转变,例如"开始把'防共'的精力转向于'守土抗战',并且在山西组织了'牺牲救国同盟',在政府统制的范围内,相当容许了人民救国的自由",后来又"拿'民族革命战争'的口号代替'守土抗战'的口号",并成立"民族革命战争战地总动员委员会"组织,并称:"它的组织,确实也是阎百川先生的思想向着全面的全民族的抗战的前途前进了一步(的)具体表示。这种进步,是值得我们大家赞扬的。特别在阎百川先生的生平,这种进步是值得大书特书的。"其次,他也指出阎锡山的进步,"还不免被狭隘的政治经验所限制着","至今还没有下最大的决心依照共产党与前进分子的提议与办法来澈(彻)底改造自己的政府与军队","还没有坚强决心把政府的军队的抗战转变为全面的全民族抗战"。

再次,张闻天总结了山西阎锡山抗战严重失败的经验教训。他说:"山西抗战之严重失败的经验告诉我们:政府当局的狭隘的政治经验,缺乏政治远见,对于国家民族实是极大的不利。如果山西当局,能够早些看到保卫山西非发动全山西民众起来不可,早些实行中国共产党的政治主张与民族独立、民权自由、民生幸福的革命的三民主义,则山西何至有今日。然而事实上,山西当局总是被逼一步才前进一步。结果处处处于被动地位,丧失有利的时机,终至为敌人各个攻破,遭受这样严重的失败。""山西抗战严重失败的经验,更告诉我们,共产党与他们所领导下的军队,不但不是可怕的与危险的东西,而且是抗战中最坚决的与最可靠的力量。对于他们的疑惧与不放心,是完全没有根据的。相反的,应该同他们推心置腹的互相合作,接受他们的提议,采纳他们的办法,在统一的共同的纲领之下,肩并肩的(地)同他们一起去战胜日本帝国主义。"

最后,张闻天标明了中共在山西抗战的坚决立场,称:"即使所有其他党派与军队都不愿意在山西继续抗战,共产党还是要在那里干下去的。共产党在山西的方针,是把山西成为整个北方游击战争的战略支点,用以抵御日寇对西北与中原的前进。共产党要在北方做出一个模范的例子证明给全国人民看:不论日寇军队的飞机大炮怎样利(厉)害,不论日寇怎样占领了我们的中心城市与交通要道,我们仍然有办法同敌人作战,消耗他、疲备(惫)他、瓦解他、打击他,最后完全驱逐与消灭他。"①

---

① 中央党史研究室张闻天选集传记组编:《张闻天文集》第 2 卷,中共党史出版社 1993 年版(2012 年修订),第 246－254 页。

以上的一系列观点都是张闻天在分析时局的基础上经过理性思考而提出来的,它们无一不显现出张闻天文章的理性光芒。经过理性分析得出比较切合实际的观点,进而服务于当时的政治形势,将其运用于实际工作中,为众服务,成为中期张闻天报刊文章的最大特点。

到了新中国成立后,即后期,张闻天的报刊文章从数量上看已经是屈指可数了,而且多数是上层有关领导安排、指定,或出于某种政治、外交考量而写的,所以带有一定的应景性质和官样性质。

比如1950年12月21日《人民日报》社论《美帝国主义在亚洲的败北》就是张闻天为中华人民共和国志愿军抗美援朝斗争加油鼓劲的一篇即时文章。文章引用大量论据来论证美国在朝鲜战争中的注定失败,以此来鼓舞志愿军的士气和提高国内搞建设的积极性。它说:"美国在朝鲜的失败,决(绝)不是由于什么偶然的原因,如像关于麦克阿瑟个人指挥的失当等等论调中所说的那样,而是由于二次世界大战后在亚洲深刻变化了的政治的社会的原因。二次世界反法西斯战争的伟大胜利,根本改变了亚洲的政治的社会的形势。"

文章还指出朝鲜战争胜利的意义及启示,称:"朝鲜战争的这一胜利,在全亚洲人民前面指出了美帝国主义的以及其他帝国主义的武装力量,以及它们的所谓新式武器,是完全可以被打败的,正像在中国革命的胜利中证明了美帝国主义对于一国反动派的一切物力、财力、军力的援助,也是完全可以被打败的一样。这一胜利,进一步的(地)鼓舞了亚洲各国人民的斗争勇气,进一步提高了它们争取最后胜利的信心。""朝鲜战争的这一胜利,沉重地打垮了美帝国主义的凶焰,斩断了它伸向中国大陆的魔手,削弱了它在亚洲的军事力量,增加了它的国内外的困难,使它在亚洲人民以及在全世界人民前面一败涂地,因而给亚洲各国人民以及全世界人民的解放斗争,造成了更为有利的条件。"

最后,文章立场坚定地指出:"我国人民坚持对于朝鲜问题必须采取真正合理的民主和平的原则来解决,立即全部撤退美国及其他国家在朝鲜的侵略军队;我们坚持立即撤退侵略我国台湾的美国侵略武力,并使我国在联合国获得应有的地位。这是我们中国人民的坚定主张,也是保障亚洲和平的唯一道路。"①

在1953年10月1日出版的《人民日报》社论《中国人民开始了为国家工业化的斗争》中,张闻天则向全国人民公布了我国第一个五年建设计划的进程、发展方

---

① 中央党史研究室张闻天选集传记组编:《张闻天文集》第4卷,中共党史出版社1995年版(2012年修订),第96－100页。

向与基本任务。社论称:"在政治、经济等各方面创立了必要的条件之后,我国从今年起开始了第一个五年建设计划。我国第一个五年建设计划的基本任务是:首先集中主要力量发展重工业,建立国家工业化和国防现代化的基础;相应地培养建设人材(才),发展交通运输业、轻工业、农业和扩大商业;有步骤地促进农业和手工业的合作化和进行对私营工商业的改造,并正确地发挥个体农业、手工业和私营工商业的作用。所有这些,都是为了保证国民经济中社会主义成份(分)的比重的稳步增长,为了保证在发展生产的基础上逐步提高人民物质生活和文化生活的水平。以发展重工业为经济建设的重点,这是苏联人民所已经走过和得到成功的社会主义工业化的道路,这是中国的社会主义工业化的唯一正确的道路。"①从该社论的内容与用词看,其官样性质一目了然。

第三节　与毛泽东新闻活动之比较

一提到毛泽东,我们会自然而然地想到他是一位杰出的政治家、军事家,因为他在军事指挥、政治运筹等方面的才能是有目共睹的。但实际上毛泽东还是一位杰出的新闻宣传家,其新闻实践对中共革命事业与新闻事业产生了一定的影响。早年毛泽东深受《新民丛报》《民立报》《湘江日报》《青年杂志》《新青年》《大公报》《国民日报》《国民公报》等报刊的影响,对报刊的宣传鼓动作用有深刻了解。1919年7月,毛泽东创办并主编了湖南学生联合会机关报《湘江评论》,由此迈出了其新闻实践活动的第一步。9月,他主编了湘雅医学专门学校出版的《新湖南》,10月间又具体指导了《女界钟》的出版,之后担任长沙《大公报》馆外撰述员,创办平民通讯社,经常为《湖南通俗报》出谋划策,主编了《新民学会会员通信集》和《湘潭教育促进会会报》两个内部刊物。1923年4月,按照中共二大关于办报刊的决议,毛泽东主办了《新时代》月刊,正式开启了他从事中共党报党刊工作的历程。第一次国共合作期间,毛泽东又帮助国民党创办了《政治周报》。此外,毛泽东还在上述多种报刊发表大量文章。可见,早年毛泽东的新闻实践活动还是比较丰富的。这一方面与早年张闻天比较相似。早年张闻天也是新型报刊的热心读者,担任过多种报刊的编辑工作,创办过报刊。

---

① 中央党史研究室张闻天选集传记组编:《张闻天文集》第4卷,中共党史出版社1995年版(2012年修订),第109页。

大革命失败后,毛泽东努力探索思考中共革命新道路,并找到了一条井冈山道路。在井冈山革命根据地期间,毛泽东发动红军创办《时事简报》,并撰写《怎样办〈时事简报〉》一文加以指导。延安时期,尤其是中共六届六中全会后,毛泽东开始领导全党报刊,努力将延安打造成抗日宣传的舆论重心。另外,毛泽东还提议加大对中共党报党刊的调整力度,以便加强对它们的管理,同时促成了《解放日报》的出版,使其成为根据地第一张大型日报。之后又针对《解放日报》初期存在的一些问题,遂提出改版建议,最终将其改造成为严格意义上的完全的党报。《解放日报》改版是毛泽东新闻实践活动中至关重要的一环,也是中共党报党刊完全党化的开始。除了对报纸杂志非常关心外,毛泽东对通讯社、广播电台等新闻传播媒体也相当重视,其中通讯社有红色中华通讯社,后改名为新华通讯社,简称新华社,广播有延安新华广播电台。新中国成立后,在"大跃进"期间,毛泽东倡议创办了中共政治理论性刊物《红旗》,在此后毛泽东发动的一系列政治运动中充当了"急先锋"的角色,在很大程度上为"大跃进"运动、中苏论战、"四清"运动和"文化大革命"提供了理论依据和舆论宣传。

从毛泽东的新闻实践活动历程中,我们不难看出其实毛泽东并没有很多主编中共党报党刊的经历,大多数只是倡议创办党报党刊,明确其办刊办报方针与宗旨,对其编辑、发行等问题提些建议等,一定程度上可以说毛泽东的办党报党刊经验并不是十分丰富。在其一生之中,毛泽东与报刊结缘更多的则是出于革命斗争、政治斗争、政治策略等实际问题的考量,换言之,在毛泽东的心目中,报刊就是一种手段,一种为达到革命斗争、政治斗争、阶级斗争目的而使用的工具。

与之相比,在创办、主编党报党刊方面,张闻天要明显比毛泽东的经验多。从莫斯科回国的张闻天先后主编过《红旗周报》、上海版《斗争》、苏区版《斗争》、《解放》周刊、《共产党人》等中共党报党刊,很大程度上积累了丰富的编辑党报党刊的经验。对党报党刊领导作用的重视,对党报党刊编辑策略问题的处理,对党报党刊性质的认知,对党报党刊职能的设定等,都是张闻天在主编党报党刊期间所收获的宝贵经验财富。

而纵观张闻天与毛泽东两人的新闻实践经历,我们也不难看出两人还是有一些相似的经历的,比如早年都喜欢阅读报刊,都有办报经历,但是两人由于性格、教育经历、知识结构、工作作风、处事原则等方面的不同导致了他们在新闻实践具体活动方面各有特色。

从性格上说,张闻天比较温和、细致、内敛、文静、不张扬、书卷气浓,而他的报刊文章也是如他本人一样细致入微、条理清晰，充满着哲理，但缺点是不够生动。而毛泽东则比较豪放、浪漫、活跃、不拘小节、幽默、刚烈，但同时也独断、偏狭、好斗，所以他的报刊文章大多生动、活泼、形象、通俗、大气，而其新闻实践活动也带有相当的毛氏色彩，比如目的性明确、鼓动性与批判性强、形式丰富、文风新颖、内容通俗等。

从教育经历看，张闻天念过几年私塾，读过水利工程技术学校，曾先后留学日本、美国和苏联，在莫斯科中山大学接受过正规的学校教育，对马克思列宁主义进行过系统的学习与研究，后留校任教向学生讲授列宁主义和联共(布)党史。张闻天的这一教育经历为其新闻实践活动奠定了深厚的理论基础。但同时这一教育经历也使张闻天缺乏革命实际斗争经验以及对中国社会、中国国情的充分了解，从而导致其新闻活动受到教条主义的影响。

毛泽东则一生没有出国留过学，小时候在韶山读过6年私塾，后就读过湘乡县立东山小学堂、湖南省立第一中学、湖南第一师范，基本上接受的都是中国传统式的教育，所以深受中国传统文化影响，而且其求学经历也是断断续续，经常是念过几年书，不是回家务农，就是去当兵，或是退学后自学，只有在湖南第一师范时还算连续，历时5年半，一定程度上可以说毛泽东的知识一方面来自学校，一方面来自社会，还有一方面则是靠个人的努力，而其中更多的是来自于对中国社会的亲身体验。过早地踏入社会让毛泽东少年老成，对时局，对政府，对社会有着自己独有的体会，这为他早年的新闻实践活动能够深入实际、贴近生活打下了深厚的基础。但同时由于没有出过国、留过学，导致了其视野不够宽阔，知识结构单一，不够开放，对马列主义理论的了解不够深刻，从而导致其新闻实践活动包容性不足，缺乏理论涵养。

从工作作风、处事原则看，张闻天与毛泽东也有许多不同之处。张闻天办事循规蹈矩、按部就班，在处事上为人比较谦逊，反对个人崇拜，民主作风发挥得当。而毛泽东在工作作风方面有时则不按常理出牌，比较随意，经常出其不意，在处事方面则比较专断，不太容易接受他人的建议。他们这些不同之处，一定程度上影响了他们的新闻实践。比如，张闻天在新闻实践活动中就比较注重民主，善于借鉴资产阶级改良派与革命派的办报经验，善于听取各编辑成员的意见，广思集益，并时常在党报党刊上发表供讨论的文章，开启党内民主讨论的先河。而毛泽东在其新闻实践活动中则比较注重对报刊的领导与掌控，以便为其所用，达到其政治目的，其中最明显的例子就是《解放日报》的改版与《红旗》杂志的创刊。延安时期毛泽东通过改版后的《解放日报》确立了毛泽东思想在党内的绝对指导地位，新中国成立后他又倡议创办了中共政治理论刊物《红旗》杂志,为其发动"大跃进"运动,掀起中苏论战,开展"四清"运动,发动"文化大革命"等政治运动提供了相当的舆论宣传。毛泽东之所以能够如此随心所欲地凭借党报党刊这一宣传机器就能达到自己发动一系列政治运动的目的,主要是因为这些党报党刊实际上是在他的直接控制之下的。

结　语

纵观张闻天的一生,其新闻实践是相当丰富的。从"五四"时期在南京参与编辑《南京学生联合会日刊》,负责《少年世界》的校勘、出版事务,到重庆时期创办第一份周刊《南鸿》,从上海时期主编党报《红旗周报》和党刊《斗争》,到苏区时期主编苏区《斗争》和改组《红色中华》,从延安时期主编理论刊物《解放》周刊,编辑《共产党人》杂志,到东北时期关心和指导东北地方党报党刊,再到新中国成立后倡议创办《外交文选》《每周通报》《外事动态》《业务研究》《外论选译》等一批内部外交通报和《国际问题研究》《国际问题译丛》等学术研究刊物,足见张闻天新闻实践活动的丰富程度。其中,有关党报党刊的实践活动为中共新闻事业的发展做出了积极的贡献。它们不仅为当时的革命斗争和根据地建设提供了有力的指导,而且还在一定程度上为中共党人指明了斗争方向和革命道路。不仅如此,张闻天的新闻实践尤其是他的党报党刊实践也为当代中共党报党刊(特指中共中央及地方各级党委机关报刊,下同)以及其他大众媒体的发展提供了相当的现实启示。其对于当代中共党报党刊的价值主要表现在以下几个方面:

第一,党报党刊要坚持党性原则,正确宣传党中央的政策、方针和路线。

党性原则是马克思主义新闻思想的精华,是无产阶级新闻思想的根本原则。它要求党报党刊的宣传,要紧紧围绕党的中心任务展开工作,与时俱进。其内容包括党报党刊是党的工作的一个重要组成部分,党报党刊要接受党的领导和监督,以宣传党的路线、方针与政策为己任,坚持以马克思主义为导向,坚持正面宣传为主,坚持政治家办报等方面。对此,张闻天深有体会,其创办、主编的中共党报党刊,基本上都是按照这一原则运行的。

在上海主编《红旗周报》期间,张闻天就将党中央的法令、政策、决议、宣言、通电等放在头版头条,以示其重要性,而且其宣传也基本上围绕着当时党中央的中心工作,比如反对国民党"围剿"、反对日本帝国主义、反对帝国主义进攻苏联、反对法西斯、反对军阀战争、反对机会主义、开展学生运动、发动土地革命、援助工人罢工、发动农民斗争、加强苏维埃政权建设、开展肃反工作、加强宣传鼓动工作、加强党的建设、开展经济建设等内容展开的。在苏区主编《斗争》时,张闻天不仅注重对马克思列宁主义的宣传,而且还刊登了大量党中央领导人的文章。在延安编辑《解放》周刊和《共产党人》期间,他更是坚持以马克思列宁主义为导向,将《解放》周刊视为干部思想教育的阵地,将《共产党人》打造成干部学习的平台。从其新闻实践活动中,不难看出张闻天对党性原则的重视。

不过,对于党性,张闻天也有自己的理解与认知。在上海编辑党报党刊期间,他深刻了解到坚持党性并非是盲从党性,而是要做到真正遵从党性,真正为党的利益考虑。初到上海,刚从莫斯科回国的张闻天,理论知识有余而实践经验不足,而且还带有相当的教条主义色彩,所以在主编党报党刊期间对当时中共临时中央的"左"倾教条主义错误做了大量的宣传,基本上是全盘接受。此时的张闻天并没有认识到自己的错误,错以为自己的行为就是坚持党性,其实这只是盲从。随着对中国国情和革命实际情况的深入了解,张闻天逐渐认识到临时中共中央在某些问题方面的不切实际与错误,开始有意识地在其编辑的党报党刊发表一些纠正"左"倾错误路线的文章。张闻天这种貌似违背中央政策、路线与方针的做法,其实才是真正遵从党性的表现。而这恰恰是他独立思考、实事求是、坚持真理的结果。东北时期,针对当时土改过程中出现的"左"的做法,张闻天指示《合江日报》要保持冷静,先不急于表明立场和态度,不发表、转载任何相关的文章。张闻天这种面对上级领导出现错误行为而采取的态度,再次显示了他以顾全党的大局为重、以维护党的声誉为己任的光辉党性形象。"大跃进"时期,面对当时中共高层的一意孤行与新闻媒体的浮夸虚假宣传,张闻天依然坚持本心,没有随波逐流,而是在庐山会议上说出实话,当时他的言论就与党中央政策不一致,那我们能说张闻天的所作所为没有坚持党性吗,而且以后的实践也证明张闻天所坚持的论断是正确的。究其原因是因为张闻天真正地做到了为党、为民着想,实现了党性和人民性的统一。他所坚持的才是真正的党性。所以,党性并非意味着在政治、组织与思想上要与党保持绝对一致。但它必须与人民的利益、人民性保持绝对的一致。金无足赤,人无完人,当中央出现路线错误的时候,为使错误程度降到最低,除了在政治与组织上与中央必须保持一致外,党中央应当允许党报党刊思想上的独立性,因为只有这样才不会使错误无限制地扩大,以致酿成无法挽救的后果。

所以笔者认为,党报党刊要想真正做到坚持党性,首先就必须具备独立思考的能力,坚持实事求是的态度,恪守真理至上的信念。

党性原则使党报党刊在革命战争年代更好地发挥了其指导革命斗争、发动群众运动的作用,为中共革命的胜利起了相当的指导作用。而这一原则仍然是当代中共党报党刊有力的指导思想。社会主义建设时期尤其是改革开放以来,随着市场经济的不断深入与社会思潮多元化程度的不断扩大,塑造正确的舆论导向与引导社会主流意识,成为中共宣传的一个重要内容,也是中共党报党刊的一项重要责任,而这取决于党报党刊对党性原则的坚持与否。对党性原则的坚持,有利于党报党刊利用自己得天独厚的政治优势和政治资源,发挥自己的权威性,及时、准确地把握党中央政府的政治脉搏、决策动向,最大限度地增加信息的可信度,报道出影响巨大的主流新闻,形成其独特的市场竞争力。

第二,党报党刊要密切联系人民群众,以为人民服务为宗旨,坚持人民性原则。

党报党刊不仅是党的喉舌,也是人民的喉舌。与党性原则一样,人民性也是党报党刊应该坚持的一项重要原则。在主编苏区《斗争》期间,张闻天就曾用实际行动表达了自己对党报党刊的人民性的重视。他在报刊上发表了大量有关地方基层活动的报告、报道和通讯类文章和大量中共主要领导人总结地方工作经验与教训的指导性文章。可以说,张闻天将党刊《斗争》看作了党中央政府指导、领导和督促地方人民群众开展实际工作的平台,中共中央各级领导同志了解地方人民群众实际情况、制定相关具体政策的阵地,以及地方各级干部领导和人民群众学习模范典型,反省错误的场所。总之,在张闻天看来,党报党刊就是沟通党中央政府和人民群众的桥梁。

在《红色中华》诞生一百期时,张闻天鲜明地提出党报的人民性这一理念,称:"红色中华的诞生是在第一次苏维埃全国代表之后,它是苏维埃政权下千百万工农劳苦群众的喉舌,它是同群众的生活不能片刻分离的。"①在他的新闻宣传思想中,张闻天明确表示,宣传要想获得成效,党报党刊就必须了解自己的宣传对象即广大群众的需求,从他们的切身利益出发,解决他们的具体实际问题,宣传他们喜闻乐见的事情,及时提供他们需要的各种新闻消息,充分反映他们的实际生活,表达他们的现实愿望。

他说:"要使我们宣传鼓动工作,变成活泼的具体的群众的宣传鼓动工作的问

---

① 洛甫:《使〈红中〉更变为群众的报纸》,《红色中华》1933 年 8 月 10 日第 1 版。

题,实际上即是怎样去接近群众,怎样开始向群众说话,怎样使群众相信我们所说的,而且能够执行我们的任务的问题",而"要达到这一目的",就"必须具体了解我们宣传鼓动的对象","知道他们的文化水平与思想上的准备的程度","进一步了解他们的生活,情绪,兴趣与要求","考察,研究,探索,猜摩和熟知各种人群的生活与要求的特点,把我们的总的政治口号与路线同群众这些日常的甚至细小的生活问题密切联系起来","使群众相信我们是处处为了他们的利益,为了改善他们的生活而斗争的"。① 他还提到"我们要尽量的(地)散布每一新的经验,新的模范,赞扬在军事,政治,经济,劳动的各个战线上的英雄",②以便让人民群众更多成为党报党刊宣扬的主体。

　　对于党性与人民性之间的关系,张闻天也有明确的认知。这从他关于党和人民的关系论述中可见一斑。张闻天提出的"人民群众是基础,党是领导""人民群众是主人,党是勤务兵"观点对于新闻工作者掌握党性与人民性的内在关系有着非常重要的启示。它让我们了解到党性与人民性谁也离不开谁,谁也不能否定谁,其内在的关系是统一的。它们就如同党与人民的利益是一致的一样也存在着一致性。新闻从业人员不能因为要坚持人民性就否定党性,新闻领导人员也不能因为要坚持党性就否定人民性。它们没有谁先谁后,谁重要谁次要,谁第一位谁第二位之分,只有能否真正做到一致性之别。以前我们党过多地强调党报党刊作为党和政府的喉舌功能,对于全体党员和各阶层人民的公共喉舌功能重视不够。为适应社会的多元化发展,应加大党报的人民性原则。在大的政治方向正确的前提下,应充分调动党员和人民群众对党报的积极性,包括阅读党报党刊的积极性与向党报党刊投稿的积极性。

　　张闻天在新闻实践中所奉行的人民性原则对于党报党刊意义重大。它使党报党刊能够更好地贴近人民,加强党中央、政府与人民之间的联系,增强群众对党中央政府的执政信心。而党报党刊人民性原则给党报党刊及其工作者的启示,就是要关注民生,体察民情,重视民意,从小事做起,以人为本,真心实意地反映普通人民大众的心声。只有这样,党报党刊才能够获得老百姓的真心支持和拥护,党报党刊才能够真正发挥其为人民服务的宗旨,才能够真正在市场中占有重要的地位。

---

① 洛甫:《关于新的领导方式(四)——再谈学习领导群众的艺术》,《红旗周报》1933 年第 62 期。

② 洛甫:《关于我们的报纸》,《斗争》1933 年第 38 期。

第三,党报党刊要务实,要实事求是,内容要具体、充实和真实。

张闻天一向严谨求实的工作作风,是党内所公认的。其务实的态度,也被容纳进了他的新闻实践之中。上海工作期间,他停止《红旗日报》的公开出版,决定创办秘密出版的《红旗周报》,加强党报的组织领导作用,就是针对当时严峻的革命环境所采取的一种务实的做法。到达苏区后,他通过对苏区报刊的实际考察,作出改组苏区中央机关报刊的决定,也是一种务实的表现。延安和东北时期,他对出版理论刊物的重视和对地方党报党刊的指导,无一不透露出其务实的工作作风和对党报党刊必须务实的严格要求。

关于新闻真实性原则,张闻天非常看重,多次强调:"我们所需要的是真实,我们不需要在我们的真实上加以什么粉饰","我们需要我们的报纸,如实的(地)反映出苏维埃的实际,真正为党与苏维埃政府所提出的具体任务而斗争。"[1]他认为真实是新闻的第一生命,是新闻的内在规律之一,必须遵循之。提到新闻真实性原则,可能有人会认为其与党性原则是相悖的,其实不然。中共中央历来就提倡说实话、办实事,这是其党性原则的一个重要组成部分。而毛泽东思想的精髓就是实事求是。所以,从终极目标看,党性、人民性与真实性三者其实是统一的。党的宗旨是全心全意为人民服务,而要真心实意做到为人民服务,就要实事求是,说真话、办实事,所以党性、人民性与真实性并不冲突,关键在于是否能够做到。作为主流意识形态的传播者,党报党刊及其工作者、领导者的任务是非常艰巨的。因为人的意识是一个非常个体、非常自我的东西,具有相当的独立性,所以要想真正统一绝大多数人的意识,靠强制、压迫、发动运动的方式是不可能达到目的的,只有靠引导、靠说服、靠教育,而这是一个相当漫长的过程,也是一个需要经受住时间考验与人民检验的过程。而且要想让更多的人真心认可并由衷拥护官方的意识形态,至关重要的一点是官方的宣传内容要与实际行动相一致。只有如此,才能顺民意、得民心,才能增强党和政府的威信,提高民众的向心力与凝聚力。所以,肩负着传播主流意识形态使命的党报党刊,任重而道远。它不能依靠摆姿态、下命令的方式来向民众灌输主流意识形态,而是应该学会通过提供及时、真实、丰富、详细的信息和客观、公正、深刻的分析来增强民众对主流意识的关注和信任。

张闻天所坚持的党报党刊要务实、新闻要真实的原则,对于当代党报党刊和党报党刊新闻工作者仍然具有相当的指导意义。它要求党报党刊和党报党刊工作者要敢于承担起社会良知和社会责任的义务,将客观、公正、真实报道新闻事件

---

[1] 洛甫:《关于我们的报纸》,《斗争》1933年第38期。

作为自己的第一要务,遵循事实第一、新闻第二的原则,一切从实际出发,以马克思主义唯物辩证法为指导,坚持理论联系实际,坚持实践是检验真理的唯一标准,充分发挥主观能动性和创造性,善于通过现象发现事件的本质,善于向人民群众的实践经验学习,善于将经验提升为理论去指导实践,解决好改革和建设新时代出现的一系列新问题和新矛盾。

第四,党报党刊要坚持"全党办报"和"群众办报"方针,要遵循新闻一般规律。

在编辑党报党刊过程中,张闻天一直遵循着"全党办报"和"群众办报"这一方针。他经常鼓动中央、地方各级领导干部、党员多向党报党刊投稿,鼓励各地通讯员做好通讯工作的同时多组织群众读报工作,还常常号召群众多向党报党刊提意见,监督党报党刊的工作。为了使"全党办报"和"群众办报"方针的实施拥有充足的人才储备,张闻天非常重视对通讯员的培养和通讯员队伍的建设工作。为此,他付出了相当多的精力,并撰写了大量有关如何培养通讯员、如何写好通讯的文章,很大程度上提高了通讯员的政治觉悟、理论水平和写作能力。

张闻天新闻实践的这一探索和尝试,为后来中共尤其是毛泽东明确提出"全党办报"和"群众办报"方针提供了坚实的实践基础,为中共办报经验奉献了一份宝贵的财富。这份财富一直延续到现在,成为中共办报的一个重要指导思想。"全党办报"有利于从组织上保证党对党报党刊的领导,以及党从人力、物力和财力上对党报党刊的支持,有利于提高各级党组织、干部、党员参与政策讨论的主动性和能动性,有利于政府通过党报党刊更好地了解广大干部、党员对党中央政策的认识程度和政策的落实程度。"群众办报"则有利于党报党刊更好地吸收群众广泛参与到其办报活动中,使群众不再仅仅是新闻受众者,还是新闻报道者,使党报党刊能够更好地反映人民群众的呼声,了解人民群众的愿望,满足人民群众的要求,最终赢得民心,获得市场,达到社会效益与经济效益双赢的局面。总之,该办报办刊方针有利于最大程度地增加读者与党报党刊、政府之间的多向互动,增强党报党刊的党性、人民性和开放性。

关于新闻规律的一般性与特殊性,张闻天也有自己的认识,这从其关于经济规律的认知中可见一斑。在反思"大跃进"期间,张闻天曾明确指出我们在社会主义经济问题上因太注重其阶级性、特性,而忽视了其与资本主义经济范畴中存在的共同的、一般的东西,最终导致社会主义经济方针出现路线性错误,所以对于经济的一般规律要认识、掌握、利用,而不能违背。张闻天的这一观点对于新闻工作有很大的启示。因为新闻也有自己的内在规律性的东西,社会主义新闻与资本主义新闻也存在着共性与特性,对于新闻的一般规律,我们必须遵循。新中国成立后,在由革命党转变为执政党的过程中,中共由于对党报党刊的职能与作用的认识仍然停留在革命年代,仍然将其看作政治运动的手段,阶级斗争乃至政治斗争的工具,忽视了其作为新闻传媒的一般规律性的东西,比如传播真实信息、表达社会舆论等,从而给党和国家建设造成了不可估计的损失。张闻天有关规律的一般性与特殊性的认识,启示党报党刊工作者和领导者要认识到,党报党刊首先是传播新闻信息的一个载体,这是最基本的,其次才是党的宣传工具。对于党报党刊,我们首先要做的就是先明确它的共性、一般性,然后再讲它的特性。因为特性是建立在共性、一般性基础之上的,不能用其特性取代其一般性。我们应该在遵守新闻一般规律的基础上发展属于我们自己的党报党刊之路。

第五,党报党刊要发挥其组织、领导作用,执行其监督和批评功能。

关于党报党刊的作用,张闻天深受列宁党报思想的影响,对党报党刊的组织领导作用和监督批评功能颇为厚爱,经常将其运用到自己的新闻实践活动中,并取得了相当的成效。在主编《红旗周报》期间,张闻天就通过报道红军和苏区的正面消息来鼓舞群众,通过揭露反革命势力的虚伪和残暴以推动革命发展,充分发挥了党报的组织领导作用,有时还纠正中共各级地方党部在具体执行中央政策方面出现的些许失误,发挥党报的监督批评功能。主编苏区《斗争》时,张闻天专门推出"自我批评"栏目,发表了一系列批评性的文章,其目的一方面是为了监督各级党部领导的具体实际工作,另一方面则是为了更好地发挥党刊的领导作用。负责《红色中华》期间,张闻天设立"铁锤"专栏,专门发表大量反对官僚主义、反腐败、反贪污、反浪费的文章,发挥了党报的批评功能;大篇幅刊登有关扩红经验和经济动员的文章,为春耕夏耕运动和扩大红军运动造势,发挥了党报的组织领导作用。

张闻天对党报党刊组织作用与批评功能的重视,对当代党报党刊与党报党刊工作者的启示是党报党刊要充分发挥自己的主观能动性与创造性,做好党委、政府机关的参谋与助手,发挥其整合社会的职能,促进政府与人民群众之间的和谐共处,达到社会和谐,为此党报党刊一方面要积极帮助政府出谋划策,为政府提供有价值的参考材料,向政府反映民意,另一方面要主动帮助政府落实相关政策和措施,推动、组织实际工作,帮助群众解决具体问题;党报党刊要积极参与各种社会活动,并以策划者、组织者的身份,搭建活动平台,吸引民众参与,加大党报党刊与民众、民众与民众之间的相互沟通;党报党刊要充分发挥舆论监督职能,敢于面对当今社会转型时期出现的一系列新问题和新矛盾,以社会民众和政府代言者的身份,揭露、批评和谴责各级政府机关和社会中存在的丑恶现象、不良风气和不法行为。

第六,党报党刊要注重党报党刊工作者尤其是通讯员的培养。

任何报刊都是靠人运作的,人的素质和水平直接决定报刊的质量,所以对报刊编辑、记者、通讯员等人员的培养和队伍建设是非常重要的,党报党刊也不例外。党报党刊的编辑、出版、发行以及未来的发展状况,不仅取决于党报党刊新闻工作者的政治素质,而且还依赖于党报党刊新闻工作者的思想素质和业务素质。

作为中共著名的新闻活动家,张闻天非常注重党报党刊新闻工作者尤其是通讯员理论水平和业务水平的培养。他认为通讯员在"介绍边区的情形到外面去,去影响和推动全国抗战建国的运动前进",让读者"看到群众的生活与斗争,看到各部门的工作的具体情形,看到各种工作的优缺点,以及如何发扬优点或改正缺点","知道边区的同志们是在怎样工作着,生活着,斗争着"等方面起着积极的作用。他指出通讯员要想写出好的通讯文章,"必须要写实际的东西","材料要从各方面搜集,正面的也好,反面的也好,都应搜集","要接近群众,与群众打成一片,同他们生活在一起,这样才能得到真实的材料","要到实际斗争中去体验,去实践","要养成从各种具体现象中把握本质的能力"。①

张闻天的这一认知对于党报党刊工作者的启示是要擅长于挖掘正反两方面材料,负有扬善抑恶的社会良心和正义感;要善于深入基层,掌握第一手材料,从细微处入手,以小见大,写出具体、实际的新闻报道;要勇于体验群众生活,了解群众疾苦,反映群众心声,学会用群众的语言报道新闻;要善于运用马克思主义唯物辩证法来看待事物,具备透过现象发现事物本质的能力,以便能够更客观、公正、全面、真实地完成报道工作。

除了对当代中共党报党刊具有相当的现实启示,张闻天的新闻实践对于当代其他大众传媒也有着相当的价值意义。笔者认为,张闻天所注重的新闻真实性不仅是党报党刊的生命源泉,也是当代其他大众传媒的生存之本,更是当代社会的强烈诉求。近年来,新闻界屡次出现的假新闻、假报道,一些编辑记者盲目追求新闻事件的"奇"而忽略其"实"甚至经常颠倒黑白、混淆是非的做法,使新闻的真实性越来越成为一个迫切需要解决和重视的问题。维护新闻的真实性原则,解决新

---

① 中央党史研究室张闻天选集传记组编:《张闻天文集》第 3 卷,中共党史出版社 1994 年版(2012 年修订),第 16 – 17 页。

闻失实问题,应该成为当今新闻界刻不容缓的一个重要内容之一。它要求各级党委、宣传部和各新闻媒体,在当前复杂多变的国内和国际大环境下,要时刻保持一个冷静和理性的头脑,坚持一切从实际出发,具体问题具体分析和实事求是的原则,积极并谨慎应对未来出现的一系列新问题与新矛盾,从容面对一切新机遇与新挑战,还要建立和完善一套严格的规章制度,尤其是管理与奖惩制度,以确保新闻工作的质量,杜绝新闻失实。而作为新闻报道参与者的记者、编辑、通讯员等新闻工作人员,更应该坚守自己的职业道德,秉承社会规范和良知,在提高自己业务素质的同时应努力加强自己的政治素质、思想素质和理论素质,培养自己分析问题和解决问题的能力,提高自己的马克思主义理论水平,坚持事实第一、新闻第二的原则,努力为新闻界打造出一片净土。

另外,需要指出一点的是,目前学术界与新闻界存在一些质疑党性原则的论点,认为党性原则的坚持极容易造成报刊编辑人员的惰性,不思进取,不注重发挥自己的主观能动性,而只是坐等上面的指示、命令,以致贻误新闻的最佳时机,导致报刊内容单一、枯燥、乏味,更有甚者直接认为党性原则制约了当代党报党刊乃至当代新闻界的发展,应该取消,应该将西方新闻自由理论引入中国新闻界,对新闻媒体进行全方位的大改革。对此,笔者认为坚持党性绝不意味着惰性,绝不意味着抹杀报刊编辑人员的创造性,我们不能由一个极端走到另一个极端,不能因为党性的坚持就否定主观能动性的发挥,也不能因为要发挥创造性就去否定党性,我们要明确党性的真正内涵,从某种意义上说党性就是人民性。党中央、地方各级领导要爱护报刊编辑人员的主观能动性以及对问题的独立思考力,同样报刊编辑人员也要看到真正的党性所发挥的正能量是不可限量的。笔者认为西方新闻自由理论并不适合中国国情,中国报刊业的改革只有在坚持中共党的领导这一大的前提下进行才能取得成效,才不会出现一些无法把握的未知变数。但是它要求党中央及地方各级领导要正确理解党性原则的真正含义,真正做到人民利益、国家利益与党的利益三位一体,真正认识到坚持党性绝不是盲从党性,使党性原则真正成为党报党刊及其他大众媒体发展的动力、向心力和鞭策力,而不是制约、限制甚至阻碍它们发展的桎梏。

总之,张闻天的新闻实践对当前中共党报党刊以及其他大众传媒具有相当的现实意义。他党性十足的办报原则、求真务实的办报作风以及强调发挥报刊组织领导作用和注重培养编辑人才的做法,无一不对中共党报党刊和大众报刊产生积极的影响,其中尤以新闻真实性原则最为重要。在当今新闻界,只有坚持新闻真实性原则,党报党刊才能充分发挥其组织和领导作用,才能在多元化的市场竞争中处于表率地位,发挥其示范效果,增强其权威性、可读性和必读性。只有真实,才能让人心悦诚服,才能让党报党刊做大做强,在市场竞争中立于不败之地,才能让党报党刊真正担负起引导社会舆论、塑造主流意识的职能,真正成为党、政府和人民的耳目和喉舌。也只有真实,才能让大众传媒最终赢得市场。

参考文献

（按第一作者姓氏拼音首字母排序）

一、文献、资料汇编

艾思奇文稿整理小组编：《一个哲学家的道路——回忆艾思奇同志》，云南人民出版社1985年第2版。

丹东日报编辑部：《丹东报史资料》，丹东日报社编辑部1985年版。

丹东日报编辑部：《丹东报刊出版史》，丹东日报编辑部1988年版。

郝汝惠主编：《鲁艺在东北》，辽海出版社2000年版。

湖南人民出版社编：《怀念张闻天同志》，湖南人民出版社1981年版。

回忆张闻天编辑组编：《回忆张闻天》，湖南人民出版社1985年版。

李景田主编：《中国共产党历史大辞典(1921–2011)新民主主义革命时期》，中共中央党校出版社2011年版。

松本君平，休曼，徐宝璜，邵飘萍著：《新闻文存》，中国新闻出版社1987年版。

唐沅，韩之友，封世辉等编著：《中国文学史资料全编(现代卷)：中国现代文学期刊目录汇编(第5卷)》，知识产权出版社2010年版。

王健英编：《中国共产党组织史资料汇编：领导机构沿革和成员名录》，红旗出版社1983年版。

魏燕茹主编：《张闻天在合江》，中共党史资料出版社1990年版。

张允侯，殷叙彝等：《五四时期的社团(一)》，三联书店1979年版。

张之华主编：《中国新闻事业史文选(公元724年–1995年)》，中国人民大学出版社1998年版。

中共丹东市委党史研究室编：《张闻天在辽东》，中共党史出版社1995年版。

中共江苏省委党史工作委员会，中国第二历史档案馆编：《五四运动在江苏》，江苏古籍出版社1992年版。

中共中央党史研究室第一研究部编译：《共产国际、联共(布)与中国革命档案资料丛书》第1–21卷，北京图书馆出版社1997年版，中共中央文献出版社2002年版，中共党史出版社 2007、2012 年版。

中共中央党校党史教研室选编:《中共党史参考资料》第 1 - 5 册(内部发行),人民出版社 1979 年版。

中共中央马克思、恩格斯、列宁、斯大林著作编译局研究室编:《五四时期期刊介绍》,三联书店出版社 1978 年版。

中国大百科全书出版社编辑部编:《中国大百科全书·新闻出版》,中国大百科全书出版社 1990 年版。

中国人民解放军国防大学党史党建政工教研室编:《中共党史参考资料》第 1 - 18 册(内部资料),1979 - 1986 年。

中国人民政治协商会议全国委员会文史资料研究委员会编:《文史资料选辑(第 67 辑)》,中华书局出版社 1980 年版。

中国社会科学院新闻研究所编:《中国共产党新闻工作文件汇编》(上、中、下卷),新华出版社 1980 年版。

中国社会科学院新闻研究所编:《马克思恩格斯论新闻》,新华出版社 1985 年版。

中宣部新闻局,社科院新闻所编:《真实——新闻的生命》,中国新闻出版社 1986 年版。

中央档案馆编:《中共中央文件选集》第 1 - 18 册,中共中央党校出版社 1989 - 1992 年版。

周宝三编:《近代中国史料丛刊续编第 81 辑·左舜生先生纪念册》,(台北)文海出版社有限公司 1981 年版。

二、年谱、文集、回忆录

《列宁全集》第 4、5、12、19、37 卷,人民出版社 1984、1986、1987、1989、1986 年版。

《马克思恩格斯全集》第 1 卷,人民出版社 1995 年版。

《毛泽东书信选集》,人民出版社 1983 年版。

《毛泽东新闻工作文选》,新华出版社 1983 年版。

《毛泽东选集》第 2、4 卷,人民出版社 1991 年版。

《茅盾选集》第 5 卷,四川文艺出版社 1985 年版。

《斯大林全集》第 5、6 卷,人民出版社 1957、1956 年版。

《张闻天选集》,人民出版社 1985 年版。

《张闻天早年文学作品选》,人民文学出版社 1983 年版。

《宗白华全集》第 1 卷,安徽教育出版社 1994 年版。

陈伯村主编:《张闻天东北文选》,黑龙江人民出版社 1990 年版。

陈独秀:《独秀文存》,安徽人民出版社 1987 年版。

程中原编:《张闻天早期译剧集》,中国戏剧出版社 1984 年版。

程中原:《说不尽的张闻天》,中央文献出版社 2008 年版。

范长江:《通讯与论文》,新华出版社 1981 年版。

复旦大学语言研究室编:《陈望道文集》第 1 卷,上海人民出版社 1979 年版。

韩立文,毕兴编:《王光祈年谱》,人民音乐出版社 1987 年版。

何方:《何方谈史忆人:纪念张闻天及其他师友》,世界知识出版社 2010 年版。

黑龙江日报社:《黑龙江日报历史编年(1945－1993)》,黑龙江日报社出版 1994 年版。

李维汉:《回忆与研究》上册,中共党史资料出版社 1986 年版。

刘英:《刘英自述》,人民出版社 2012 年第 2 版。

万树玉:《茅盾年谱》,浙江文艺出版社 1986 年版。

萧楚女文存编辑组,广东革命历史博物馆编:《萧楚女文存》,中共党史出版社 1998 年版。

谢觉哉:《谢觉哉日记》上册,人民出版社 1984 年版。

徐则浩编著:《王稼祥年谱》,中央文献出版社 2001 年版。

杨尚昆:《杨尚昆回忆录》,中央文献出版社 2001 年版。

余子道等编选:《王明言论选辑》,人民出版社 1982 年版。

恽代英:《恽代英文集》下卷,人民出版社 1984 年版。

张培森主编:《张闻天年谱》(修订版)上、下卷,中共党史出版社 2000 年版(2010 年修订)。

张闻天选集传记组,中共陕西省委党史研究室,中共山西省委党史研究室编:《张闻天晋陕调查文集》,中共党史出版社 1994 年版。

张闻天选集传记组、中共上海市委党史研究室编:《张闻天社会主义论稿》,中共党史出版社 2010 年版。

张闻天选集传记组等编:《张闻天早期文集(1919.7－1925.6)》,中共党史出版社 1999 年版(2010 年修订)。

中共中央文献研究室编:《朱德年谱》,人民出版社 1986 年版。

中央党史研究室张闻天选集传记组编:《张闻天文集》第 1－4 卷,中共党史出版社 1995 年、1993 年、1994 年、1995 年版(2012 年修订)。

三、传记、著作

白润生主编:《中国新闻传播史新编》,郑州大学出版社 2008 年版。

陈昌凤:《中国新闻传播史——传媒社会学的视角》,清华大学出版社 2009 年版。

陈光旭等著:《杨松传》,河南文艺出版社 2003 年版。

程中原:《张闻天与新文学运动》,江苏文艺出版社 1987 年版。

程中原:《张闻天的非常之路》,人民出版社 2001 年版。

程中原:《张闻天传》(修订版),当代中国出版社 2006 年第 2 版(2007 年重印)。

程中原:《转折关头:张闻天在 1935－1943》,当代中国出版社 2012 年版。

窦其文:《毛泽东新闻思想研究》,中国新闻出版社1986年版。

方汉奇主编:《中国新闻事业通史(第2卷)》,中国人民大学出版社1996年版。

方汉奇主编:《中国新闻传播史》,中国人民大学出版社2009年第2版。

方克主编:《中共中央党刊史稿》上卷,红旗出版社1999年版。

方晓红:《中国新闻简史》,南京师范大学出版社2004年版。

高华:《红太阳是怎样升起的:延安整风运动的来龙去脉》,香港中文大学出版社2000年版。

黑龙江日报报业集团编著:《黑龙江日报60年(1945-2005)黑龙江日报史》,黑龙江人民出版社2005年版。

胡正强:《中国现代报刊活动家思想评传》,新华出版社2003年版。

黄瑚:《中国新闻事业发展史》,复旦大学出版社2009年第2版。

金盛先:《张闻天的足迹》,上海社会科学院出版社1995年版。

李磊明:《党报理论宣传新论》,浙江大学出版社2012年版。

李涛编著:《在总书记岗位上的张闻天》,中央文献出版社2000年版。

刘见初编著:《毛泽东新闻思想研究》,新华出版社2010年版。

刘江船:《建国前中国共产党新闻管理思想研究》,吉林大学出版社2006年版。

茅盾:《茅盾自传》,江苏文艺出版社1996年版。

钱承军:《建国前中国共产党报刊研究》,中国文联出版社2009年版。

施松寒:《张闻天思想研究:东北工作时期》,中共党史出版社1993年版。

宋开之,吴远:《张闻天哲学思想研究》,河海大学出版社2003年版。

覃采萍:《张闻天与马克思主义中国化》,中国社会科学出版社2011年版。

谭一:《毛泽东新闻活动(增订本)》,当代中国出版社1999年版。

童兵:《马克思主义新闻思想史稿》,中国人民大学出版社1989年版。

童兵:《主体与喉舌:共和国新闻传播轨迹审视》,河南人民出版社1994年版。

童兵:《马克思主义新闻经典教程》,复旦大学出版社2009年第2版。

王洪祥主编:《中国现代新闻史》,新华出版社1997年版。

王卫明:《党报定位与功能新论》,江西人民出版社2009年版。

王育林:《张闻天与刘英》,中央文献出版社2000年版。

吴廷俊:《中国新闻史新修》,复旦大学出版社2008年版。

吴廷俊:《中国新闻事业史》,武汉大学出版社2009年版。

肖裕声:《中国共产党军事论》,中央文献出版社2004年版。

徐培汀,裘正义:《中国新闻传播学说史》,重庆出版社1994年版。

许佳君,蒋国宏:《张闻天经济思想探微》,河海大学出版社2003年版。

许佳君等编著:《张闻天与毛泽东思想》,河海大学出版社2003年版。

严帆:《中央革命根据地新闻出版史》,江西高校出版社1991年版。

杨奎松：《"中间地带"的革命：国际大背景下看中共成功之道》，山西人民出版社 2010 年版。

雍桂良等著：《吴亮平传》，中央文献出版社 2009 年版。

余伯流：《历史转折中的毛泽东张闻天周恩来》，中央文献出版社 2008 年版。

张连俊，关大欣，王淑岩编著：《东北三省革命文化史》，黑龙江人民出版社 2003 版。

张培森：《张闻天与二十世纪的中国》（修订本），中共党史出版社 2000 年版。

张培森：《张闻天图册》，中共党史出版社 2005 年版。

张琦：《历史选择：长征中的红军领袖》，中共党史出版社 2006 年版。

张启安编著：《共和国的摇篮：中华苏维埃共和国》，陕西人民出版社 2003 年版。

张义渔，陈伟忠，黄红蓝：《张闻天：乡情 亲情 友情》，济南出版社 2001 年版。

郑保卫主编：《中国共产党新闻思想史》，福建人民出版社 2004 年版（2005 年重印）。

郑保卫主编：《中国共产党领导人新闻实践与新闻思想研究》，中国人民大学出版社 2011 年版。

中国人民大学新闻系，黄河，张之华编著：《中国人民军队报刊史》，解放军出版社 1986 年版。

钟桂松：《沈泽民传》，中央文献出版社 2003 年版。

四、译著

埃里克·麦格雷（Eric Maigret）：《传播理论史——一种社会学的视角》，刘芳译，中国传媒大学出版社 2009 年版。

弗雷德里克·S·西伯特（Fred S. Siebert）、西奥多·彼得森（Theodore Peterson）、威尔伯·施拉姆（Wilbur Schramm）：《传媒的四种理论》，戴鑫译，中国人民大学出版社 2008 年版。

盛岳：《莫斯科中山大学与中国革命》，奚博铨等译，现代史料编刊社 1980 年版。

五、论文

曹国辉：《张闻天与延安报刊》，《出版史料》2001 年第 1 辑。

陈福康：《郑振铎前期编辑思想》，《编辑学刊》1986 年第 4 期。

陈福康：《郑振铎与〈小说月报〉》，《编辑学刊》1989 年第 2 期。

陈志平：《试论张闻天的宣传观——纪念张闻天同志诞辰 100 周年》，《新闻出版交流》2000 年第 6 期。

储著斌：《张闻天抗战时期思想政治教育理论及其启示》，《理论月刊》2010 年第 11 期。

范军：《张闻天新闻出版思想与实践》，《编辑学刊》2011 年第 6 期。

郭鹏飞，原艳娜：《略谈张闻天的宣传教育思想及现实启示》，《改革与开放》2009 年第 8 期。

胡吉军：《张闻天与〈南鸿〉周刊》，《湖北广播电视大学学报》2007 年第 3 期。

胡移山:《略论张闻天的宣传鼓动思想》,《河海大学学报(哲学社会科学版)》2000年第3期。

胡永启:《沈雁冰革新〈小说月报〉的编辑思想研究》(硕士论文未刊稿),2005年4月。

胡正强,陈勇:《张闻天新闻宣传思想述论》,《徐州师范大学学报(哲学社会科学版)》1994年第3期。

黄志高:《张闻天与反对"党八股"》,《党史文汇》2009年第10期。

蒋含平:《从〈新青年〉看陈独秀的编辑技巧》,《淮北煤炭师范学院学报(哲学社会科学版)》2006年第1期。

李辉:《〈新青年〉"随感录"研究》,《重庆工学院学报(社会科学版)》2007年第8期。

李俊:《专职编辑,"业余"学者——从〈小说月报〉(1923—1927)看郑振铎研究范式的独特之处》,《编辑之友》2010年第11期。

廉静:《浅谈〈东北文艺〉创刊号》,《河南大学学报(社会科学版)》2000年第3期。

刘罗玉:《从〈南鸿〉看张闻天的报刊思想》,人民网2006年6月12日,见http://media.people.com.cn/GB/22114/44110/55469/4462406.html。

刘维菱:《张闻天在中央苏区从事理论宣传工作述评》,《赣南师范学院学报》1992年第1期。

宋应离:《杰出的报刊编辑出版家张闻天》,《中国出版》2011年第12期。

唐春元:《李达与我党早期新闻出版事业》,《新闻与传播研究》1987年第3期。

王凤超:《中共中央党报委员会的历史沿革》,《新闻与传播研究》1988年第1期。

王涛:《张闻天与党的思想理论宣传》,《兰台世界》2012年第34期。

吴黎平:《正气磅礴,大义凛然——重读〈论共产党员的修养〉》,《哲学研究》1980年第3期。

武晶晶:《论张闻天的党刊建设及宣传思想》,《新闻知识》2011年第3期。

萧扬:《张闻天与世界知识》,《世界知识》2000年第16期。

徐新平:《论张闻天新闻宣传思想》,《衡阳师范学院学报》2004年第4期。

徐雨:《张闻天入党前在中华书局当编辑》,《出版参考》1995年第5期。

叶菊珍:《张闻天与少年中国学会》,《四川师范大学学报(社会科学版)》2003年第3期。

张秋实:《瞿秋白创办、主编党报党刊的主要活动》,《出版科学》2004年第3期。

张学恕:《张闻天早期的出版和宣传活动》(下),《新闻出版交流》2000年第6期。

张允若:《简论新闻及其相关概念》,《浙江大学学报(人文社会科学版)》1999年第3期。

张泽宇:《中国留苏学员托洛茨基反对派始末》,《历史教学》2004年第12期。

周家华:《试论张闻天马克思主义出版理论观》,《中国出版》2012年第21期。

周勤,周炳生:《张闻天的编辑活动和编辑思想》,《编辑学刊》1997年第1期。

周勤:《张闻天编辑出版思想与实践》,《出版广角》2000年第10期。

邹振环:《文化新世界的建设者——从事翻译出版的早期张闻天》,《档案与史学》1995年第5期。

六、报纸、期刊

《红旗日报》、《红旗周报》、《红色中华》、合江《农民报》、《合江日报》、《南京学生联合会日刊》、《少年中国》、《少年世界》、《南鸿》、《实话》、上海版《斗争》、苏区版《斗争》、《解放》周刊、《共产党人》、《中国文化》(月刊)、《中国通讯》、《参考资料》、《东北文化》、《人民戏剧》、《合江工作通讯》、《辽东大众》、《辽东通讯》、《外交文选》、《每周通报》、《国内情况通报》、《外事研究》、《外事动态》、《业务研究》、《外论选译》、《国际问题研究》、《世界知识》、《国际问题译丛》等。

后　记

　　本书是在2010年度国家社科基金项目"张闻天的新闻实践与理论研究"最终成果的基础上修改而成的。从项目立项到文稿完成,共历时四年之久,有喜悦也有担忧,有成绩也有缺憾。喜的是自己的最初选题得到认可,忧的是担心自己无法胜任课题负责人一职;成的是课题最终以良好结题,憾的是课题研究的全面性还是不够。

　　在四年中,课题组本着脚踏实地的原则,先后到沈阳、佳木斯、丹东、延安、济南、上海、南京、北京等地档案馆和图书馆,搜集了大量与张闻天相关的资料尤其是报刊资料,取得了一些收获,但也存在遗憾,比如有些报刊资料不完备或者遗失,有些档案资料没有对外开放等。在搜集资料的同时,课题组开始对资料进行必要的分类、整理与考证等工作,并开始确定课题的写作提纲,讨论课题写作的重点难点、课题需要解决的问题以及需要注意的事项。作为课题的负责人与主持者,为保持课题写作风格的统一性,笔者基本上承担了课题的全部写作任务。虽然如此,但是笔者深知它是课题组成员集体智慧的结晶。所以,回首四年间,往事历历在目,笔者深感有太多的人需要感谢。

　　首先,要感谢的是我的课题组成员山东大学(威海)马克思主义教学部杨发源讲师、焦佩副教授,感谢他们对我的支持。他们在资料搜集、筛选、归类与考证等方面为课题做出了积极的贡献。此外,他们两人对于文稿的修改与校对也是贡献颇多。还有山东大学(威海)马克思主义教学部的同事们与研究生们对课题的论证、写作也提供了许多的帮助,在此一并感谢。

　　其次,要感谢的是我的硕士与博士导师:南京大学历史系董国强教授与李良玉教授,感谢他们将我引入研究中国新闻史、中共党史这一领域。两位恩师在我读硕与读博期间对我的指导、关怀,成为我工作后的物质财富和精神动力。另外,还要感谢我的博士后导师山东大学(威海)文化传播学院院长张红军教授,感谢他让我对于文艺学与新闻学有了更进一步的认识。

再次,要感谢课题立项与结项的众多匿名评审专家们,你们的认可是对我们课题组的最大支持,你们的评审意见,让我在修改文稿的过程中受益颇丰,虽然我们素昧平生,但却通过文字这一平台实现了一次心与心的交流。

最后,要感谢我的家人。他们的默默付出是对我最大的支持。而女儿是我一生最大的财富,她的每一次微笑都是我幸福的源泉,祝愿我的女儿妞妞健康成长,快乐生活!

杨永兴

2014 年 11 月 24 日

写于威海高区田村 B 区